Josef Gelmi

Die Stadt Brixen

Ein kunst- und kulturhistorischer Führer

Verlag A. Weger

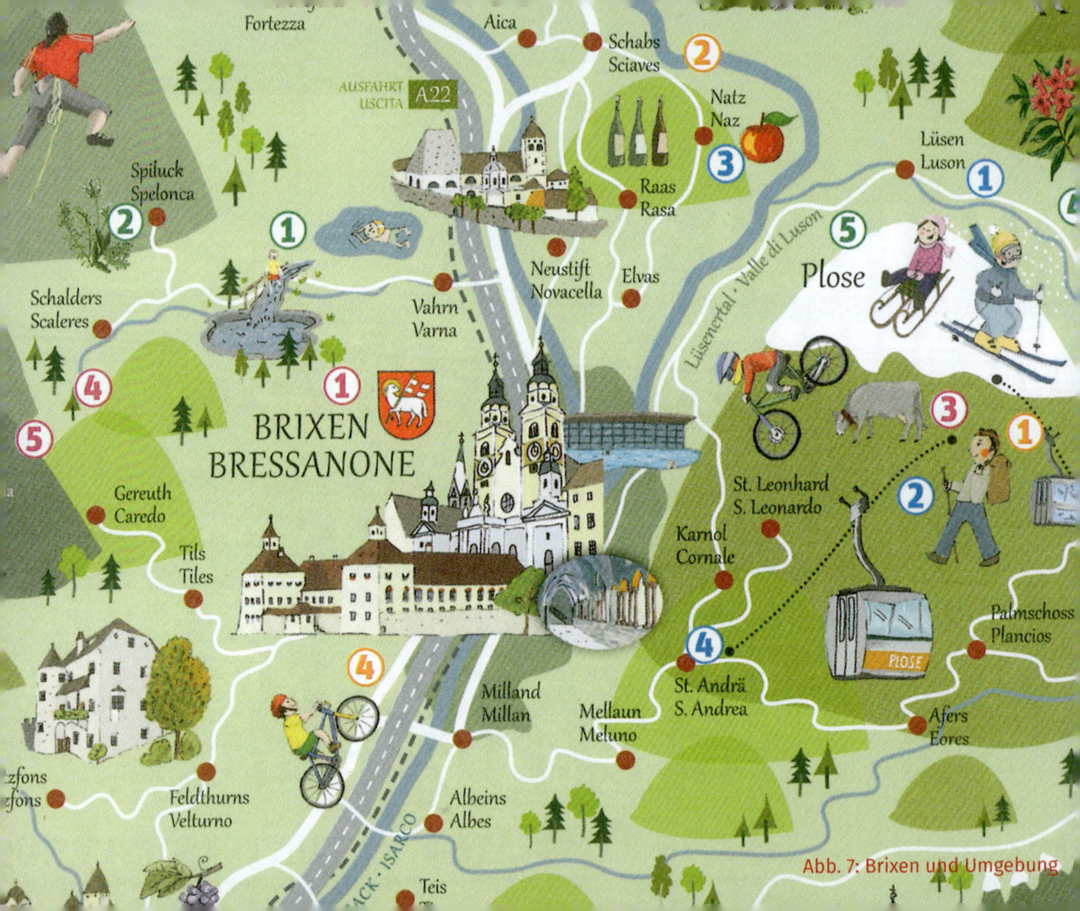

Abb. 7: Brixen und Umgebung

Inhaltsverzeichnis

1.Teil: Ein historischer Abriss

2.Teil: Ein kunst- und kulturhistorischer Rundgang

Anhang

Vorwort des Bürgermeisters von Brixen Peter Brunner

Mit seiner neuesten Publikation bereitet Josef Gelmi uns Brixnerinnen und Brixnern, allen Gästen unserer Stadt und auch Brixen selbst ein schönes Geschenk. Der Stadtführer ist eine Hommage an die Kunst- und Kulturgeschichte Brixens und an die vielen Schätze, die unsere Stadt zu bieten hat. Vom Dombezirk über das Ensemble der Hofburg bis hin zu den denkmalreichen Plätzen und Gassen stellt die Publikation auf sehr anschauliche Weise Orte sowie Kunst- und Kulturschätze dar, an denen wir Brixner tagtäglich vorbeigehen, deren Schönheit und Bedeutung uns in der Selbstverständlichkeit des Alltags aber nicht selten verborgen bleiben. Ein wertvolles Vademecum also nicht nur für die zahlreichen Menschen, die Brixen als Gäste besuchen und von der Schönheit unserer Altstadt begeistert sind, sondern vor allem auch für uns Brixnerinnen und Brixner selbst: eine Einladung, einzutauchen in die reiche Kunst- und Kulturgeschichte unserer Stadt, entlang unserer alltäglichen Wege, und uns des Reichtums bewusst zu werden, der uns umgibt.

Ich gratuliere Professor Josef Gelmi, der wie kaum ein anderer die Geschichte unserer Stadt kennt, zu seiner neuen Publikation und danke ihm im Namen der Gemeinde, dass er einmal mehr sein reiches Wissen an uns weitergibt, und dies in einem sehr ansprechenden und zugänglichen Format. Ich wünsche allen Leserinnen und Lesern viel Freude am neuen Stadtführer und spannende Begegnungen mit Brixens Geschichte und Gegenwart.

Peter Brunner,
Bürgermeister der Stadt Brixen

Vorwort des Obmanns und des Leiters der Brixen Tourismus Gen. Markus Huber und Werner Zanotti

Brixen steht für Kultur und Kunst in Südtirol. Wir freuen uns, dass Josef Gelmi einen neuen Stadtführer herausgibt, der die Bedeutung von Brixen als Kulturhauptstadt von Südtirol unterstreicht.

In welcher anderen Stadt Südtirols stehen auf engstem Raum derart viele großartige Meisterwerke aus allen Epochen?

Als Touristiker sind wir stets bemüht mit dem kultur- und kunsthistorischen Erbe von Brixen bedacht und sorgfältig umzugehen. Wir wollen aber auch neue Zugänge finden um die Architektur und das Geschaffene neu zu beleuchten.

So sehen wir auch dieses Werk: ein Stadtführer, anders aufbereitet, neu geschrieben, neu bebildert und mit neuem Format. Eine Einladung, um in die lebendige Geschichte von Brixen einzutauchen.

Wir bedanken uns bei Professor Josef Gelmi für seinen unermüdlichen Einsatz und seinen schöpferischen Geist. Er ist ein lebendiges Lexikon und ihn nun lesen zu dürfen ist eine Bereicherung, für Einheimische und Gäste.

Markus Huber und
Dr. Werner Zanotti,
Brixen Tourismus Gen.

Einleitung

Dort wo sich das Eisacktal zu einem breiten, fruchtbaren Talbecken weitet, liegt, umgeben von hohen Bergen und üppigen Wäldern, die alte Bischofsstadt Brixen. Im Norden erheben sich die Pfunderer Berge, im Westen der Radlseestock und im Osten der Brixner Hausberg Plose. Diese Berge und das nach Süden offene Tal bedingen das inneralpine, gesunde Klima. Nirgends in Südtirol spürt man die Klimagrenze zwischen Nord und Süd so deutlich wie in Brixen. Wer vom Norden kommt, begegnet hier erstmals Kastanienhainen, Weinbergen und mediterranem Buschwald. Brixen ist das Tor zum Süden.

Brixen ist auch die älteste Stadt des deutschen Tirol und die einzige Stadt, die von Bischöfen gegründet und angelegt worden ist. Die zahlreichen Bauwerke sind lebendige Zeugen einer großen kulturellen Vergangenheit.[1] Da Brixen so viel an Kunst und Kultur zu bieten hat, glaube ich, dass man die alte Bischofsstadt ganz besonders als Kunststadt und Kulturstadt[2] neu positionieren soll. Da braucht es allerdings noch viel Dynamik und kulturelle Anstrengungen. Eine Stadt muss sich immer wieder neu erfinden. Da ich bereits viel über Brixen geschrieben habe,[3] reizte es mich besonders, einen Kunst- und Kulturführer zu schreiben, der keine detaillierte Auflistung aller Sehenswürdigkeiten bieten will, sondern dem interessierten Laien einen informativen Überblick über die kunst- und kulturhistorischen Fixpunkte und Highlights verschaffen möchte, die sich am Schnittpunkt zweier Kulturen befinden. Vielleicht das Schönste, was die Stadt zu bieten hat, ist die Symbiose bischöflicher Vergangenheit, österreichischer Zivilisation und italienischer Lebensart. Brixen ist ein klei-

nes Juwel, wo sich Tradition und Moderne sowie gelebter Glaube und unvoreingenommene Weltoffenheit treffen.
Der Aufbau des Buches folgt einem logischen Kriterium. Zunächst wird ganz kurz ein Überblick über die Entwicklung der Stadt gegeben. Anschließend werden dem Leser in einem lockeren Spaziergang durch die Gassen der Stadt die Sehenswürdigkeiten verschiedener Epochen nähergebracht und in ihrer Entstehung dargestellt. Auf der linken Seite sind immer der Text und auf der rechten Seite ein oder zwei Bilder zu sehen. Bei besonders wichtigen Objekten können auch auf den folgenden zwei Seiten Bilder den Text illustrieren. Die Anmerkungen am Ende des Buches sollen nicht nur die Ausführungen belegen, sondern für den interessierten Leser auch weiterführende Literatur zur Verfügung stellen. Ein Sachregister ermöglicht die schnelle Auffindung eines gewünschten Objektes. Die in diesem Buch angewandte Anordnung von Text und Bildern sowie das Querformat unterscheidet dieses Werk von gängigen Führern und soll so Einheimische und Gäste zum Lesen und Schauen einladen und Lust auf Brixen machen. Fachkundige Führer sind auch im Zeitalter der Smartphones immer noch unerlässliche Informationsquellen.
Zu großem Dank verpflichtet bin ich Frau Anna Pia Happacher und Frau Helga Dander für die Korrektur der Texte, allen, die mir Fotos zur Verfügung gestellt haben, sowie dem Verlag Weger für die angenehme Zusammenarbeit und für die Veröffentlichung des Werkes.

Josef Gelmi

„Wir machten keine Pause und kamen zum Abendessen nach Brixen … Sehr schöne kleine Stadt, durch deren Mitte das genannte Wasser fließt; eine Holzbrücke führt darüber. Brixen ist Bistum. Wir sahen zwei schöne Kirchen und wohnten sehr gut im Adler. Die Ebene ist nicht breit, aber die Berge liegen ringsum so sanft geschwungen da, dass sie sich überall bearbeiten und gleichsam bis zu den Ohren auskämmen lassen. Man erblickt alles bis ganz hoch ins Gebirge hinauf voll von Kirchtürmen und Dörfern und in der Nähe der Stadt eine Reihe schöner Häuser in reizender Lage".

Der französische Schriftsteller und Philosoph Michel de Montaigne im Jahre 1580

1. Teil:
Ein historischer Abriss

Stadt, Gemeinde, Name und Wappen

Brixen (Bressanone) liegt auf 560 Höhenmetern am Zusammenfluss von Eisack und Rienz und ist der wirtschaftliche und geistige Hauptort des Eisacktales. Das Becken kam dank des weichen Quarzphyllits, welcher der Erosion von Wasser und Eis kaum Widerstand bot, zustande. Die günstigen klimatischen Verhältnisse trugen ebenfalls zur Entwicklung der Siedlung bei. Die Stadtgemeinde hatte Ende des Jahres 2016 21.688 Einwohner. Sie ist zweisprachig bzw. dreisprachig und hat einen Anteil von ca. 64% deutschsprachigen, 32% italienischsprachigen und ca. 4% ladinischsprachigen Einwohnern. Ca. 2.117 Einwohner haben eine ausländische Staatsbürgerschaft. Mit den Fraktionen, die in dieser Arbeit nicht behandelt werden, erstreckt sich die Gemeinde über 84,86 Quadratkilometer.[4] Die erste urkundliche Erwähnung Brixens als Stadt (urbs) findet sich in einer Traditionsnotiz von ca. 1085-1097.[5] Die über tausendjährige Stadt war bis zur Säkularisation im Jahre 1803 die Residenz eines reichsunmittelbaren geistlichen Fürstentums. Seit 1385 sind auch die Brixner Bürgermeister namentlich bekannt.[6] Nach Egon Kühebacher liegt dem Namen Brixen die indogermanische Wurzel „bergh" zugrunde und bedeutet, wie auch Bregenz (und Brescia aus Brixia), eine auf einer Bodenerhebung gelegene Siedlung.[7] Nach Christian Kollmann hat Brixen nicht keltischen, sondern eher einen rätischen Ursprung. Es könnte „priksena", Gebiet eines Prikse, bedeuten und in die Mitte des ersten vorchristlichen Jahrtausends zurückreichen.[8] Das Wappen der Stadt Brixen ist eines der ältesten Wappen Tirols. Es zeigt ein rückwärtsschauendes Lamm, das mit seinem linken Fuß die weiße, von einem roten Kreuz geteilte Osterfahne hält. Das Lammwappen mit der Kreuzfahne erscheint erstmalig im Siegel des Bischof Landulf (1296-1301) an zwei Urkunden aus dem Jahre 1297.[9]

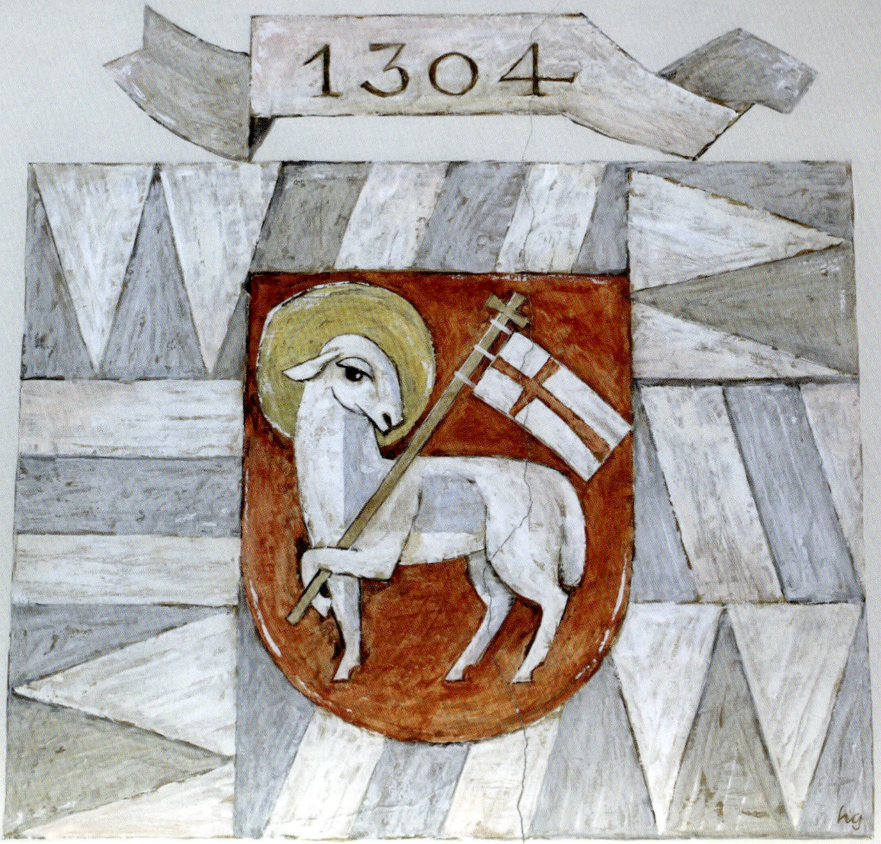

Abb. 8: Wappen der Stadt Brixen von H. Gschwendt, Rathaus der Gemeinde Brixen.

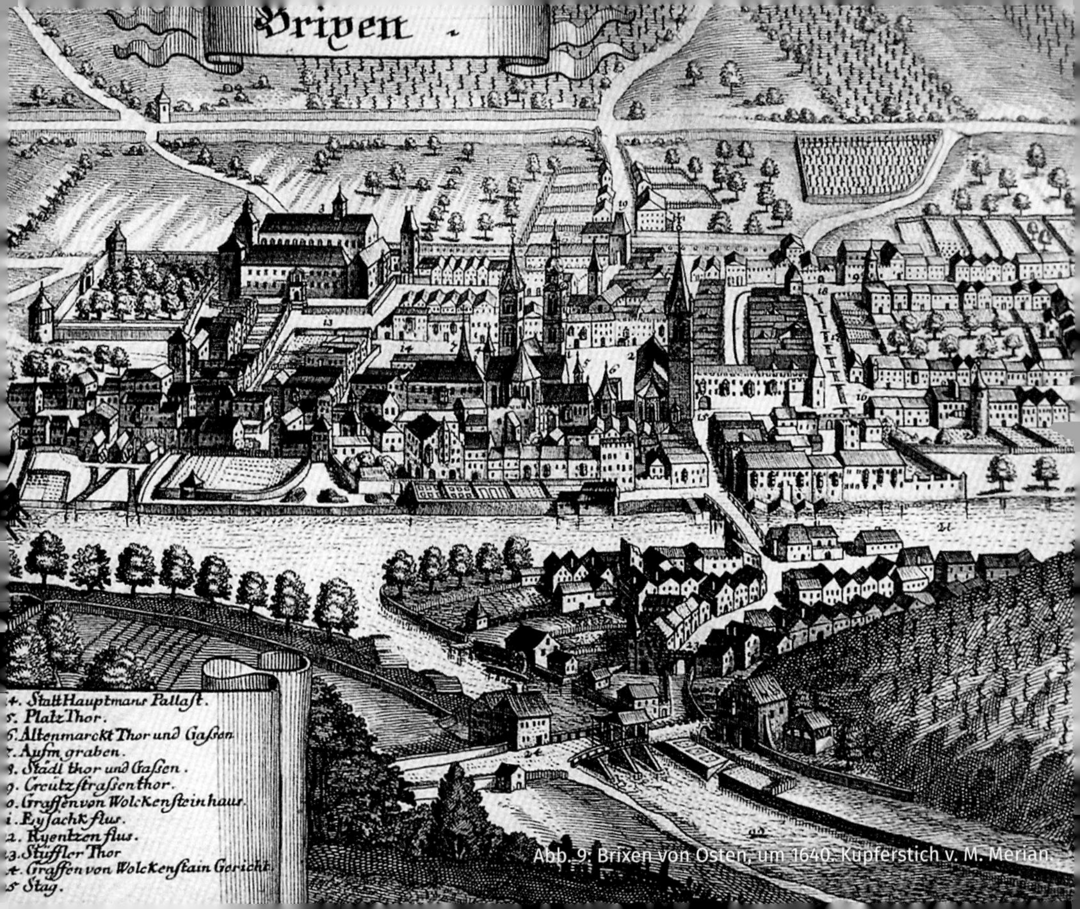

Abb. 9: Brixen von Osten, um 1640. Kupferstich v. M. Merian.

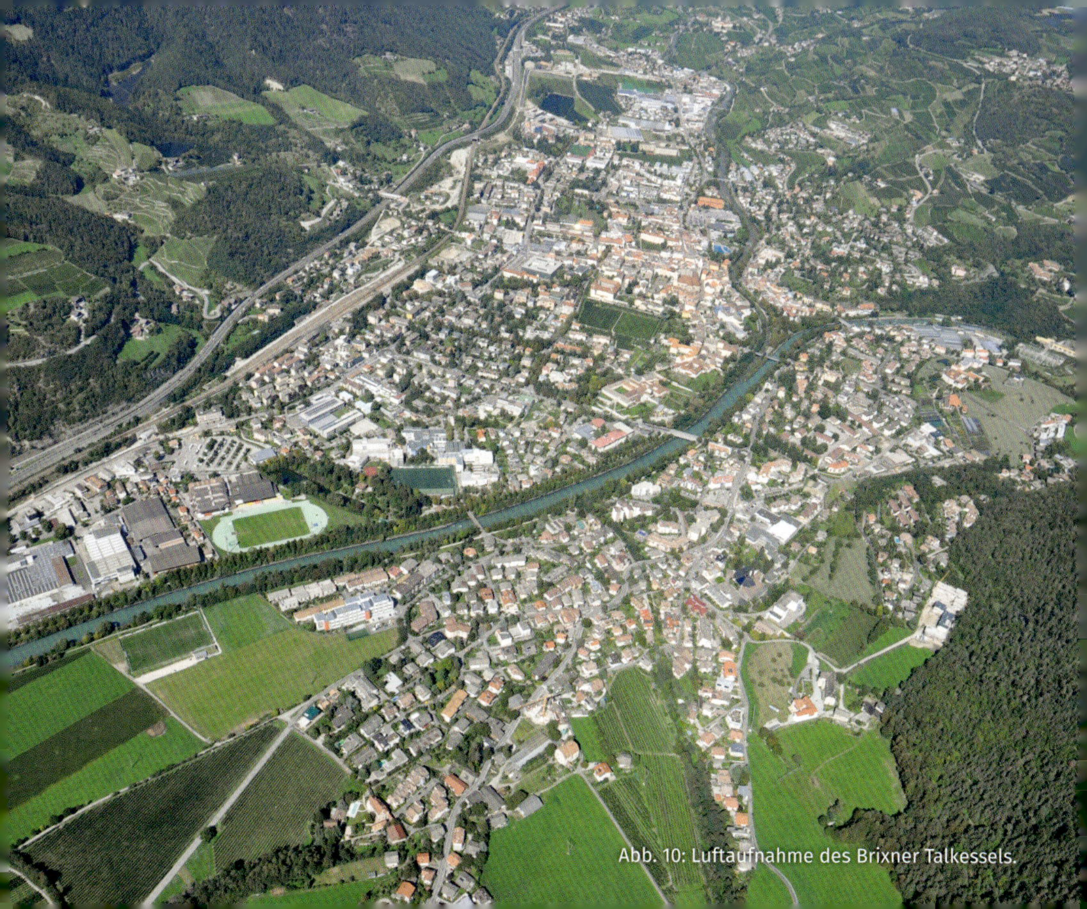

Abb. 10: Luftaufnahme des Brixner Talkessels.

Brixen im Mittelalter

Die erste Besiedelung Brixens erfolgte etwa 8000 Jahre vor Christus. Im 5. Jahrhundert nach Christus entstand das Bistum Säben und die Bischöfe residierten auf dem Hügel oberhalb von Klausen. Als König Ludwig das Kind im Jahre 901 Bischof Zacharias den Meierhof Prihsna schenkte, wurde die Möglichkeit geschaffen, den Bischofssitz von Säben nach Brixen zu verlegen, was unter Bischof Albuin um 990 erfolgte. Im Jahre 1027 schlug die große Stunde für Brixen, als Kaiser Konrad II. mit Urkunde vom 7. Juni zur Sicherung der äußerst wichtigen Brennerstraße Bischof Hartwig die Grafschaft am Eisack und Inn übertrug. Von da an spielte das Alpenbistum eine immer wichtigere Rolle. Im Jahre 1048 bestieg der Brixner Bischof Poppo als Damasus II. den päpstlichen Stuhl, und 1080 wurde Brixen sogar als Tagungsort einer Bischofssynode gewählt. Bei dieser Synode wurde der rechtmäßige Papst, Gregor VII., abgesetzt und als Gegenpapst der Erzbischof von Ravenna, Wibert, gewählt. Im Jahre 1179 verlieh Kaiser Friedrich I. den Brixner Bischöfen Steuerrechte, Zollrechte und Münzrechte. Fortan waren die Bischöfe von Brixen Fürsten des Heiligen Römischen Reiches; und hatten im Reichstag Sitz und Stimme. Brixen wurde zur Hauptstadt eines geistlichen Fürstentums. Da die Fürstbischöfe weite Teile ihres Gebietes weltlichen Grafen verliehen und ihnen die Schutzherrschaft über diese Territorien übertrugen, betrachteten die weltlichen Herren im Laufe der Zeit diese Gebiete als ihr Eigentum und gaben sie ihren Erben weiter. So entstand auf Kosten der weltlichen Macht der Bischöfe allmählich das „Land Tirol“.[10]

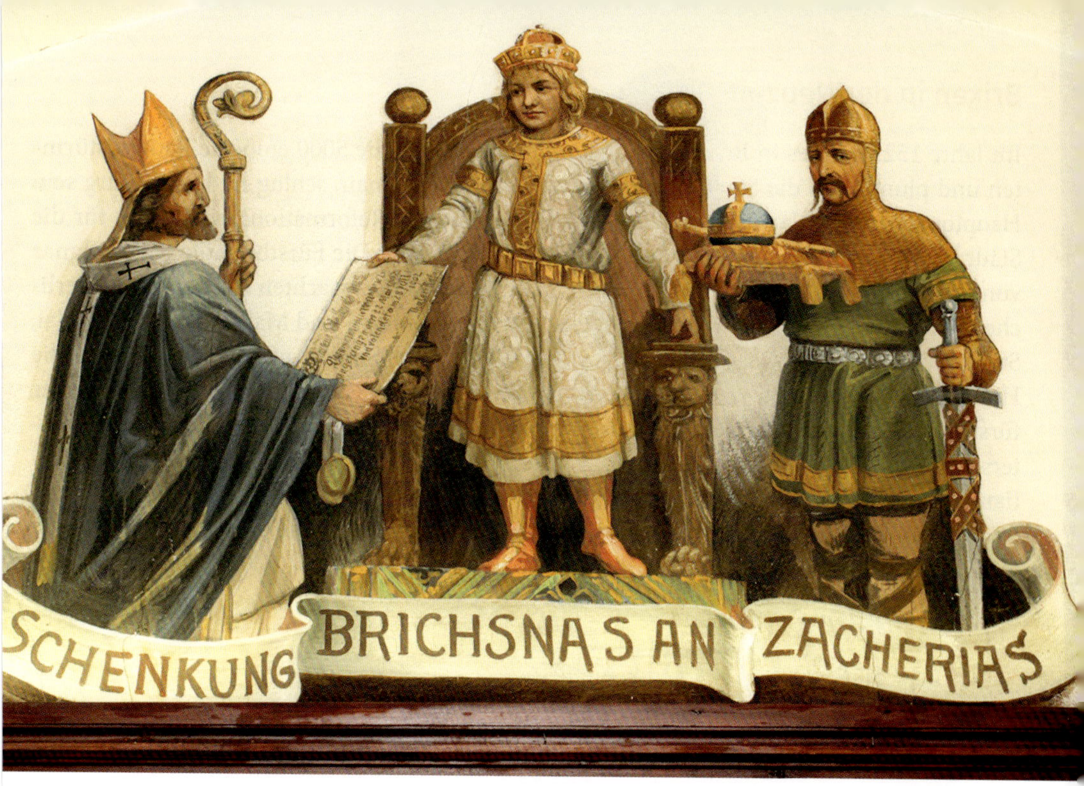

Abb. 11: Die Schenkung des Königshofes Prihsna durch König Ludwig das Kind an Bischof Zacharias von Säben am 13. September 901. Wandgemälde von R. Thaler im Gemeinderatssaal in Brixen.

Brixen im 19. Jahrhundert

Gegen Ende des 18. und zu Beginn des 19. Jahrhunderts zogen über Brixen und über das ganze Land düstere Wolken auf. Mit der Säkularisation des Fürstentums im Jahre 1803 endete die weltliche Herrschaft der Bischöfe. Adelige und Hofbeamte verließen die Stadt und aus der ehemaligen Hauptstadt wurde ein bescheidenes Provinzstädtchen. Die weiteren Kriegsereignisse verschlimmerten noch die Lage. Im dritten Koalitionskrieg im Jahre 1805 musste Österreich Tirol an Bayern abtreten. Es folgten dann von Seiten der Bayern so einschneidende kirchliche, politische und wirtschaftliche Neuerungen, dass es im Jahre 1809 unter Andreas Hofer und Pater Joachim Haspinger zum Tiroler Aufstand kam, der schlussendlich zur Katastrophe führte. Weitere Rückschläge für die Stadt gab es in der ersten Hälfte des 19. Jahrhunderts. In der zweiten Hälfte des 19. Jahrhunderts holte Brixen wieder auf. Die Eröffnung der Brennerbahn im Jahre 1867 brachte für Brixen zunächst allerdings nicht nur Vorteile. Verheerend wirkte sich die Überschwemmung von 1882 aus. Besserung brachte erst die Eisackregulierung im Jahre 1884.[12]

Abb. 13: a) Andreas Hofer
b) P. Joachim Haspinger
v. R. Thaler im Gemeinderatssaal in Brixen.

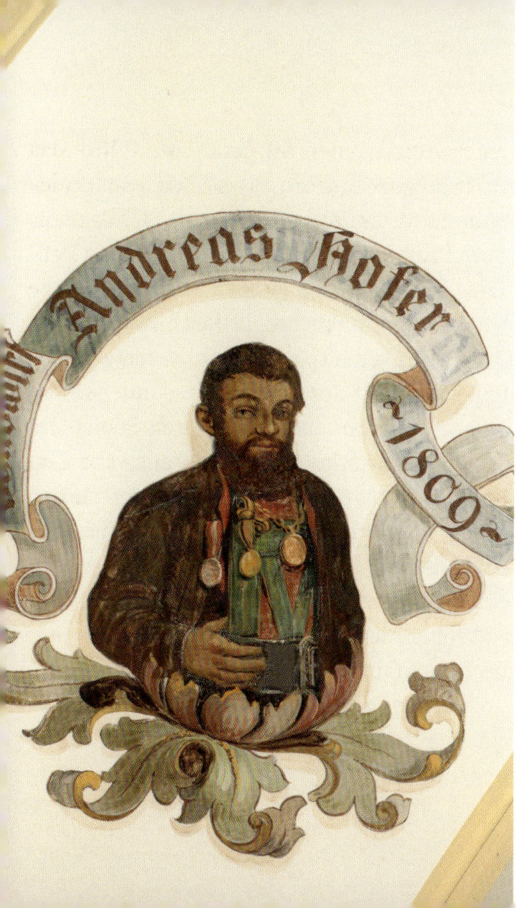

Andreas Hofer
1809

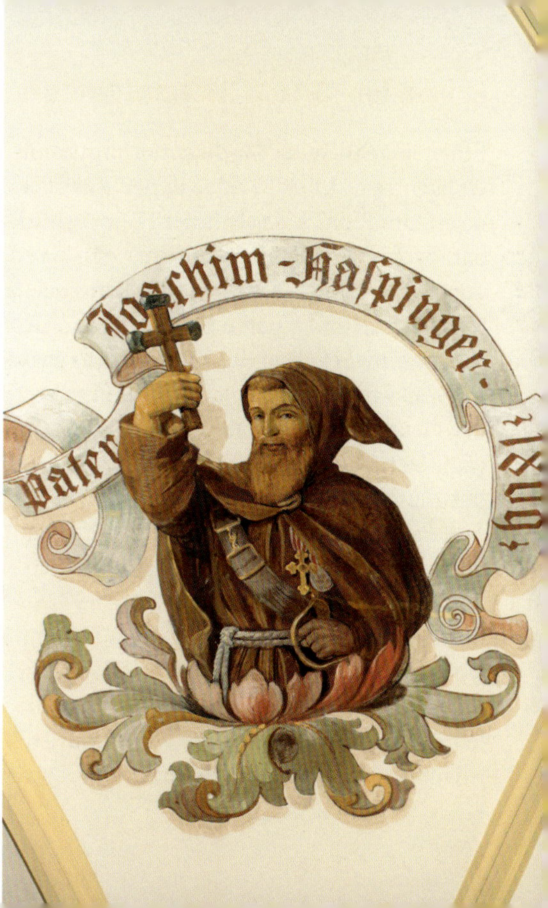

Haspinger
1809

Brixen im 20. und 21. Jahrhundert

Einen regelrechten Modernisierungsschub erlebte Brixen unter Bürgermeister Otto von Guggenberg (1903-1913). Mit der von ihm bereits 1890 gegründeten Wasserheilanstalt wurde er zum Pionier des Brixner Fremdenverkehrs. Im Jahre 1919 wurde dann das Unvorstellbare wahr. Südtirol wurde durch den Frieden von Saint-Germain am 19. November 1919 von Österreich losgelöst und Italien zugeteilt. Dies stellte für das ganze Land und für die Stadt Brixen einen tiefen Einschnitt dar. Große Umwälzungen brachte die faschistische Periode. Nur im Schatten der Kirche gab es noch eine „kleine Freiheit". Die Optionszeit zwischen 1939/43 zählt nicht nur zu den traurigsten Kapiteln der Südtiroler Geschichte, sondern auch der Geschichte Brixens. Rund 3600 Brixner Bürger, vor allem aus den unteren Schichten, wanderten damals nach Deutschland aus. Besonders tragisch gestaltete sich auch die Zeit des Nationalsozialismus in den Jahren 1943 bis 1945. Die Bevölkerung, die für Deutschland optiert hatte und nicht ausgewandert war, begrüßte euphorisch die neue Zeit und es gab viel Sympathie für Hitlergruß, Hakenkreuz und Deutsches Reich. Dank dem sogenannten Zweiten Autonomiestatut im Jahre 1972 erlebte nicht nur Südtirol, sondern auch die Stadt Brixen unter Bürgermeister Zeno Giacomuzzi (1968-1988) einen neuen kulturellen und wirtschaftlichen Aufschwung. Als der Verkehr das Eisacktal zu ersticken drohte, wurde 1974 die Autobahn fertiggestellt. Anspruchsvolle Veranstaltungen organisiert die 1988 gegründete Initiative Musik und Kirche. Die Tourismusbranche erlebte neuen Aufwind. Im Jahre 2008 urlaubte sogar Papst Benedikt XVI. in Brixen.[13]

Abb. 14: a) Bürgermeister Otto v. Guggenberg, Portrait von A. Plattner in der Privatklinik Dr. v. Guggenberg b) Bürgermeister Zeno Giacomuzzi

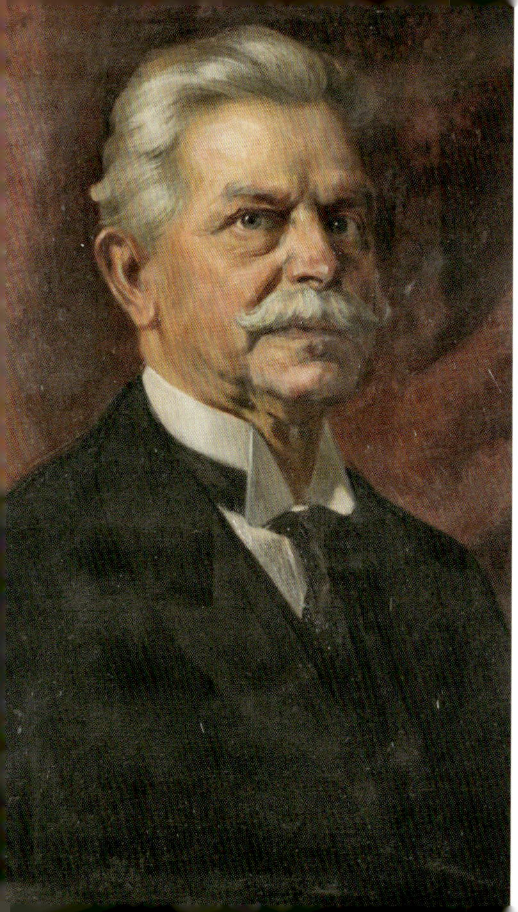

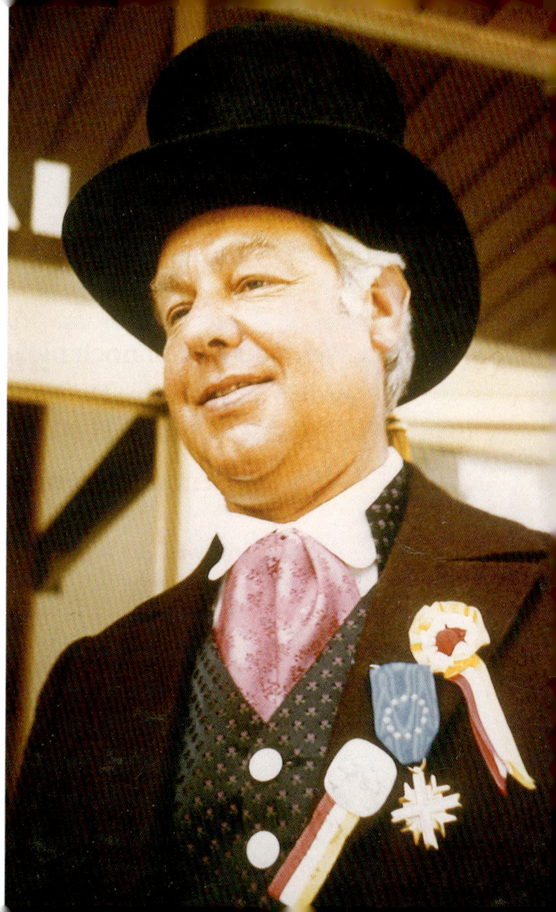

Der Domplatz

Zu den Sehenswürdigkeiten Brixens müssen allen voran die geschichtsreiche Münsteranlage im Osten und das einmalige Hofburgensemble im Westen genannt werden, die durch den weiten Domplatz miteinander verbunden werden. Sie prägen mit den Großen und Kleinen Lauben das Stadtbild. Der Domplatz, der zu den schönsten Plätzen Tirols zählt, spielte schon in frühester Zeit eine wichtige Rolle. Bei der Neugestaltung des Platzes im Jahre 1996 stieß man bei Ausgrabungen in über vier Metern Tiefe auf ein Mauerstück, das auf das 5. bis 3. Jahrtausend vor Christus zurückreicht. Als die Säbener Bischöfe im 10. Jahrhundert ihren Sitz nach Brixen verlegten und direkt am Kreuzgang der Münsteranlage residierten, erhielt der Platz den Namen „Am Hofe". Als man im 18. Jahrhundert Viehmärkte am Platz abhielt, bekam er den Namen „Ochsenplatz". Die Bezeichnung „Domplatz" bürgerte sich zu Beginn des 19. Jahrhunderts ein, als man die Märkte in die Trattengasse und in die Kachlerau verlegte.[14] In neuester Zeit finden am Domplatz wiederum Märkte statt. Zu nennen ist vor allem der seit 1991 jedes Jahr wiederkehrende Weihnachtsmarkt, der nicht nur viele Besucher aus Italien anlockt, sondern auch viele Touristen aus Österreich und Deutschland. Großer Beliebtheit erfreuen sich auch das Altstadtfest sowie der Brot- und Strudelmarkt, wo es vornehmlich um den Verkauf regionaler Produkte geht.

Abb. 15: Der Weihnachtsmarkt am Domplatz.

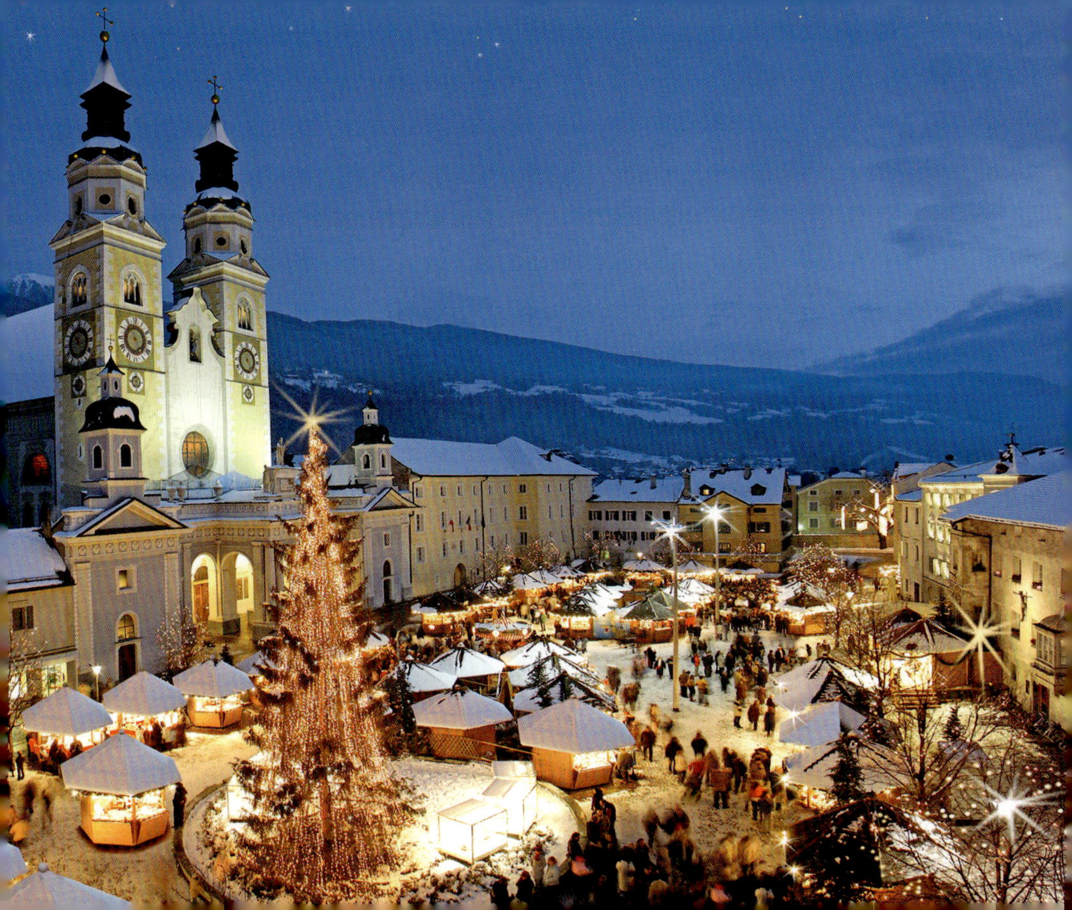

Der alte Bischofssitz

Den Domplatz flankieren wichtige Gebäude. Rechts von der Liebfrauenkirche befand sich nach der Verlegung des Bischofssitzes von Säben nach Brixen die Residenz der Bischöfe. Bischof Bruno von Kirchberg (1250-1288) zog aus Sicherheitsgründen 1265 in die neue Hofburg. Den „alten Palast" bewohnte von nun an der Stadthauptmann, der auch als Stadtrichter fungierte. Im Jahre 1803 wurde das Fürstentum Brixen säkularisiert. Aus dem Stadtgericht wurde ein k. k. Landgericht. Im Jahre 1805 kam Tirol zu Bayern und aus dem österreichischen wurde das bayerische Landgericht. Im Zuge von Restaurierungen in den 90er-Jahren kam das bayerische Wappen mit der Inschrift „Königlich Baiersches Landgericht und Rentamt. 1805" zum Vorschein. Von der ursprünglichen Burg des Bischofs hat sich bis heute noch ein dickgemauerter Vorsprung an der Südwestecke erhalten. Nach dem erfolglosen Aufstand von 1809 ließ der französische General Severoli vor dem Gerichtsgebäude drei Anführer der Tiroler, Franz Haller, Johann Kircher und Bartholomäus Pichler, erschießen. Eine Gedenktafel wurde unter dem Faschismus entfernt und die neue Tafel befindet sich heute am Widum.[15] In dem Haus mit der Nummer 3 befand sich auch das Gefängnis, das im Volksmund Tschumpus genannt wird. [16]

Abb. 16: Fresko des Königlich Bayerischen Landgerichtes am alten Bischofshof.

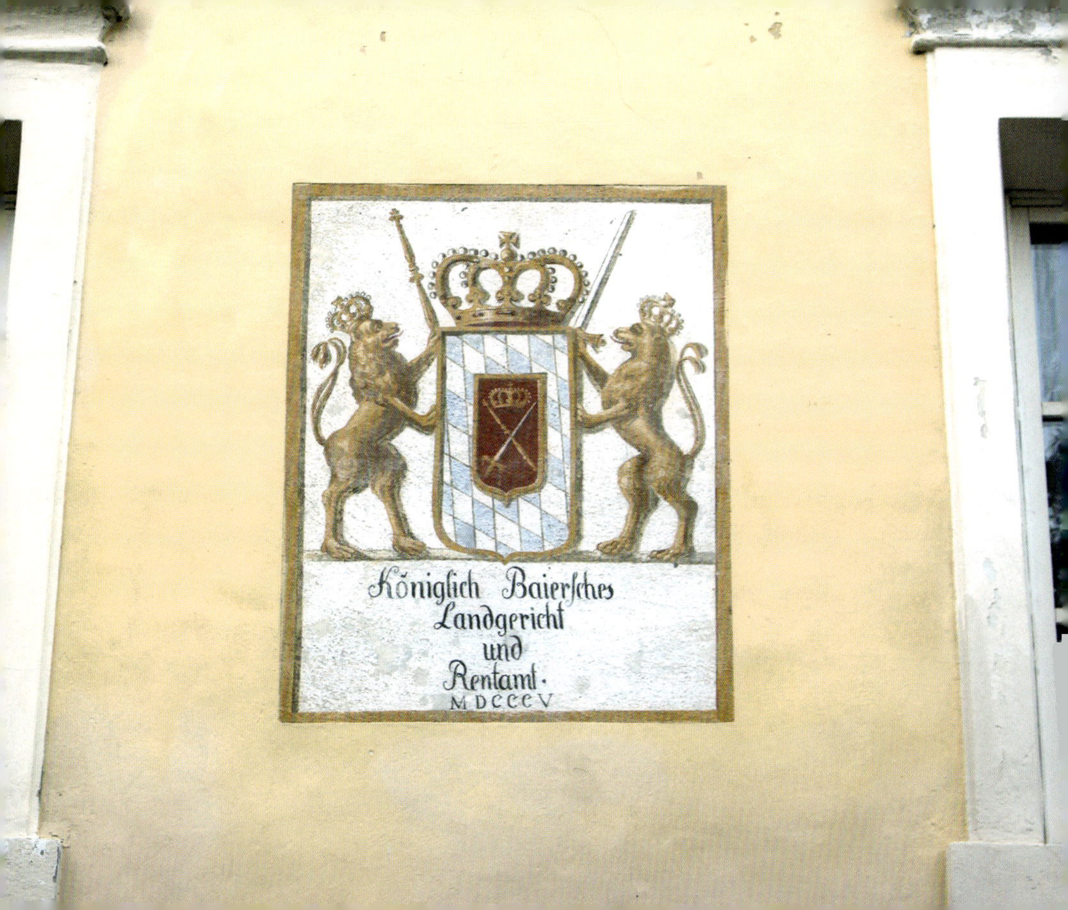
Königlich Baierisches
Landgericht
und
Rentamt.
MDCCCV

Der Brunnen des Lebens

In den Jahren 1997 bis 1998 fand die letzte Gestaltung des Domplatzes statt. 1998 entstand an der Südseite des Platzes ein neuer Brunnen, der zum Nachdenken anregt. Über dem viereckigen Becken befindet sich ein flacher Kegel aus Bronze mit Figuren, die den Lebensweg des Menschen darstellen. An der zum Dom hin gewandten Seite sieht man die Hand Gottes mit dem Rücken nach oben, aus der der Mensch als friedlich schlafendes Kind hervorgeht. Der Mensch wächst heran und wird zum ungestümen Jungen. Im Westen des Kegels sieht man auf halber Höhe eine liebliche Szene. Ein junger Mann sitzt einem Mädchen gegenüber, das er mit zarter Geste umwirbt. An der Spitze des Brunnendeckels sitzt der Mensch, der seinen Höhepunkt im Leben erreicht hat. Allerdings scheint seine Position auf zwei Stuhlbeinen eher schwankend und unsicher zu sein. Die Vergänglichkeit setzt dem Menschen auch zu, wenn er seinen Zenit erreicht hat. Dann geht es mit dem Leben schon wieder bergab. Der Mensch wird arm und hilfsbedürftig, bis ihn endlich die offene Hand Gottes am Lebensende wieder aufnimmt. Vier Hähne schütten vorzügliches Trinkwasser ins Becken. Der Brunnen ist ein Meisterwerk von Martin Rainer, der im Jahre 2012 in Brixen verstarb.[17]

Abb. 17: Der Brunnen des Lebens v. M. Rainer.

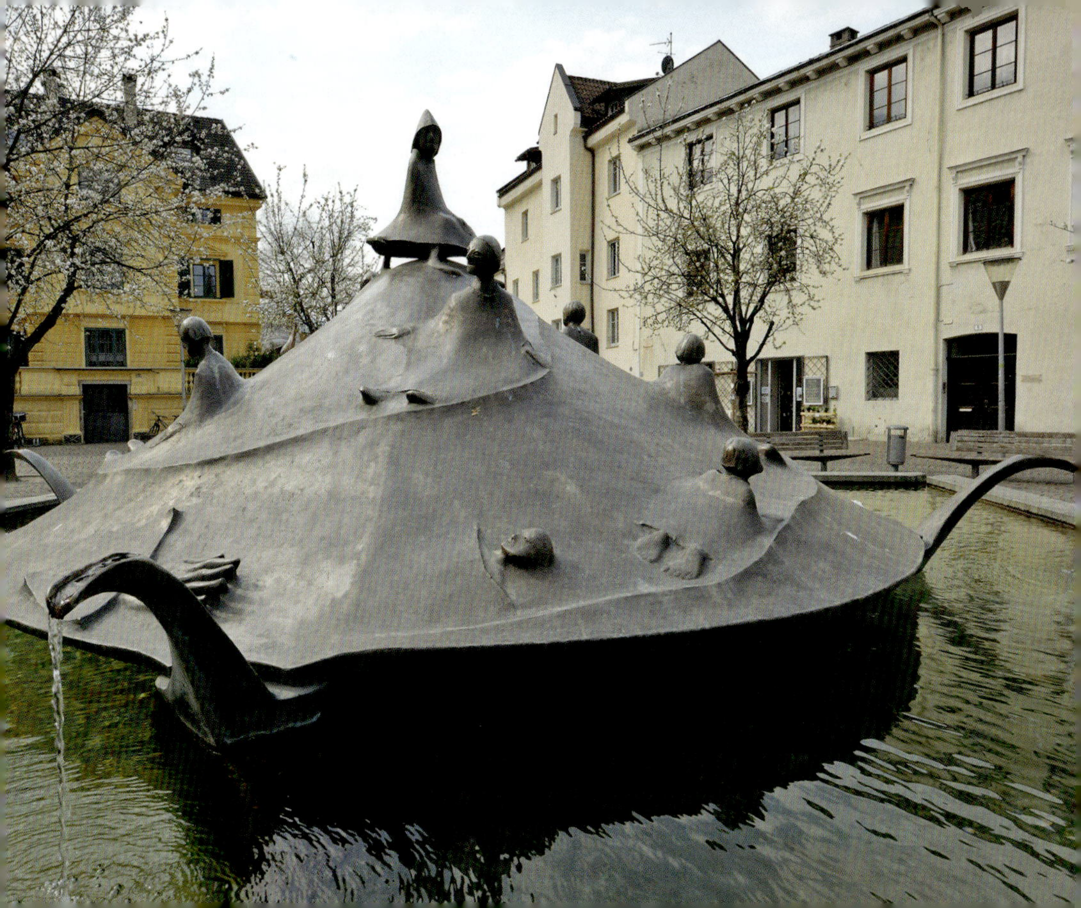

Das Rathaus

Im Norden des Domplatzes steht das auffällige und historisch wirkende Rathaus der Gemeinde Brixen. Zunächst stand an dieser Stelle ein bescheidenes Patrizierhaus, das der Familie Oberhaidacher. Im Jahre 1895 wurde die Behausung von dem aus Wien stammenden Hofrat Ferdinand Kaltenegger erworben und mit viel Phantasie zu seinem „Schloss Taurenstein" umgebaut. Mit dieser Bezeichnung wollte Kaltenegger seine enge Verbindung zu Kärnten betonen, wo er ein Schloss in den Tauern besaß. Auch im Inneren gab Kaltenegger dem Haus eine mittelalterliche Gestalt und ließ es von Rafael Thaler mit prächtigen Fresken schmücken, die bedeutende Szenen aus der Brixner Stadtgeschichte darstellen. Im Arbeitszimmer des Bürgermeisters ist Kaltenegger selbst als Kreuzritter in markanter Pose zu sehen. Die Gemeinde Brixen, die seit dem 16. Jahrhundert ihren Sitz im Laubenhaus Nummer 14 hatte, erwarb 1911 Taurenstein von den Erben Kalteneggers und machte daraus das neue Rathaus, wo Bürgermeister Otto von Guggenberg 1912 die erste Sitzung des Bürgerausschusses leitete.[18] Im Jahre 2008 wurde im Erdgeschoss des Rathauses die Stadtgalerie eröffnet, wo seitdem namhafte Künstler ausstellen.

Abb. 18: Das Brixner Rathaus.

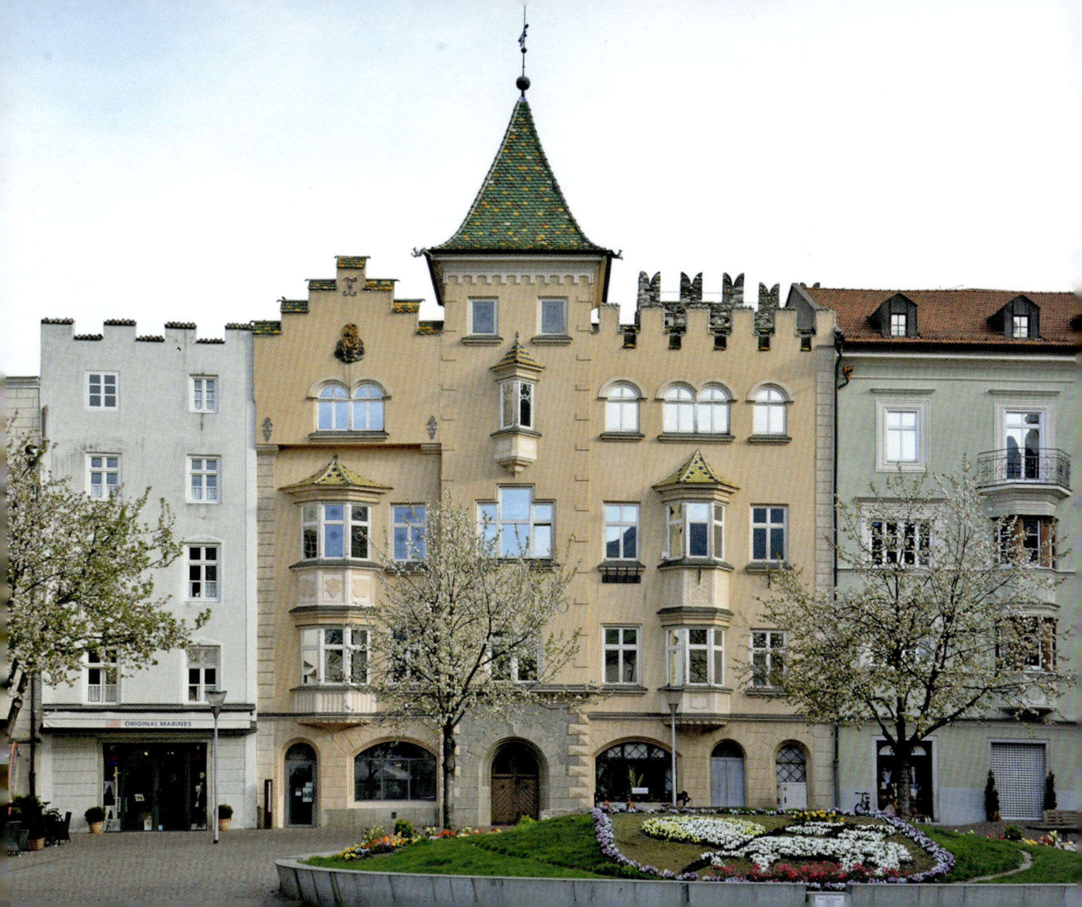
ORIGINAL MARINES

Die Figur des Auferstandenen am Widum

Der Brixner Dekan Leo Munter (1989-2006) ließ zu Ostern 2005 den auferstandenen Christus am Pfarrwidum am Domplatz anbringen. Der Gedanke zur Schaffung der Skulptur kam durch die Auseinandersetzung um das Kreuz und das Religiöse in der Öffentlichkeit. Der Künstler Josef Rainer, der Sohn von Martin Rainer, der Schöpfer des Brunnens am Domplatz, hat die Idee des Dekans begeistert aufgenommen und umgesetzt. Bei der Segnung der Skulptur sagte Dekan Munter: „Wir Christen haben nichts gegen die Vielfalt unserer Zeit, gegen das Zusammenwachsen der Völker und die Begegnung der Religionen. Wir fordern aber Respekt für unsere Traditionen und die Zeichen des Glaubens. Die entscheidende Voraussetzung dafür ist, dass wir selber diesen Respekt haben und dafür eintreten. Möge dieses Christusbild ein Zeichen des Bekennens, der Hoffnung und des Segens für diese Stadt werden.“[19]

Abb. 19: Der auferstandene Christus v. J. Rainer, 2005.

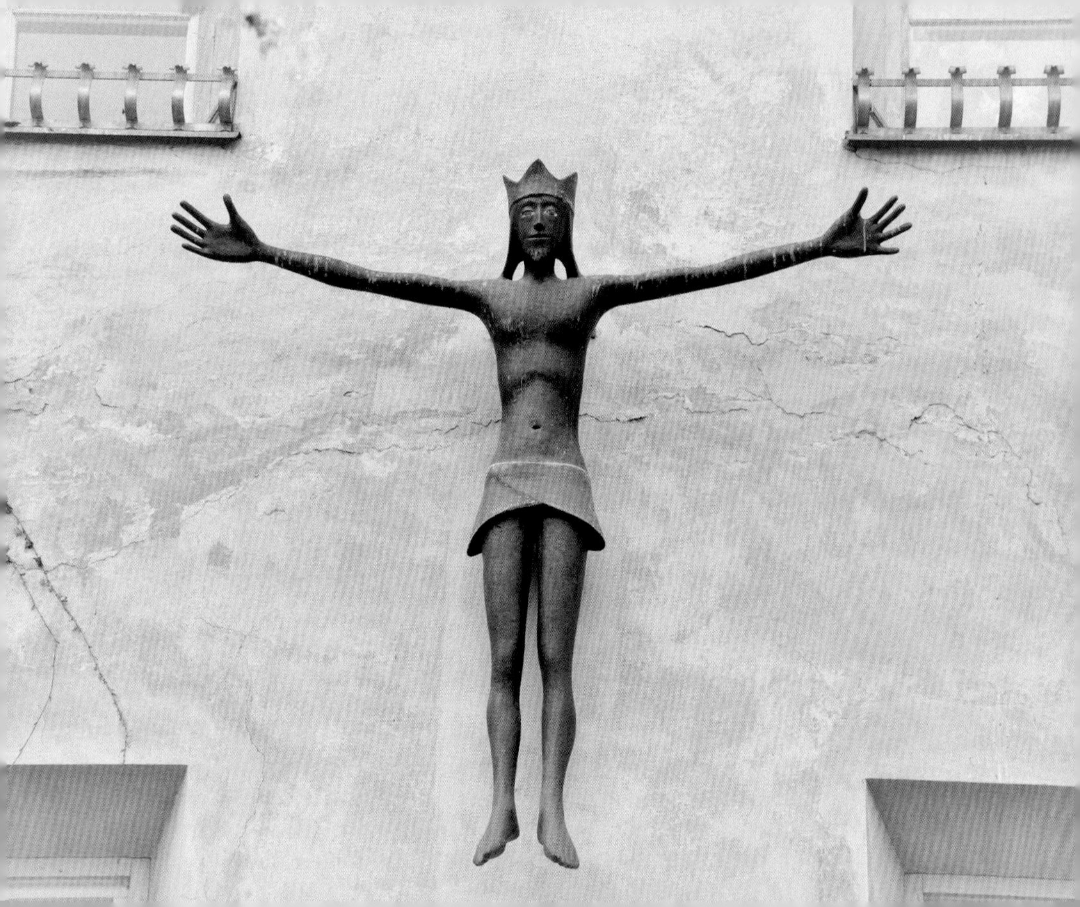

Der alte Dom

Nachdem der Historiker Karl Wolfsgruber im Jahre 1988 eine Monographie über den Dom herausgebracht hatte, legte der Kunsthistoriker Leo Andergassen 2010 ein Standardwerk über das Münster vor.[20] Ein besonderes Verdienst kommt Josef Resch (1716-1782) zu, der in seinen 1765 publizierten „Monumenta veteris ecclesiae Brixinensis“ einen Grundriss des mittelalterlichen Domes wiedergibt. Dieser Grundriss ist für die Kenntnis des alten Domes äußerst wertvoll und aufschlussreich.[21] Die Anfänge des Gotteshauses liegen im Dunkeln. Bereits 977 ist der Dom, der den Heiligen Stephanus, Kassian und Ingenuin geweiht war, als Bischofskirche belegt. Um die Mitte des 12. Jahrhunderts kam auch Albuin als Kirchenpatron hinzu. Nach dem Stadtbrand von 1174 wurde der romanische Dom umgebaut, und im 15. Jahrhundert kam es zum spätgotischen Chorumbau, der 1472 von Bischof Georg Golser eingeweiht wurde. Der romanische Nordturm erhielt 1613 durch den Baumeister Hans Reichle die heutige Form. Der Südturm wurde 1748 dem Nordturm angeglichen. [22]

Abb. 20: Der Brixner Dom vor dem Umbau.
Aquarellierte Zeichnung um 1740.
Diözesanarchiv Brixen.

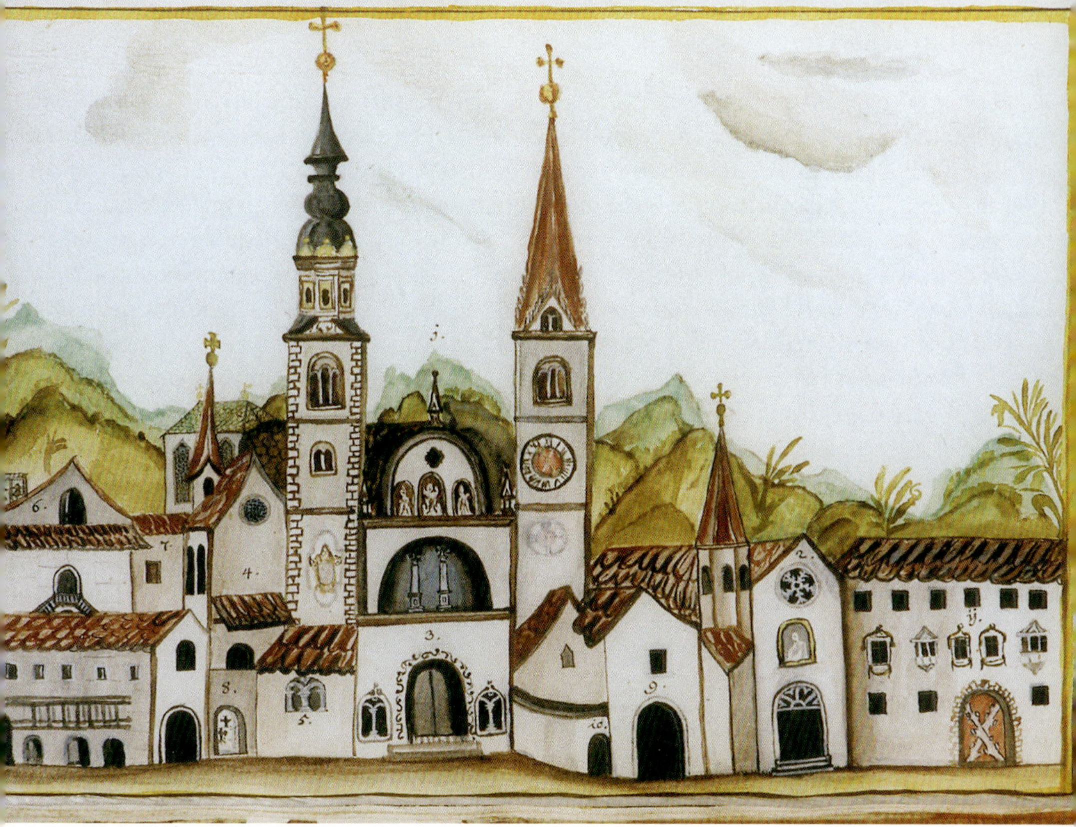

Der barocke Dom

Der barocke Dom mit den zwei charakteristischen Türmen beherrscht das Bild der Stadt. Er zählt zu den bedeutendsten Sakralbauten der Alpen. Bischof Karl Golser nannte ihn „Die Vorhalle des Himmels". Der Innenraum des Domes ist in der Tat von überwältigender Schönheit. Fürstbischof Kaspar Ignaz von Künigl entschloss sich im Jahre 1745 zu einem Neubau des Domes, der am 10. Dezember 1758 von Fürstbischof Leopold von Spaur geweiht wurde und den Titel „Mariä Himmelfahrt" bekam. Die Architekten Giuseppe Delai aus Bozen und Stephan Föger aus Innsbruck gaben dem Dom einen italienisch-deutschen Charakter, der für unser Land symbolträchtig ist. Als Papst Pius VI. 1782 den Dom bei seiner Rückreise aus Wien besuchte, soll er gesagt haben: „Che bella cappella" und beleidigte damit wohl die Brixner, die in ihrem Dom mehr als eine Kapelle sahen. Der Papst mag bei diesem Ausspruch möglicherweise an die Peterskirche in Rom gedacht haben. Ein Tafelbild im Diözesanmuseum aus dieser Zeit zeigt Pius VI., wie er am Fest Christi Himmelfahrt dem Volk den Segen erteilt.[23]

Abb. 21: a) Papst Pius VI. erteilt am Fest Christi Himmelfahrt 1782 vor dem barocken Dom den Segen. Tafelbild, 18. Jahrhundert. Diözesanmuseum. b) Die Domfassade 2017.

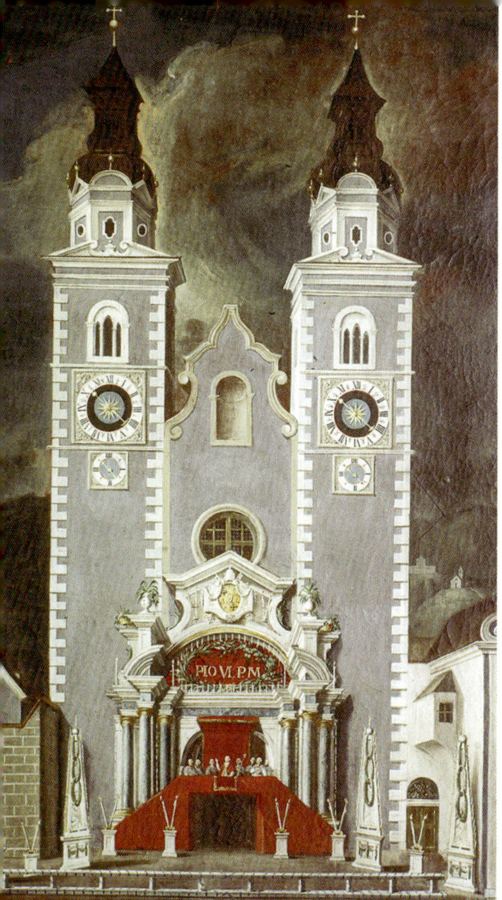
PIO VI P.M.

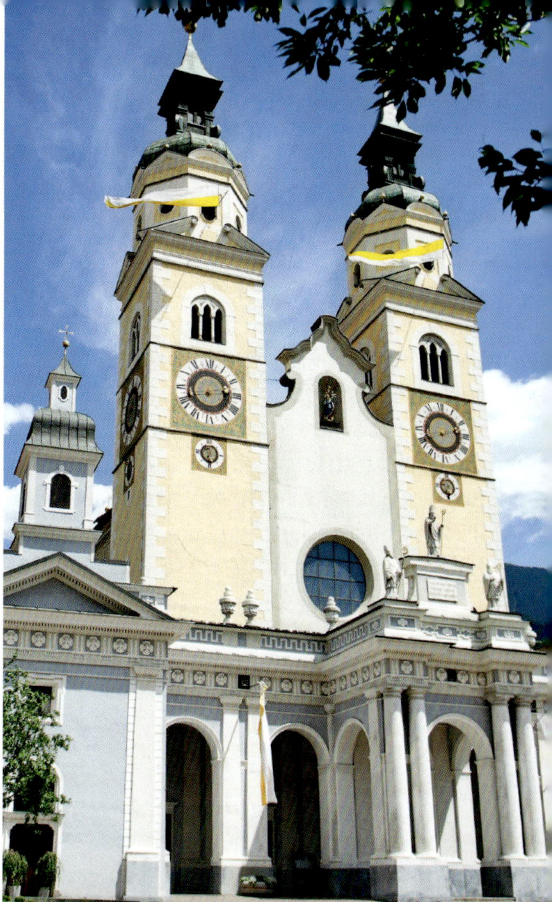

Das Grabmonument von Ulrich Putsch

Die Vorhalle des Domes wurde 1785 von Jakob Pichstaller im klassizistischen Stil vollendet.[24] Dort befinden sich auch einige der alten Marmorgrabsteine der Fürstbischöfe, die im alten Dom am Fußboden lagen. Sie sind von großer kunst- und kulturgeschichtlicher Bedeutung. Es sind dies von links die Grabsteine von Johann Ribi von Lenzburg (1364-1374), Friedrich von Erdingen (1376-1396), Ulrich Putsch (1427-1437), Ulrich von Wien (1396-1417), Bertold von Bickelsberg (1418-1427) und Christoph von Schrofenstein (1509-1521). Besonders beachtenswert ist das Monument von Fürstbischof Ulrich Putsch, das sich links vom Eingang befindet. Putsch stammte aus Schwaben und erlebte ein sehr bewegtes Pontifikat. So kam es zwischen ihm und dem Domkapitel zu einem heftigen Streit, bei dem der Oberhirte im Herbst 1429 neun Tage lang in der bischöflichen Burg eingeschlossen wurde und von Oswald von Wolkenstein sogar eine Ohrfeige versetzt bekam. Das Grabmal zeigt den Bischof in Ganzfigur mit Buch, zwei Wappen und einer Umschrift, die besagt: „HIE. LEIT. BISCHOF. ULRICH. / DEM. IST. DITZ. PILD. GELEICH". Damit ist gesagt, dass es sich um ein authentisches Porträt handelt. Das Grabmal ist noch zu Lebzeiten des Bischofs entstanden.[25]

Abb. 22: a) Grabstein für Fürstbischof Ulrich Putsch, 1429.
b) Grabstein für Fürstbischof Ribi von Lenzburg, um 1374.

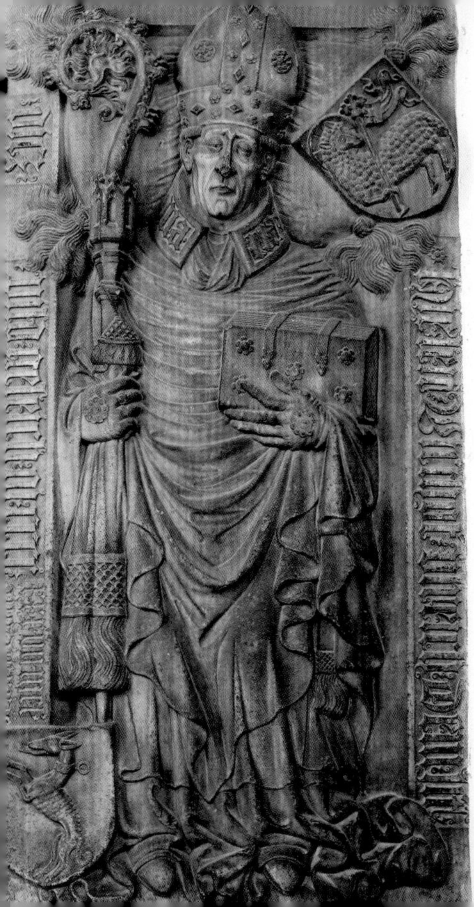

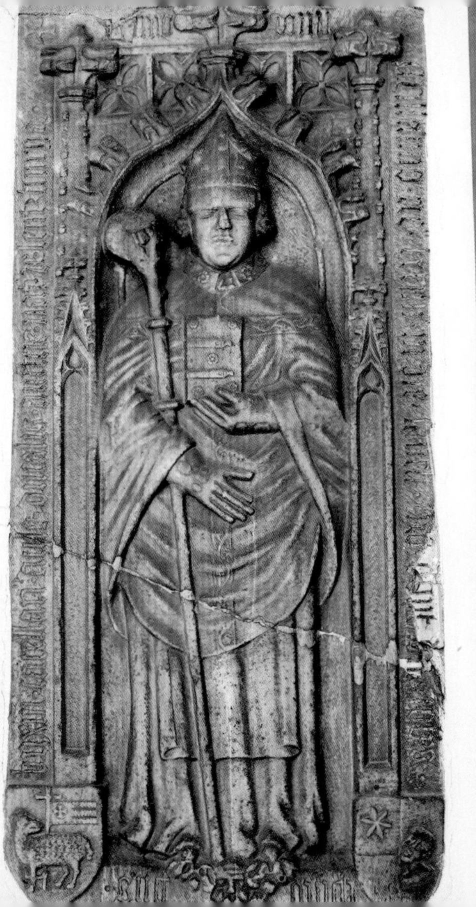

Wappenschilder von drei Päpsten

Seit 2009 schmücken drei Wappenschilder von Päpsten die Südseite der Vorhalle des Domes. Es sind die Wappen der Päpste Damasus II. (1048), Pius VI. (1775-1799) und Benedikt XVI. (2005-2013). Alle drei Päpste haben einen besonderen Bezug zu Brixen. Damasus war vor seiner Erhebung, die er Kaiser Heinrich III. verdankte, Bischof von Brixen, und hieß Poppo (1039-1048). Wegen der großen Hitze begab er sich von Rom nach Palestrina, wo er vermutlich an Malaria starb. Manche Quellen sprechen allerdings von Gift. Pius VI. übernachtete auf seiner Rückreise von Wien am 8. Mai 1782 in der Brixner Hofburg und erteilte am nächsten Morgen den Segen am Brixner Domplatz. Benedikt XVI., der vor seiner Erhebung wiederholt in Brixen war, verbrachte 2008 seinen Sommerurlaub in der alten Bischofsstadt. Die drei neuen Wappenschilder stammen vom Brixner Bildhauer Markus Gasser.[26]

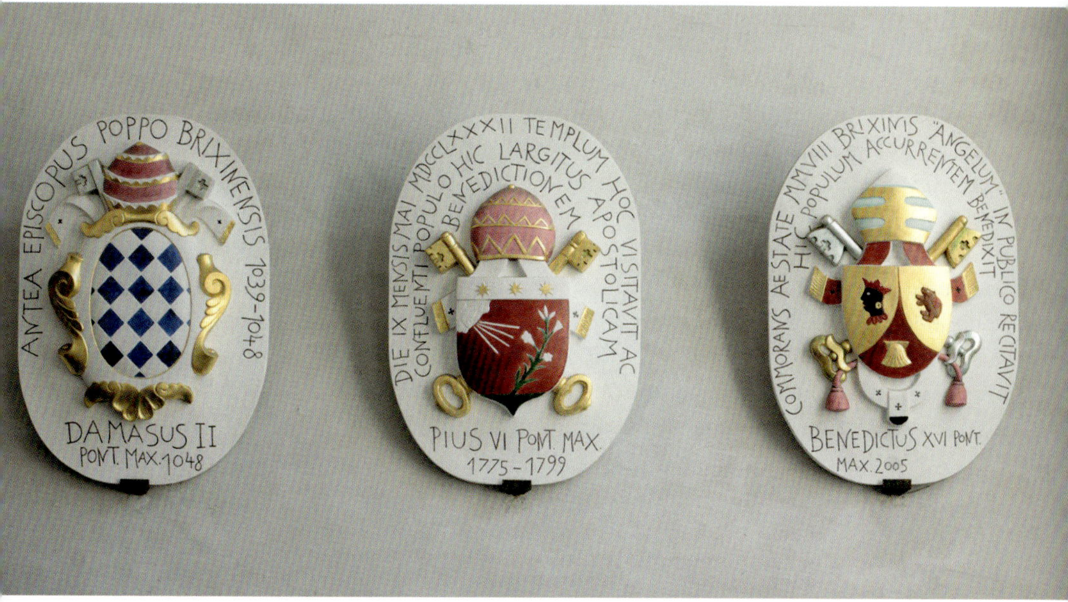

Abb. 23: Die Wappenschilder der Päpste Damasus II. (1048), Pius VI. (1775-1799) und Benedikt XVI. (2005-2013) von M. Gasser in der Vorhalle des Domes.

Die Bistumsheiligen und der Finsterwirt

Auf dem Portalvorsprung der Vorhalle des Domes stehen die etwas steifen Statuen der Bistumspatrone. In der Mitte oben sieht man den hl. Kassian, unten rechts den hl. Ingenuin und zur Linken den hl. Albuin. Zwischen den Heiligen Ingenuin und Albuin befindet sich eine Tafel, die besagt: „SANCTI PONTIFICES VESTRI GREGIS ESTOTE MEMORES – Heilige Hirten, denkt an eure Herde!“[27] Zu diesen drei Statuen erzählen sich die Brixner ein nettes Geschichtchen, das sich an einem heißen Augusttag zugetragen haben soll. Der hl. Albuin hält seine Hand an die Brust, schaut zum hl. Ingenuin hinüber und sagt: „Ich habe einen höllischen Durst“. Der hl. Ingenuin blickt zum hl. Kassian hinauf und fragt: „Wo könnten wir unseren Durst löschen?“ Der hl. Kassian hat keine Zweifel und deutet mit seiner Hand auf die dem Dom gegenüberliegenden Gasse, wo sich ein bekanntes Wirtshaus befindet und sagt: „Lass uns zum Finsterwirt gehen“.[28]

Abb. 24: Die Bistumsheiligen Kassian (um 300), Ingenuin (um 590) und Albuin (975-1006).

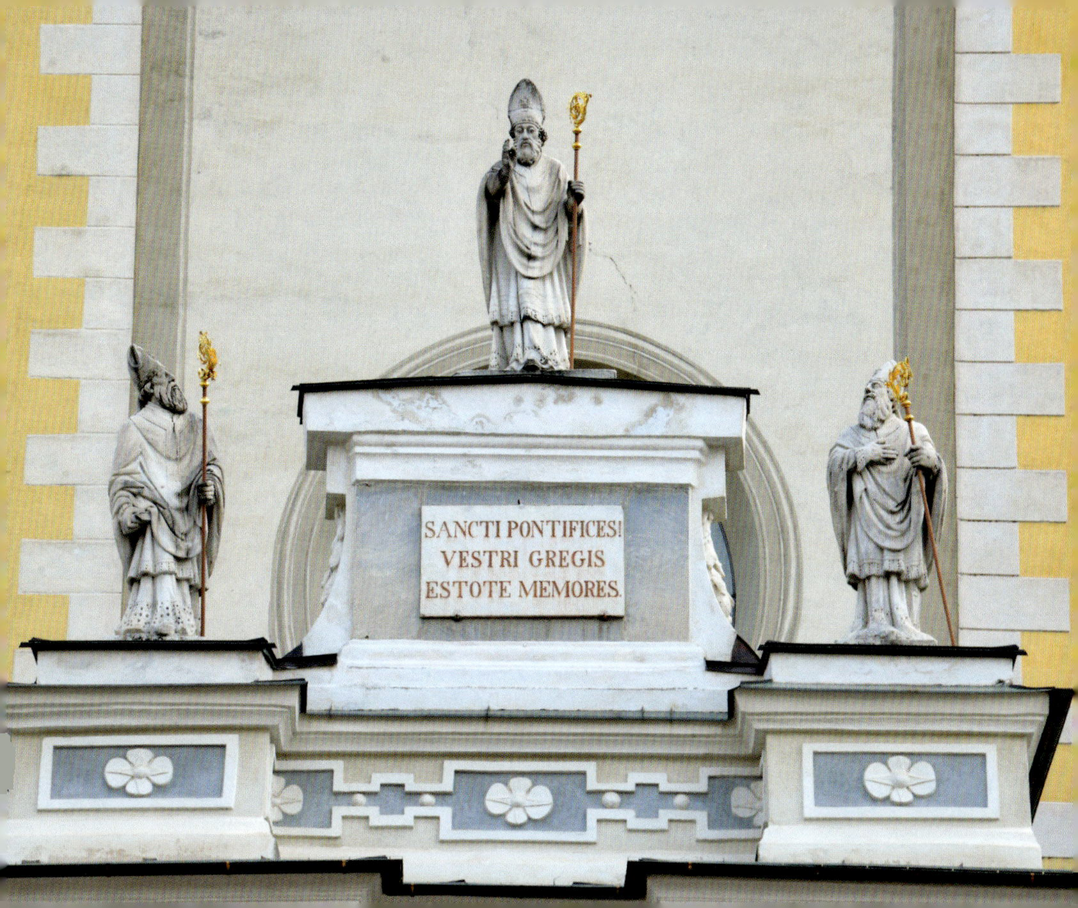
SANCTI PONTIFICES!
VESTRI GREGIS
ESTOTE MEMORES.

Der Hochaltar des Brixner Domes

Einer der schönsten Barockaltäre Tirols ist der von Fürstbischof Künigl in Auftrag gegebene und von Theodor Benedetti 1753 fertiggestellte Hochaltar. Auf der reichgegliederten Mensa steht das aus verschiedenen kostbaren Marmorsorten gearbeitete Tabernakel. Über dem Aussetzungsthron prangt die Fürstenkrone. Zu beiden Seiten stehen die lebensgroßen Marmorfiguren der Apostel Petrus und Paulus sowie zwei Engel. Dabei handelt es sich um Meisterwerke des aus Wengen im Gadertal stammenden Bildhauers Dominikus Moling, der ein Mitarbeiter des berühmten Balthasar Permoser war. Die Altarrückwand trägt das von einem Marmorbaldachin und Marmorteppich umrahmte Altarbild von Michelangelo Unterberger (1695-1758). Unterberger, der aus Cavalese stammte, war Direktor der Wiener Akademie der Bildenden Künste. Das Bild zeigt den Tod Mariens und die im Schmerz aufgelösten Apostel. Es entstand in Unterbergers Werkstatt in Wien und kam 1750 auf dem Wasserweg nach Hall und dann mit einer Kutsche nach Brixen.[29]

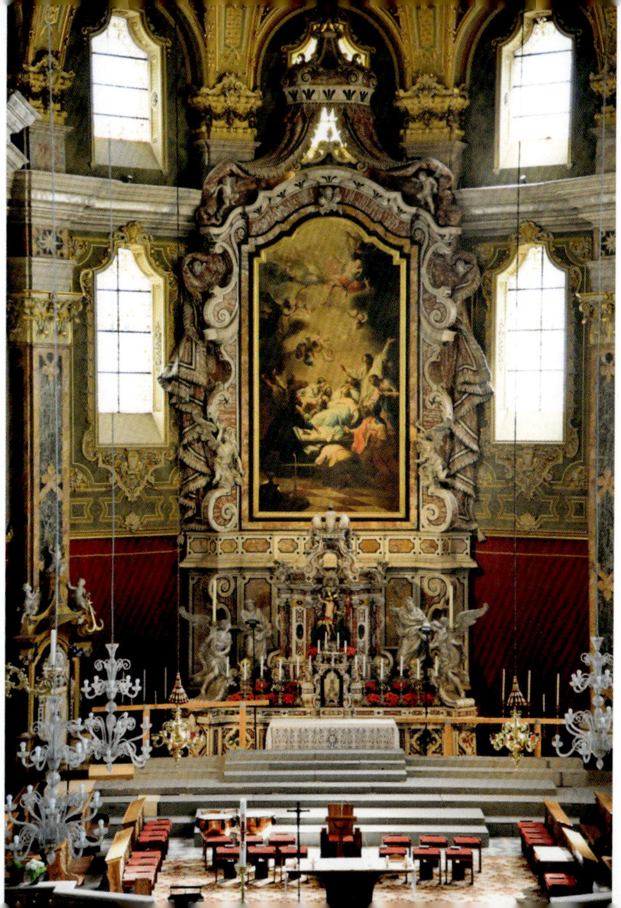

Abb. 25: Der Hochaltar des Domes v. T. Benedetti mit dem Bild v. M. Unterberger, 1749-1753.

Der Kassiansaltar

Unter den acht Seitenaltären soll hier kurz auf den im linken nördlichen Querschiff sich befindenden, vom Domkapitel gestifteten und vom Bildhauer Franz Faber erstellten Kassiansaltar eingegangen werden. Er ähnelt dem gegenüberliegenden Rosenkranzaltar, wurde aber mit noch kostbarerem Marmor aus Carrara und Rosso di Francia gestaltet. Das Altarbild von Paul Troger (1753) zeigt das Martyrium des hl. Kassian, der um 304 in Imola durch seine Schüler mit Schreibgriffeln zu Tode kommt. Seitlich stehen die Marmorfiguren der hll. Ingenuin und Albuin und im Auszugsbild sieht man die Umbettung der Reliquien des hl. Albuin durch Bischof Hartmann 1141 im Brixner Dom. Die Tumba enthält die Schreine für die Reliquienkästchen der hll. Ingenuin und Albuin.[30] Die Altäre links vom Haupteingang sind der Allerheiligenaltar, der Agnesaltar und der Annaaltar, rechts der Kreuzaltar, der Johannes Nepomuk-Altar und der Salvatoraltar. In der Domsakristei malte Johann Baptist Oberkofler (1895-1969) im Jahre 1940 Szenen der Kreuzigung, der Fußwaschung und des Abendmahls mit Porträts der damaligen Domkleriker. Der Volksaltar ist ein Werk von Martin Rainer aus dem Jahr 1966. Im Jahre 2006 wurde der Altarbereich mit der Entfernung eines Teiles der Kommunionbank umgestaltet.[31]

Abb. 26: a) Der Kassiansaltar im linken Querhaus v. F. Faber und Gemälde v. P. Troger, 1753-1756.
b) Rosenkranzaltar im rechten Querschiff v. F. Orandini und Gemälde v. F. S. Unterberger, 1751-1754.

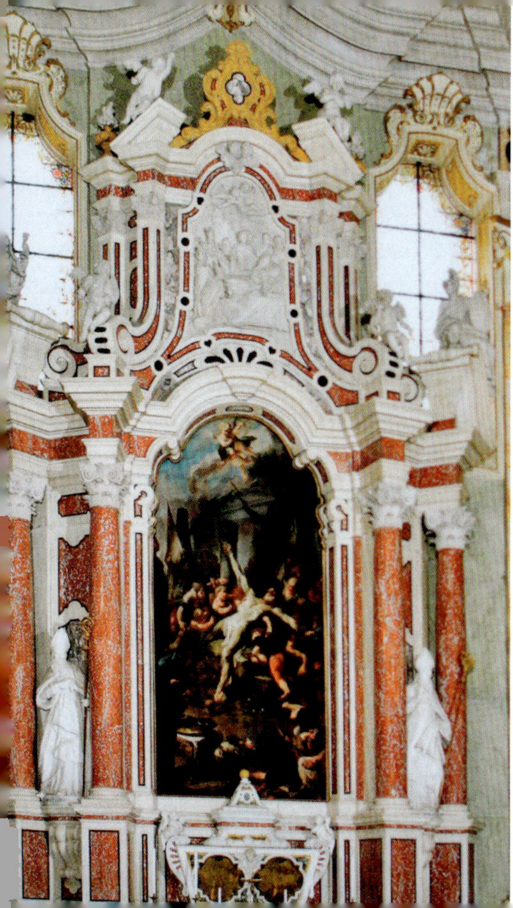

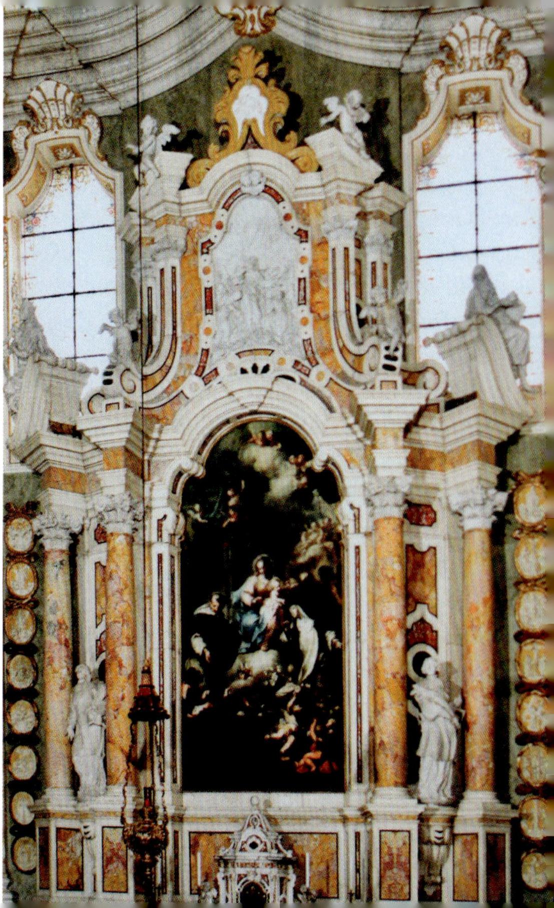

Die Anbetung des Lammes

Glanzstück der künstlerischen Ausstattung des Domes ist das Deckenfresko von Paul Troger aus dem Jahre 1750, die „Anbetung des Lammes“ nach der Offenbarung des hl. Johannes. Das Lamm ruht auf dem Heiligen Berg; auf einer grandiosen Wolkenspirale sieht man oben Engel und unten Heilige. Klar zu erkennen ist der hl. Kassian, der mit dem Fuß ein Götzenbild zertrümmert. Er ist der Patron der Brixner Kirche. Der Bischof hinter dem hl. Kassian dürfte der hl. Ingenuin sein, der erste gesicherte Bischof von Säben. Der Diakon mit der grünen Dalmatika und den zum Himmel emporgestreckten Händen ist wohl der hl. Stephanus, der erste Patron des Brixner Domes. Der Bischof im blauen Ornat könnte der hl. Albuin sein, der endgültig den Bischofssitz von Säben nach Brixen verlegt hat. Von den Bischöfen distanziert sich der hl. Franziskus, der wohl mit deren Prunk nicht einverstanden ist. Von diesem Deckengemälde schrieb Josef Weingartner, der wohl beste Kenner der Südtiroler Kunstgeschichte: „Unter den figuralen Darstellungen gehört die Anbetung des Lammes in Komposition, Bewegung und Affekt zum Gewaltigsten, was die barocke Deckenmalerei auf deutschem Boden geschaffen hat.“[32]

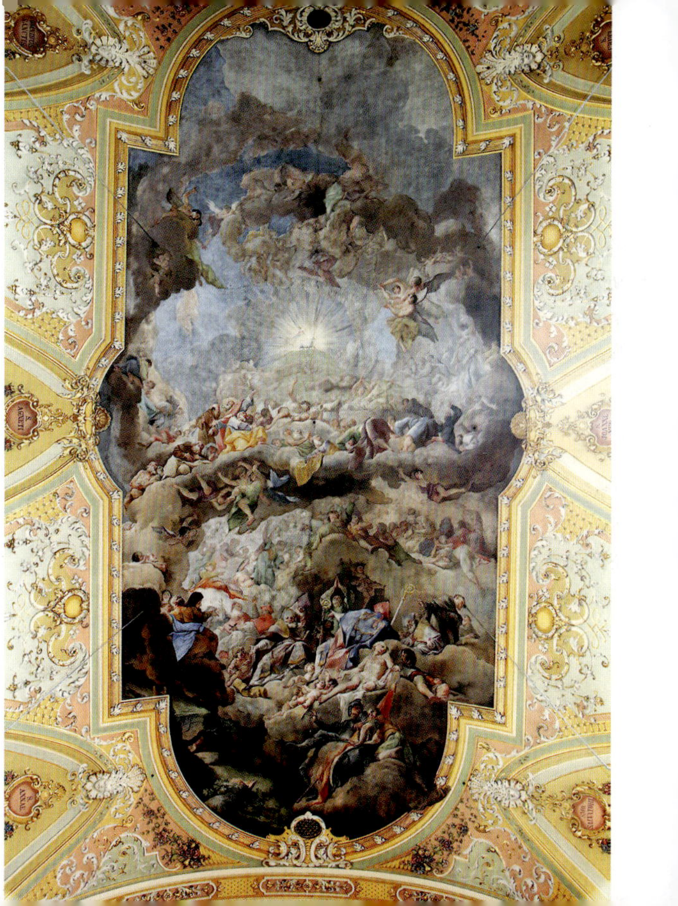

Abb. 27: Die Anbetung des Lammes v. P. Troger, 1750.

Die Grabmonumente der Bischöfe

Nach dem Neubau des Domes wurden alle Bischöfe im Querschiff bestattet. Vier Grabmonumente befinden sich an den Wänden des Querschiffes, und zwar an der Ostwand links jenes von Kaspar Ignaz von Künigl (1702-1747), gegenüber jenes von Leopold von Spaur (1747-1778) und von Ignaz von Spaur (1779), an der Ostwand rechts das Grabmal des Joseph von Spaur (1779-1791) und gegenüber jenes von Karl Franz von Lodron (1791-1828). Im Mittelschiff befinden sich die Grabmäler aller anderen Bischöfe von Bernhard Galura (1829-1856) bis Joseph Gargitter (1952-1986). Sehenswert ist das Epitaph für Fürstbischof Johannes Geisler (1930-1952) von Hans Andre. Das 1954 vollendete und aus Veroneser Marmor bestehende Relief geht auf Weisungen von Karl Wolfsgruber zurück, den Geisler 1951 zum Nachfolger von Adrian Egger in der Leitung des Diözesanmuseums ernannt hat.[33] Wolfsgruber, der den Auftrag bekommen hatte, sich um ein Denkmal für Geisler zu kümmern, fand in Andre einen talentierten Künstler. Als Vorgabe diente ihm ein Foto des Bischofs, der, angetan mit der Cappa Magna, auf einem Betschemel kniet. Der Künstler stellte Geisler mit dem langen und pompösen Gewand in demütiger Haltung dar und wollte damit die dramatischen Herausforderungen symbolisieren, mit denen der Bischof während seiner Regierungszeit konfrontiert worden war. Gekrönt wird das Epitaph mit Fürstenhut und Wappen.[34]

Abb. 28: a) Grabmal (Detail) für die Fürstbischöfe Leopold (1747-1778) und Ignaz v. Spaur (1779) v. J. Pirchstaller.
b) Grabmal für Bischof Johannes Geisler (1930-1952) v. H. Andre, 1954.

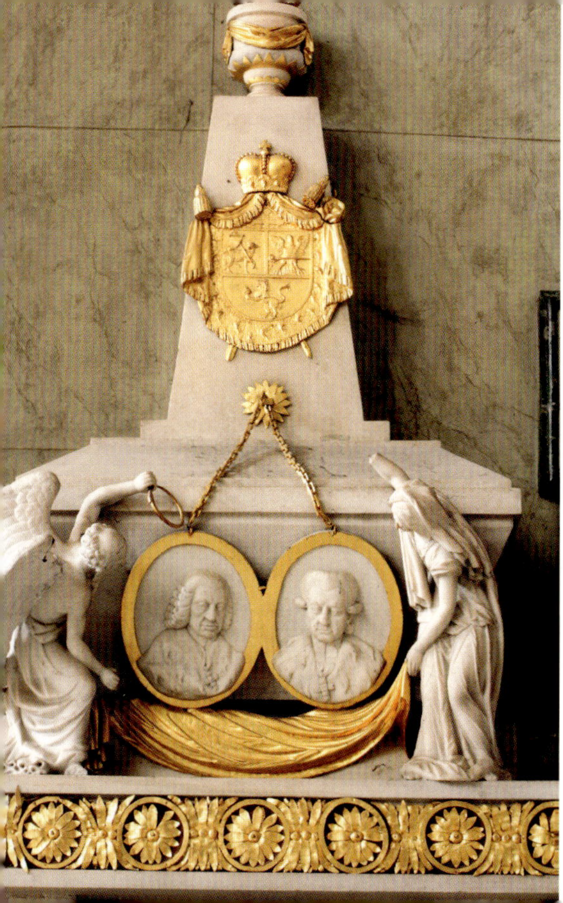

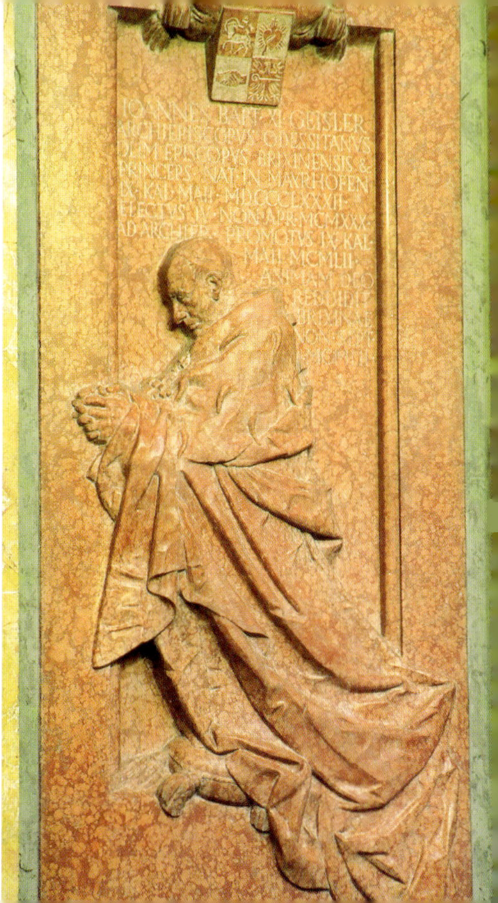
IX·KAL·MAII·MDCCCLXXXII·
ELECTVS IV·NON·APR·MCMXXX·
PROMOTVS IX·KAL·
MAII·MCMLII·
ANIMAM DEO

Das Grabmonument für Bischof Gargitter

Beachtenswert ist vor allem das Grabmonument von Gargitter. Gargitter zählt zu den bedeutendsten Bischöfen unseres Landes. Mit Scharfsinn und Weitblick hat er kirchliche und politische Entwicklungen vorausgesehen und seine Diözese darauf vorbereitet. Vor allem war er der große Friedenstifter. So hat er sich für das friedliche Zusammenleben der Menschen in Südtirol eingesetzt. In seine Amtszeit fiel auch die Errichtung der Diözese Bozen-Brixen. Gargitter war somit der letzte Bischof der tausendjährigen Diözese Brixen und der erste Bischof der Diözese Bozen-Brixen. Im Mittelschiff rechts befindet sich das bronzene Epitaph von Martin Rainer aus dem Jahre 1995. Es stellt den Oberhirten auf der Kanzel als Lehrer und Künder der Botschaft von Kreuz und Erlösung dar. Mit der rechten Hand weist er auf den Hochaltar hin. Oben sieht man den Heiligen Geist, der den Bischof inspiriert, unten ist das Wappen mit dem Leitspruch „Mein Leben für die Herde" ersichtlich.[35] Links von Haupteingang befindet sich ein Bronzerelief der aus München gebürtigen Bildhauerin Carola Heine und das Bischof Wilhelm Egger (1986-2008) mit Stab, Mitra und der Heiligen Schrift zeigt.[36]

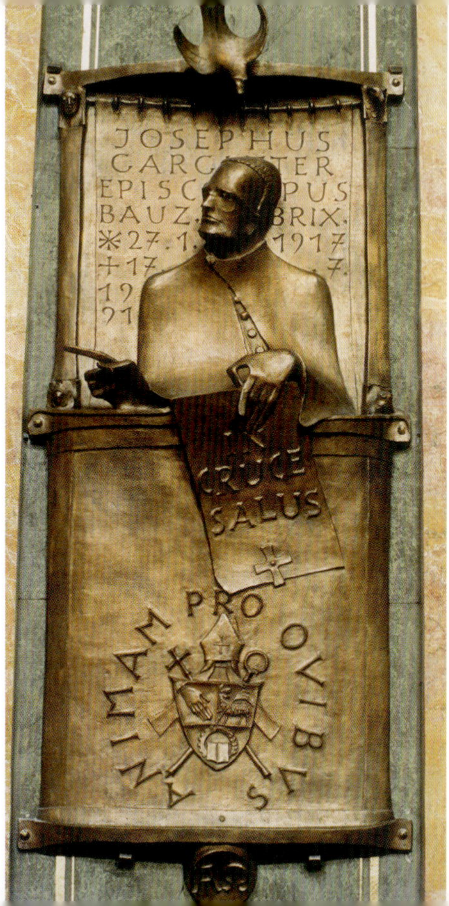

Abb. 29: Grabmal für Bischof Joseph Gargitter (1952-1986)
v. M. Rainer, 1995.

Die Leinberger-Madonna

Ein besonderes Meisterwerk ist die spätgotische Madonna am südlichen Chorpfeiler. Sie ist sehr wahrscheinlich eine Arbeit von Hans Leinberger aus Landshut. Die überaus qualitätsvolle Arbeit lässt sich stilistisch um 1520 datieren. Der deutsche Theologe und Vorsitzende der Zentrumspartei, Prälat Ludwig Kaas, der ab 1933 in Rom lebte und mit Papst Pius XII. befreundet war, hatte diese Statue in seinem Besitz. Er vermachte sie dem Papst mit der Auflage, sie einer deutschen Diözese zu schenken. So kam die lebensgroße Statute 1952 nach Brixen. Im Jahre 2003 wurde sie von Josef Leiter restauriert. Dabei wurde die ursprüngliche Fassung freigelegt und die Krone, die eine spätere Zutat war, entfernt. Maria strahlt gleichzeitig Würde, Milde und Gelassenheit aus.[37] Einen Blick sollte man auch auf die schöne Kanzel und auf die Orgelempore werfen. Anlässlich des Jahres der Barmherzigkeit 2015/16 hat der Künstler Albert Mellauner an der Nordseite des Domes abstrakte, großformatige Malereien geschaffen, welche die Menschen vom Alltag zum Dom führen sollen.[38]

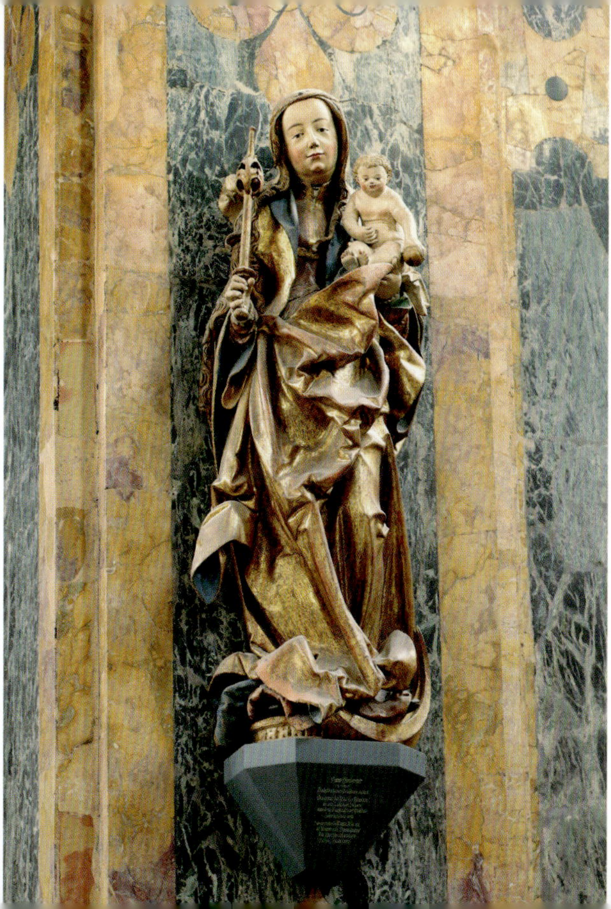

Abb. 30: Madonna mit Kind um 1520, vermutlich v. H. Leinberger.

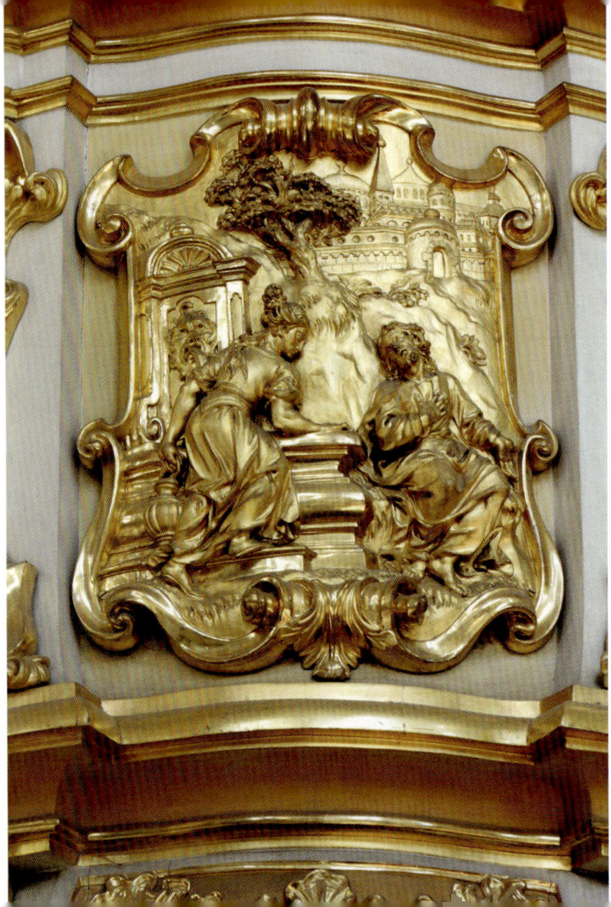

Abb. 31: Die Domkanzel mit der Darstellung Christus und die Samariterin am Jakobsbrunnen v. J. Wiser, 1753.

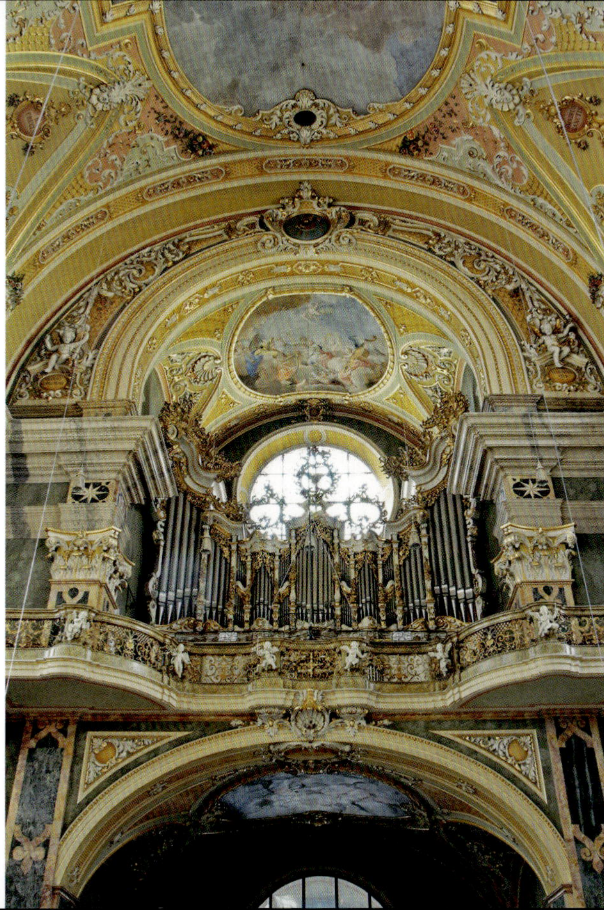

Abb. 32: Die Domorgel und Balustrade mit musizierenden Putten, 1753.

Der hl. Josef Freinademetz

Zum 100. Todestag von P. Josef Freinademetz wurde 2008 im Dom ein Bronzerelief enthüllt, das den Heiligen mit den Symbolen eines chinesischen Gelehrten, nämlich mit Buch, Berg und Baum darstellt. Das Relief stammt vom Künstler Werner Kofler aus Neumarkt; es wurde aus der Hinterlassenschaft des ehemaligen Generalvikars und Kanonikus Josef Michaeler finanziert.[39] Freinademetz wurde 1852 auf einem Bauernhof in Oies in der Gemeinde Abtei im Gadertal geboren. Nach seinen Studien in Brixen und Kooperatorenjahren in St. Martin in Thurn trat er 1878 in das kurz zuvor gegründete Missionshaus in Steyl in Holland ein. Anschließend wirkte er als unermüdlicher Missionar in China, wo er 1908 verstarb. Im Jahre 2003 wurde er in Rom von Papst Johannes Paul II. heiliggesprochen. Freinademetz, der sich zunächst abschätzig gegenüber den Chinesen geäußert hatte, änderte bald seine Meinung. Er erlernte mit großem Eifer ihre Sprache, nahm einen chinesischen Namen an und nannte sich Fu Shenfu - Vater des Glücks, zog chinesische Kleidung an und trug statt der priesterlichen Tonsur einen langen Zopf. So wurde er den Chinesen ein Chinese. In einem Brief nach Hause schrieb er: „Ich sage euch ehrlich und offen: ich liebe China und die Chinesen, und ich bin bereit dafür zu sterben“. [40]

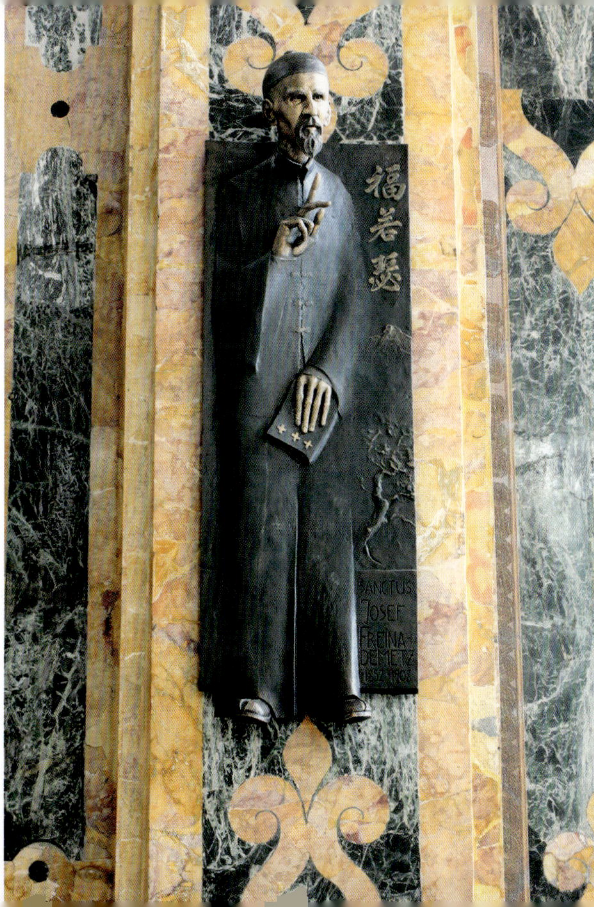

Abb. 33: Der hl. Josef Freinademetz (1852-1908), Bronzerelief v. W. Kofler, 2007.

Der Domschatz

Der Brixner Domschatz ist ein im Laufe von Jahrhunderten gewachsener Bestand. Ein Teil des Domschatzes befindet sich heute im Diözesanmuseum. Die berühmten Reliquienbüsten der Diözesanheiligen werden aber immer noch in der Nordsakristei des Domes aufbewahrt. Die Reliquie des Diözesanpatrons, des hl. Kassian († um 303), erhielt der Brixner Fürstbischof Kaspar Ignaz von Künigl im Jahre 1704 aus Imola. Meister Martin Maurer fertigte dafür im Jahre 1743 ein kostbares Reliquiar an. Zu diesen Reliquienbüsten zählen dann auch jene des hl. Ingenuin († um 605), des ersten auf dem Felsen von Säben sicher nachgewiesenen Bischofs, des hl. Albuin (ca. 975-1006), der den Bischofssitz von Säben nach Brixen verlegte, und des großen Reformbischofs und Gründers von Kloster Neustift, des seligen Hartmann (1140-1164). Nach der Regelung der Diözesangrenzen im Jahre 1964 wurde der hl. Vigilius zweiter Diözesanpatron der Diözese Bozen-Brixen. Erzbischof Giovanni Maria Sartori von Trient überreichte Bischof Wilhelm Egger im Jahre 1989 eine Reliquie des hl. Vigilius, für die Franz Kehrer 1991 eine moderne Büste anfertigte. Zum Bestand der Reliquienbüsten im Domschatz gehören auch jene von drei Frauengestalten. Es sind dies die Büsten der hl. Agnes, der hl. Ottilia aus dem Elsass und der hl. Christina von Bolsena. Ein Meisterwerk ist das Reliquiar der hl. Agnes. Es wurde vom Bildschnitzer Hans Klocker 1496 entworfen und vom Brixner Goldschmied Valentin Schauer ausgeführt. Bei der Kassiansprozession werden all diese kostbaren Silberbüsten mitgetragen.[41] Seit 2017 ist auch eine Reliquie des seligen Josef Mayr-Nusser dabei.

Abb. 34: a) Agnesreliquiar v. V. Schauer, um 1496. b) Kassiansreliquiar v. J. M. Maurer, 1743.

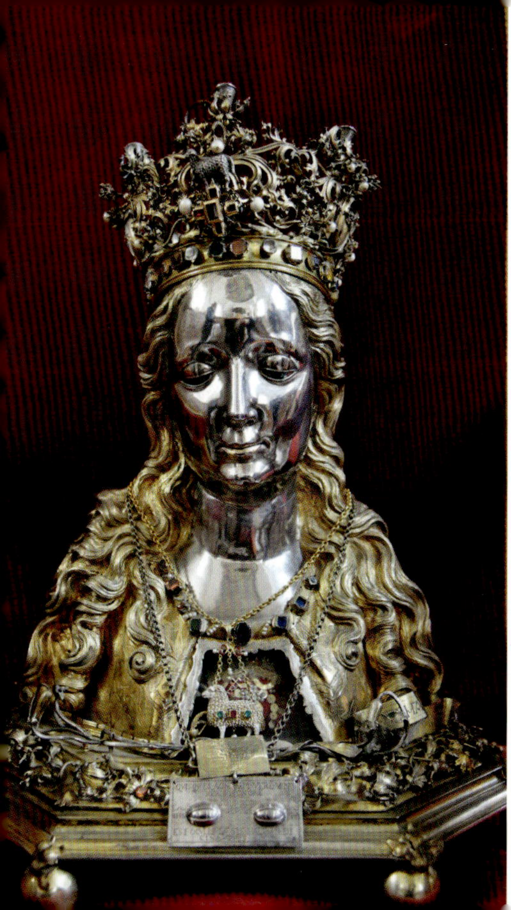

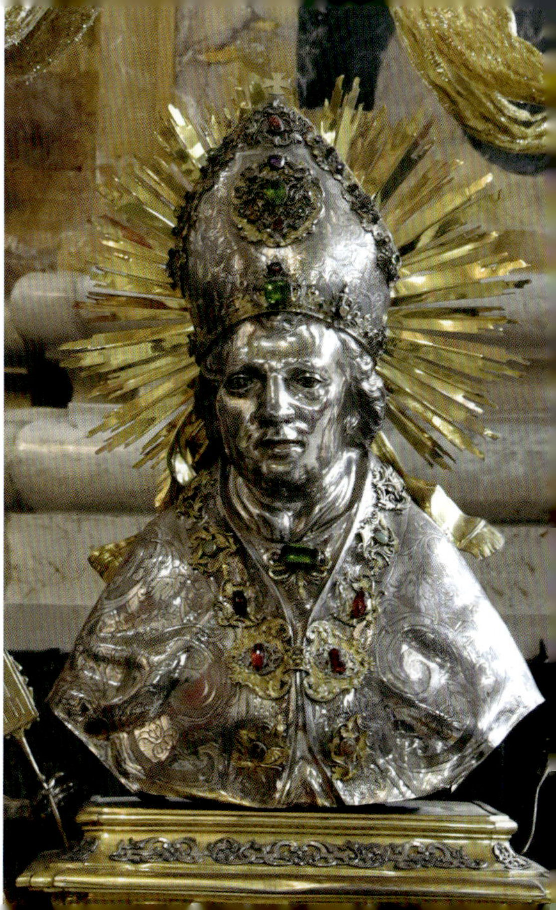

Der Kreuzgang

Ein wahres Juwel ist der Kreuzgang im Süden der Domkirche. Er wurde schon „Camposanto von Pisa im Kleinen" genannt. Manche glauben, der erste Kreuzgang des 10. Jahrhunderts habe größtenteils aus Holz bestanden. Der romanische Kreuzgang erfuhr nach dem Brand von 1174 wesentliche Veränderungen. Die zierlichen, aber etwas derb gearbeiteten Doppelsäulchen erhielten in dieser Zeit die Blatt- und Knospenkapitelle. Diese Säulchen gewähren stimmungsvolle Durchblicke auf den Dom und auf die Johanneskirche. Dem Zeitgeschmack der Gotik gemäß bekam der Kreuzgang im 14. Jahrhundert ein Kreuzgratgewölbe, das seinen Charakter radikal veränderte. Beim barocken Umbau des Domes im 18. Jahrhundert wurde als Stütze für die Gewölbe der 8. und 9. Arkade ein Rundpfeiler errichtet und es entstand auch ein neuer Zugang zum Domplatz hin. Längs der Mauer ließ der Historiker Josef Resch die aus dem alten Dom geretteten Grabsteine aufstellen. Die steinerne Totenleuchte im Mittelhof stammt aus der Zeit um 1500; sie wurde erst 1928 aufgestellt. Im Süden des Kreuzganges befindet sich das Grabmal für Bischof Christoph Fuchs von Fuchsberg (1539-1542), der zunächst verheiratet war und mehrere Töchter und einen Sohn hatte. Nach dem Tode seiner Frau trat er in den geistlichen Stand ein und wurde schließlich Bischof von Brixen.[42]

Abb. 35: Der Kreuzgang in Brixen.

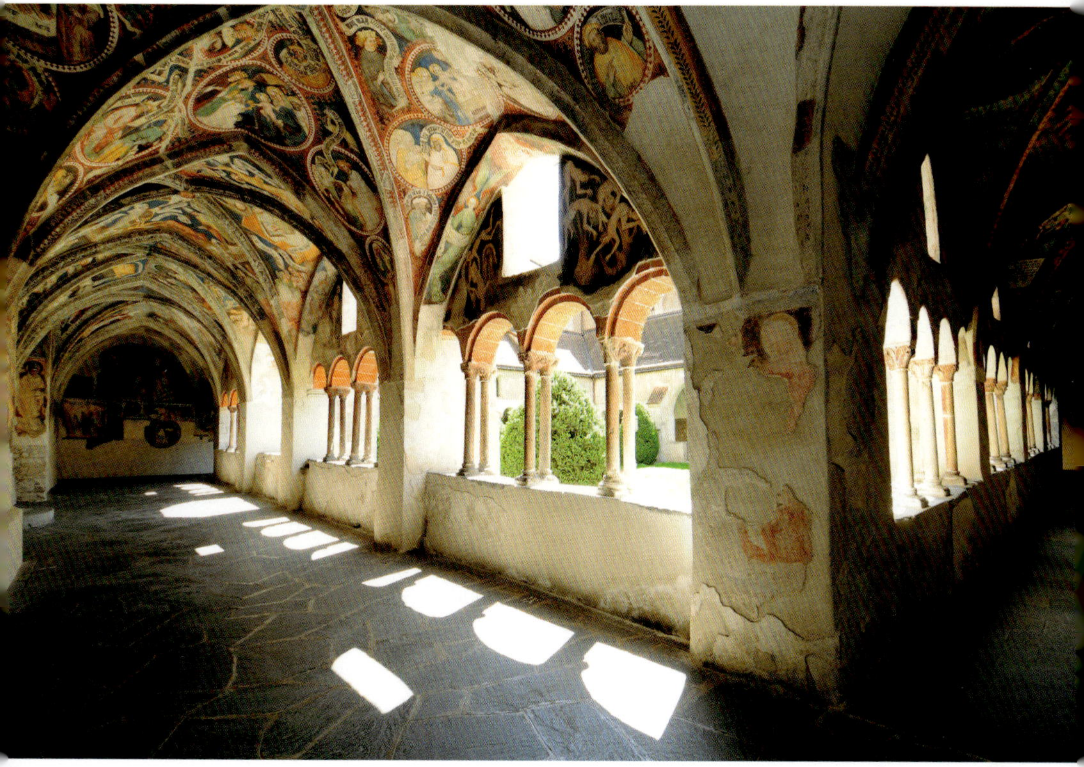

Der Freskenschmuck im Kreuzgang

Da der Brixner Kreuzgang nicht nur liturgischen Zwecken diente, sondern auch als Begräbnisstätte für den Domklerus genutzt wurde, bekam er einen entsprechenden Freskenschmuck, der von einzelnen Mitgliedern des Domklerus in Auftrag gegeben wurde. Daher gibt es auch kein zusammenhängendes und einheitliches Programm. Die Malereien die vor allem im Laufe des 14. und 15. Jahrhunderts entstanden sind, zeigen Szenen aus dem Neuen Testament, die mit Themen aus dem Alten Testament oder aus der Antike verglichen werden. Die Fresken in der 10. Arkade beschäftigen sich mit Tugenden und Lastern, jene in der 11. Arkade haben die leiblichen Werke der Barmherzigkeit zum Thema und jene in der 12. Arkade stellen die Heiligen dar, die in Brixen und Chur besonders verehrt wurden. Chur deshalb, weil Bischof Friedrich von Erdingen (1376-1396), zu dessen Zeit diese Fresken wohl entstanden sind, vorher Bischof von Chur war. Diese Darstellungen wollten eine christliche Lebensweise empfehlen, die als Vorbereitung zum Eintritt in den Dom dienen sollte. Dort gab es nämlich einen Zutritt zum Gotteshaus. Das romanische Portal aus dem 12. Jahrhundert ist heute noch gut sichtbar. In der Nische steht eine Holzskulptur, die Christus an der Geißelsäule darstellt und um 1750 entstanden ist. Der Kreuzgang und die Malereien wurden wiederholt restauriert. Die letzten Eingriffe, welche die Fresken betrafen, fanden 2007 statt.[43]

Abb. 36: Werke der leiblichen Barmherzigkeit an der 11. Arkade, 1410.

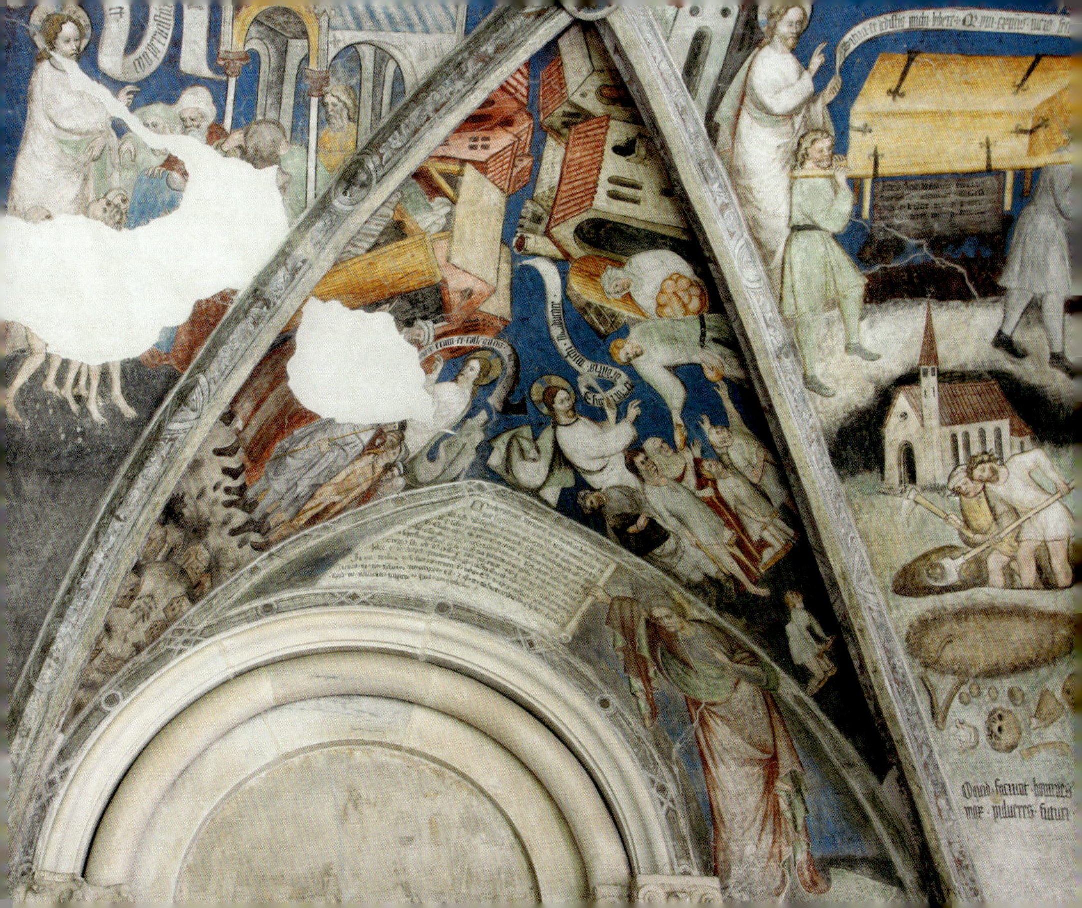

Die Anbetung der Könige

Da beim Umbau des Domes der Nordteil des Gewölbes der 13. Arkade an der Ecke abgebrochen wurde, haben die Fresken großen Schaden gelitten. Erhalten blieb aber das Fresko im oberen Teil der Ostwand, das eines der schönsten Bilder im Kreuzgang ist. Es stellt die Anbetung der Könige dar. Ganz oben verkündet ein Engel den Hirten, den Schafen und einem Hund die Geburt Jesu. An der Textschleife des Engels steht: „Annuncio vobis gaudium magnum - Ich verkünde euch eine große Freude". Darunter rechts sieht man einen strohgedeckten Stall mit Ochs und Esel. Im Vordergrund sitzt Maria mit einer Krone auf dem Haupt und mit einem weißen faltenreichen Kleid am Leib. Ganz rechts von ihr hockt bescheiden der hl. Josef mit grauweißem Bart, rotem und einfachem Kleid und einem Stock in der Hand. Bemerkenswert ist, dass der Nährvater Jesu nicht schläft, sondern das Geschehen aufmerksam verfolgt. Das Kind scheint den Schoß der Mutter verlassen zu wollen und sich mit segnender Hand den drei Königen entgegenzuwenden, die ihm kostbare Geschenke bringen. Dabei fällt auf, dass die drei Weisen aus dem Morgenland die drei Lebensalter darstellen. Der junge König (dessen Bild leider beschädigt ist) ist am weitesten vom Kind entfernt. Der König in der Lebensmitte weist auf sein Ziel hin. Der alte König schließlich kniet vor dem Kind. Die Krone hat er abgelegt und seine Schatulle geöffnet. Sein Ziel hat er endgültig gefunden. Dieses eindrucksvolle Fresko ist um 1410 entstanden.

Abb. 37: Die Anbetung der Könige in der 13. Arkade des Kreuzganges, um 1410.

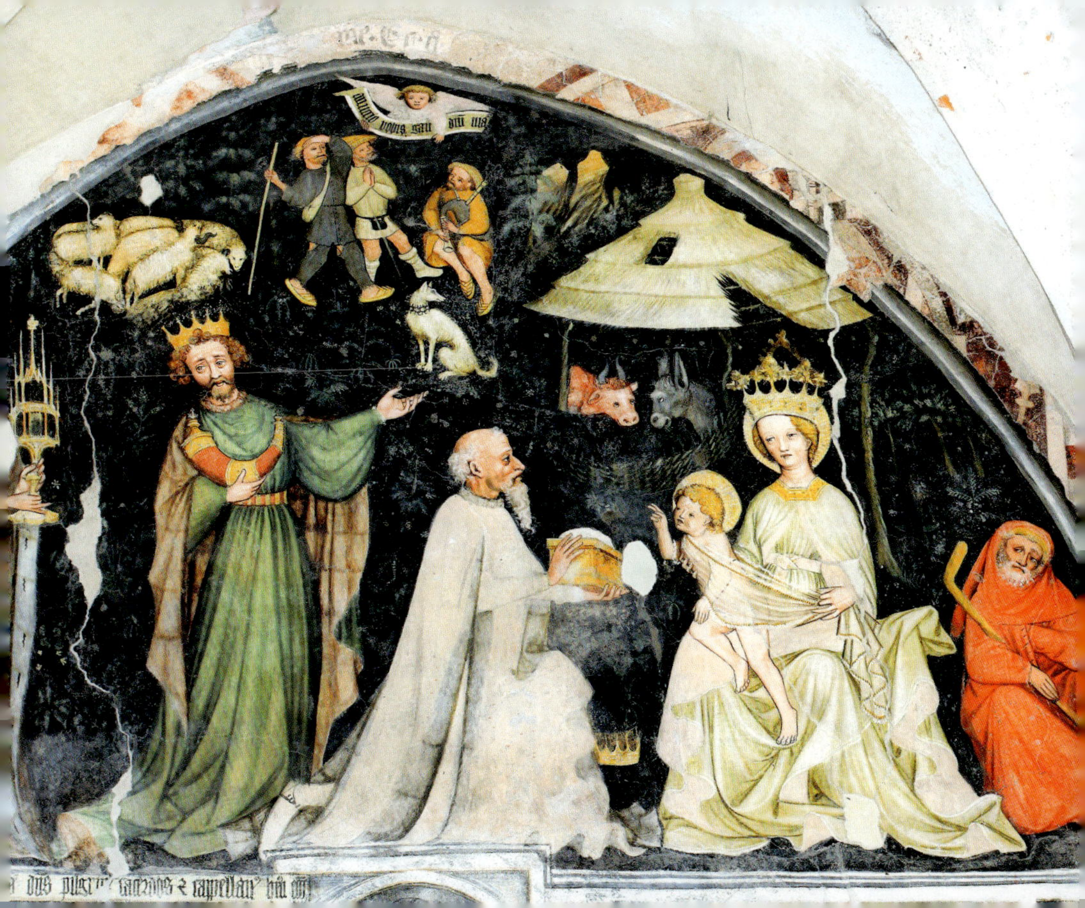

Der Elefant mit der Trompete

Besonders sehenswert ist die 3. Arkade. Sie stellt die Leiden Christi dar und die entsprechenden Bezugsbilder aus dem Alten Testament. Das erste Bezugsbild zur Darstellung des Todes Christi am Kreuze erzählt die Geschichte des Makkabäers Eleazar. Weil er seinem Volke zum Siege verhelfen wollte, lieferte er sich selbst dem Tode aus. Er legte sich unter den Elefanten, um ihn von unten zu töten. Das Tier fiel zu Boden und erdrückte Eleazar. Die Inschrift beschreibt die Beziehung Eleazars zu Christus. Das Bild stammt vom bekannten Maler Leonhard von Brixen (um 1450), dem wir auch sonst wiederholt im Kreuzgang begegnen[44] Die Eleazarszene im Brixner Kreuzgang ist deshalb bemerkenswert, weil der Maler, der offenbar noch nie einen Elefanten gesehen hatte, den Dickhäuter wie ein Pferd mit einer Trompete darstellte. Erst im Dezember 1551 kam ein wirklicher Elefant mit dem Namen Soliman auf dem Weg von Lissabon nach Wien und legte in Brixen eine Ruhepause ein. An diese Sensation erinnert heute noch ein Fresko am Haus, das sich anschließend „Hotel Elefant" nannte und heute noch ein vorbildlicher Gastbetrieb ist.[45] Diesem Ereignis wurde im Mittelhof der Brixner Hofburg in den Jahren 2015/16/17 eine glanzvolle Lichtshow gewidmet.[46] Mit dieser Show und mit dem Wasser-Licht-Festival im Jahre 2017 hat sich Brixen über die Landesgrenzen hinaus einen Namen gemacht.

Abb. 38: Der Makkabäer Eleazar in der 3. Arkade des Kreuzganges v. Leonhard von Brixen, um 1450.

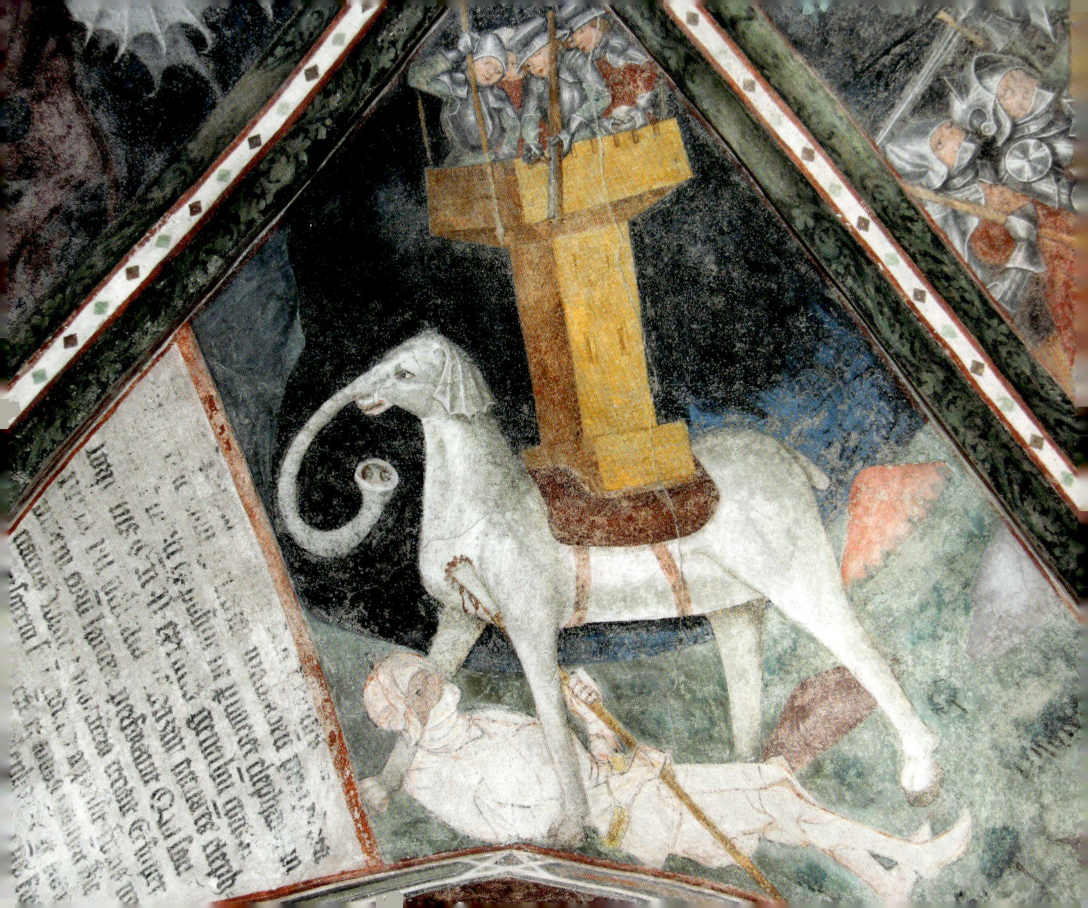

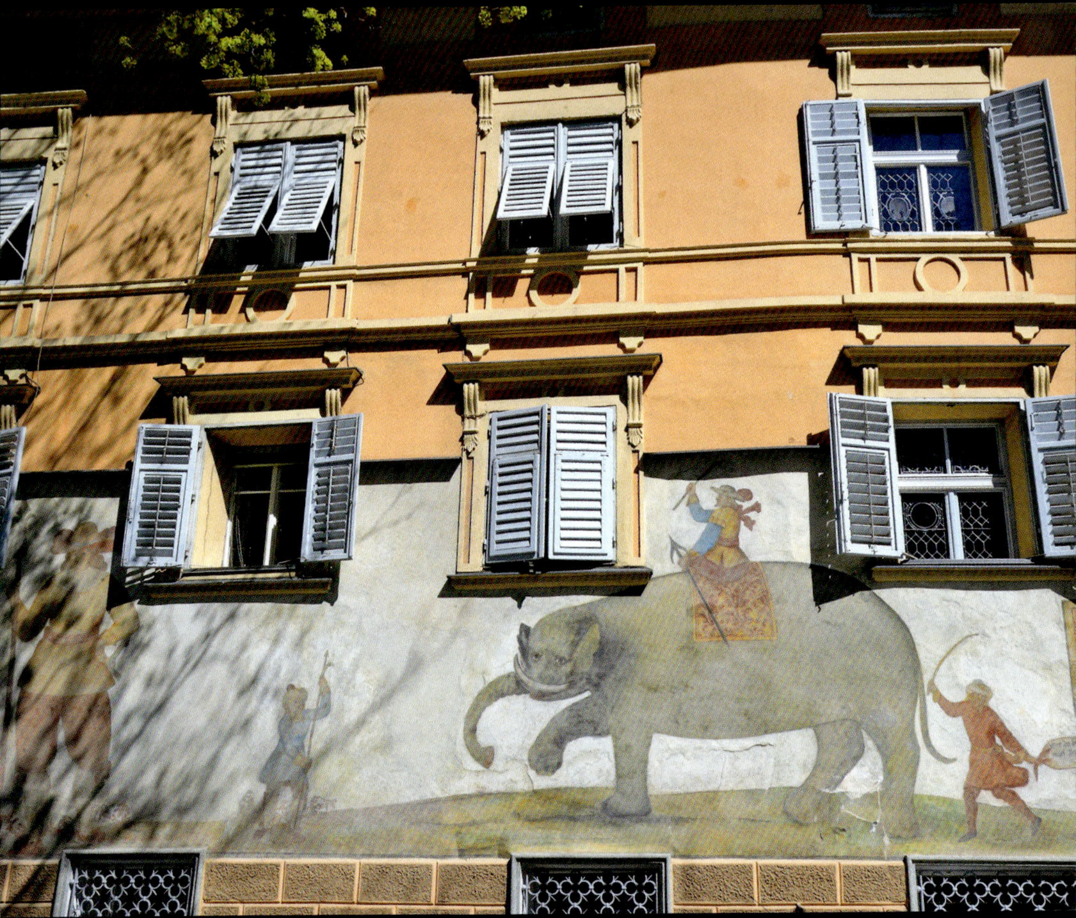

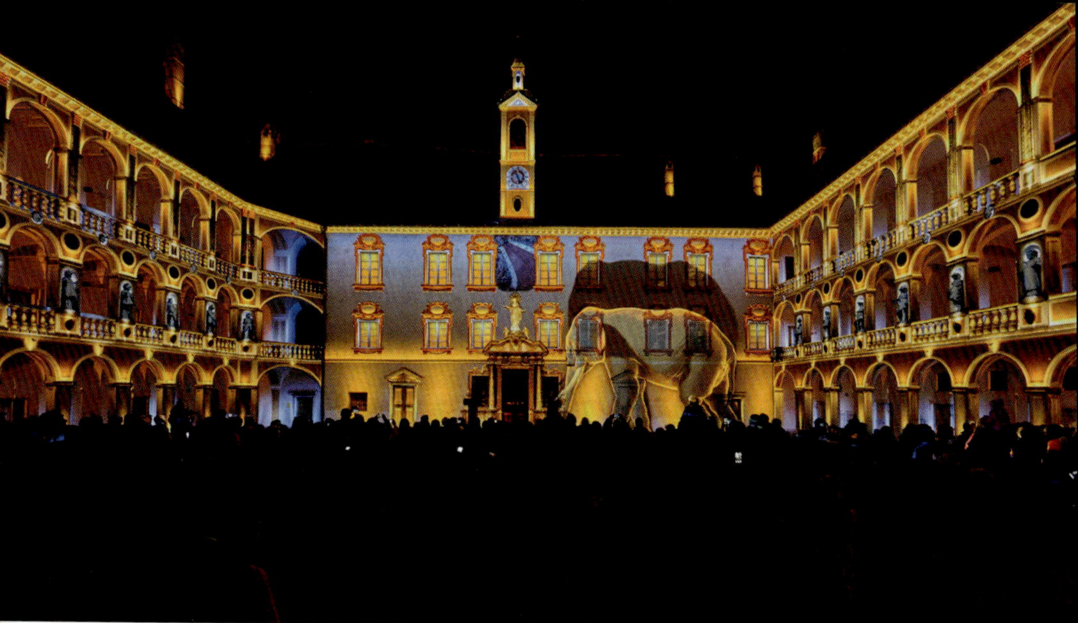

Abb. 40: Der Auftritt des Elefanten in der Lichtshow, Hofburg 2016.

Abb. 39: Fresko an der Westfassade des Hotels Elephant.

Die Johanneskapelle

An der Südwestecke des Kreuzganges befindet sich ein äußerst origineller und hochinteressanter Bau. Es ist die Johanneskapelle, die wahrscheinlich auf das 10. Jahrhundert zurückreicht und gleichzeitig mit der ganzen Münsteranlage entstanden sein dürfte. Mit großer Wahrscheinlichkeit fand in dieser Kirche im Jahre 1080 jene Synode statt, in der Papst Gregor VII. abgesetzt und an seiner Stelle der Erzbischof von Ravenna Wibert als Clemens III. auf den päpstlichen Thron gehoben wurde. Die Kirche diente zunächst wohl als Hofkapelle und seit dem 13. Jahrhundert als Taufkapelle. Darauf weist auch der in der Mitte des Schiffes sich befindende kelchförmige Taufstein aus rotem Marmor hin, der ebenfalls aus dem 13. Jahrhundert stammt. Während das Kirchenschiff einen nahezu quadratischen Grundriss hat, liegt dem Chor ein querliegendes Rechteck zugrunde. Schiff wie Chor haben eine beachtliche Höhe. Der Chor geht in ein gotisches Achteck über und wird oben von einem Spitztürmchen abgeschlossen, das aus dem 16. Jahrhundert stammt.[47]

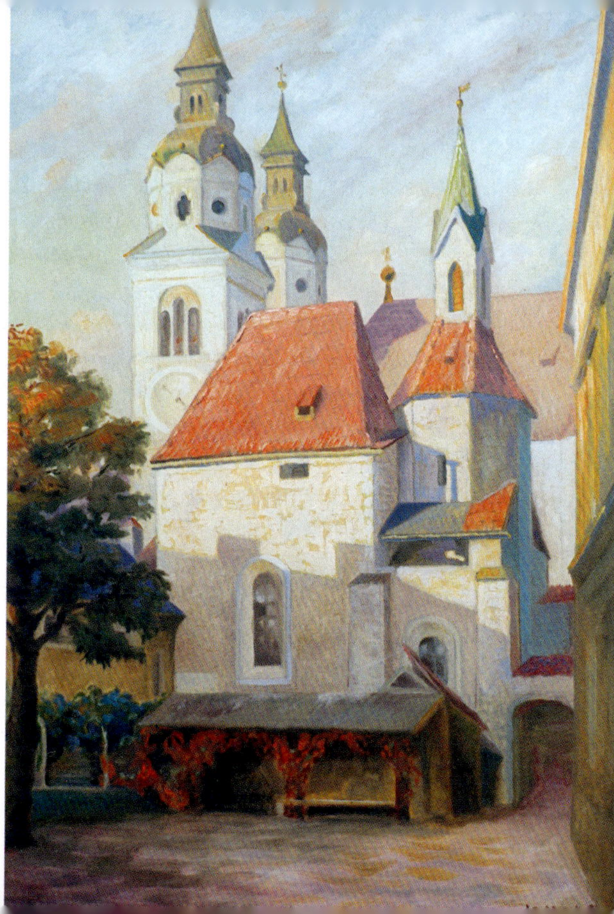

Abb. 41: Die Johanneskapelle,
Bild v. J. B. Oberkofler.

Die Ausstattung der Johanneskapelle

Die Wandmalereien in der Johanneskapelle sind ein Prunkstück romanischer und gotischer Kunst. Die Bilder im oberen Bereich des Schiffes dürften um 1220 entstanden sein. Die Heiligenscheine über den Köpfen sagen uns, wer die dargestellten Personen sind, und die Spruchbänder in deren Händen erklären die Bedeutung des Bildes. Das Bild an der Ostwand über dem Triumphbogen zeigt die Synagoge (alttestamentliche Weisheit) und jenes an der Westwand über der Empore die Ecclesia (neutestamentliche Weisheit). Dort befand sich auch der Zugang zum bischöflichen Haus. Beide Darstellungen lassen sich um 1220 datieren. Besonders beindruckend ist im Fresko über dem Triumphbogen der Kuss von Gerechtigkeit und Friede. Die Fresken im Linearstil am Triumphbogen und im Chor an der Nordseite stammen aus der ersten Hälfte des 14. Jahrhunderts. Das Apsisfresko mit Schmerzensmann und mit der stillenden Madonna entstand um 1420. Ein Bild von ganz besonderer Qualität befindet sich an der südlichen Chorwand der Johanneskapelle. Es zeigt die hl. Katharina von Alexandrien im Streitgespräch mit den Philosophen.[48] In der Johanneskapelle hat wohl die Synode im Jahre 1080 stattgefunden, die als Aftersynode in die Geschichte der Stadt Brixen eingegangen ist und die Absetzung von Papst Gregor VII. erreicht hat.[49] Durch diese Synode geriet Brixen völlig in Verruf.[50]

Abb. 42: Fresko an der Westwand in der Johanneskirche, um 1220.

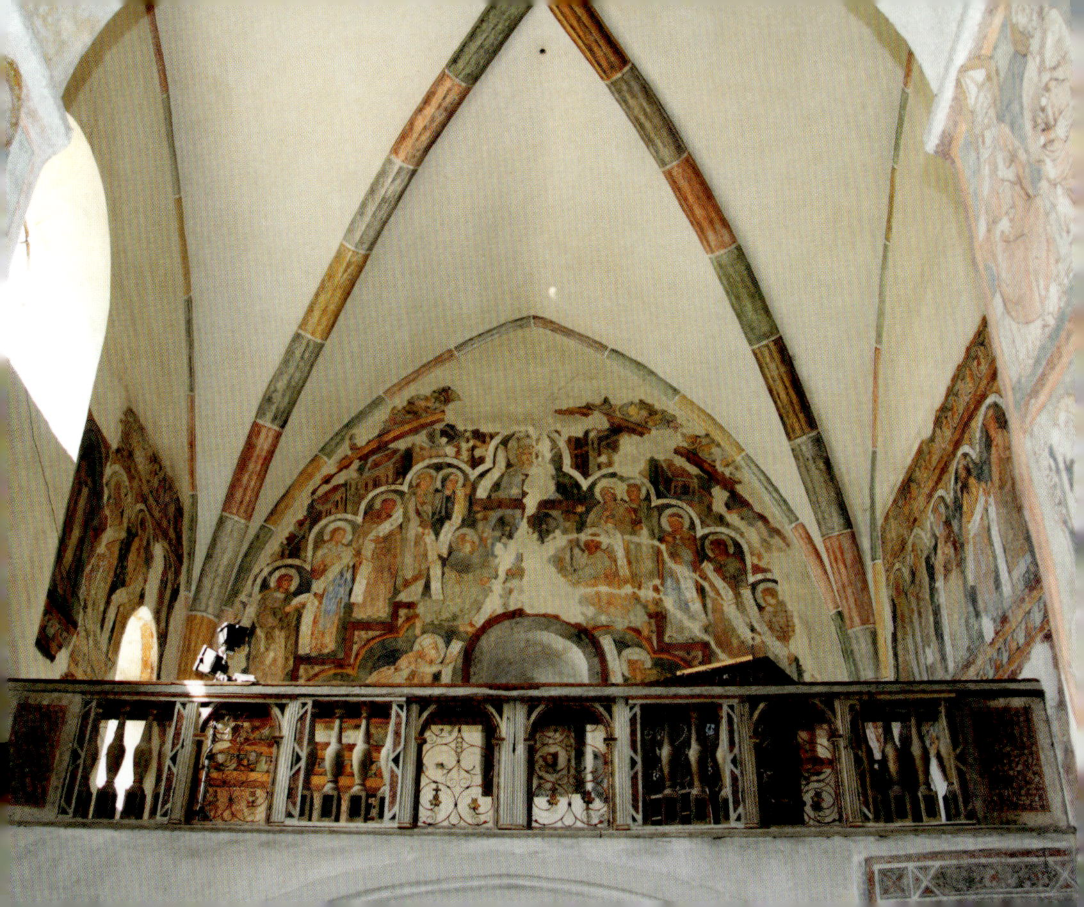

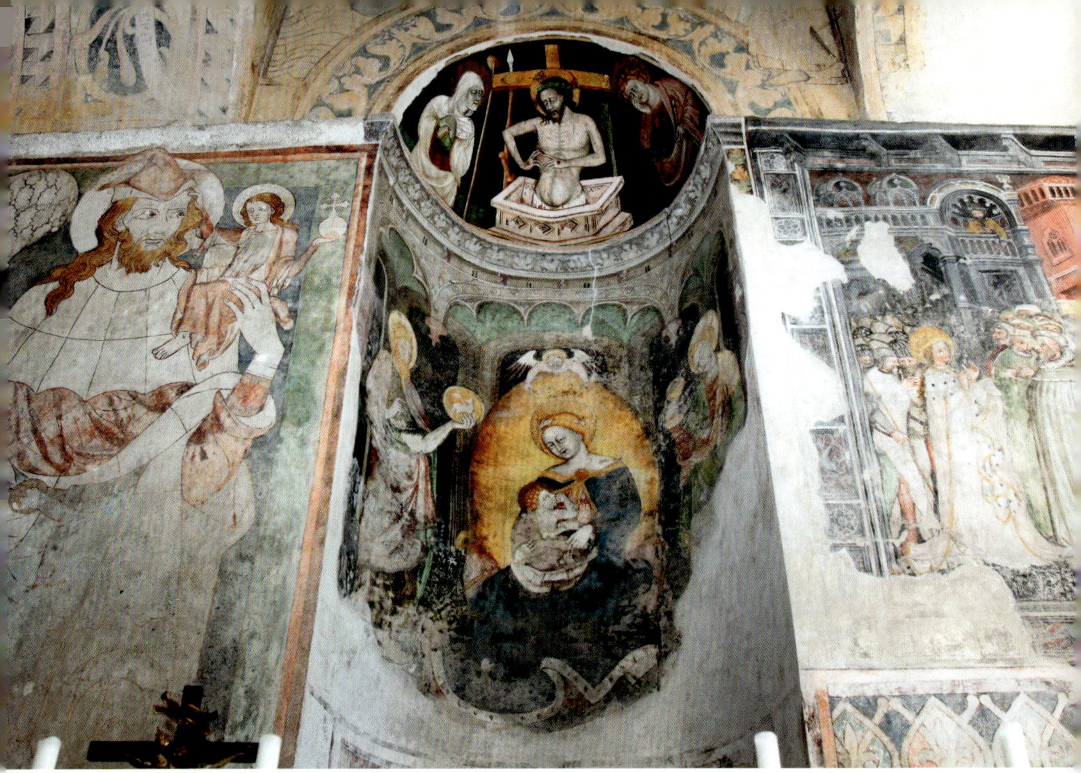

Abb. 43: Apsisfresko mit Madonna lactans, rechts der Disput der hl. Katharina, 1410, links der hl. Christophorus, um 1330.

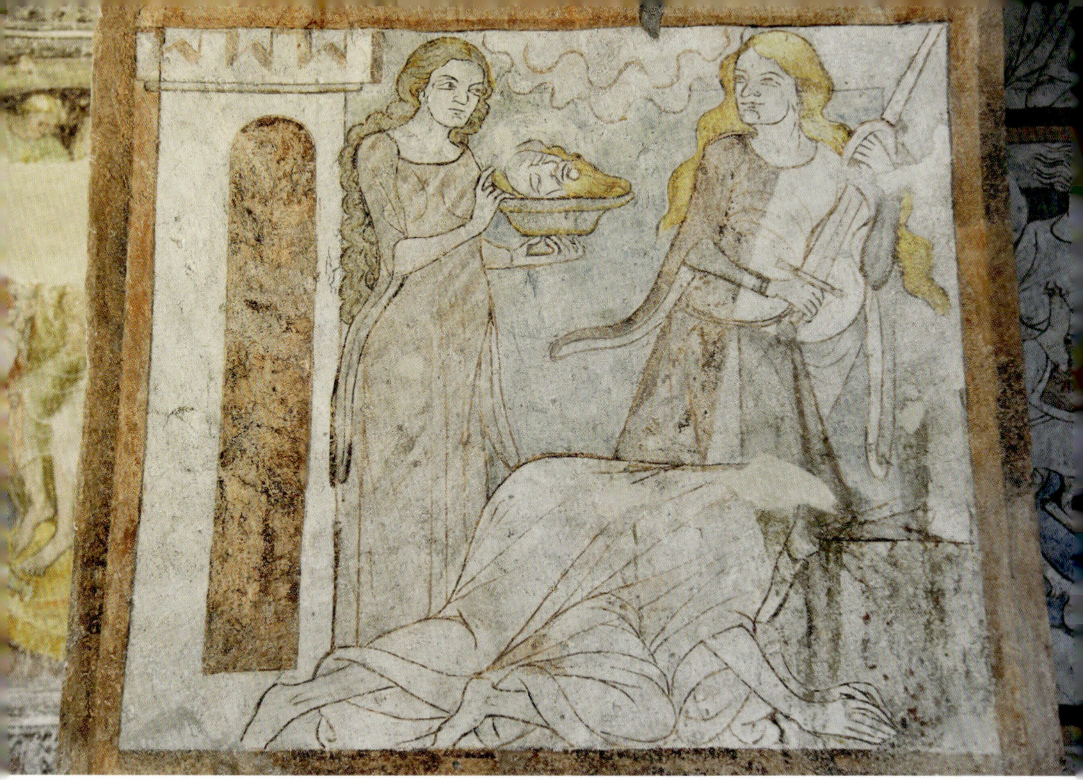

Abb. 44: Die Enthauptung des Johannes, um 1330.

Die Frauenkirche

Die Frauenkirche, die sich südlich der Domkirche befindet und ursprünglich die Hauskapelle des Bischofs war, geht wohl auf die Errichtung der Münsteranlage im 10. Jahrhundert zurück. Dafür spricht auch das Marienpatrozinium. Auf Bitten des Dompropstes Winther von Neuenburg errichtete Bischof Hugo (1100? – 1125) in dieser Kirche ein Kollegiatkapitel, das bis zur Aufhebung durch die bayerische Regierung 1808 bestand.[51] Anfänglich dürfte das Gotteshaus sehr klein und unansehnlich gewesen sein. Aber im Laufe der Zeit erfuhr es beträchtliche Erweiterungen und Veränderungen. So wurde der flachgedeckte Bau im 14. Jahrhundert eingewölbt und verlängert und bekam bald darauf ein Nebenschiff. Nach der Aufhebung des Kollegiatkapitels diente das Gotteshaus bis 1926 als Studentenkirche. Ende des 18. Jahrhunderts wurde die Frauenkirche durch Jakob Pirchstaller in die Domfassade eingebunden und erhielt so das heutige Gesicht. Die Wandbilder am heutigen Eingang in die Frauenkirche entstanden um die Mitte des 15. Jahrhunderts und wurden erst 1997 entdeckt und freigelegt.[52]

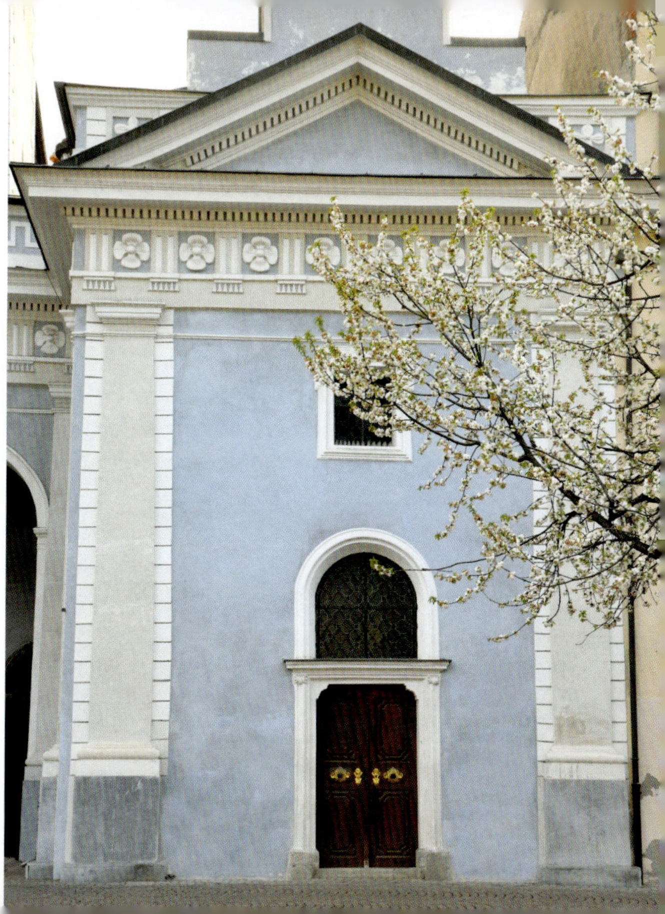

Abb. 45: Die Fassade der Frauenkirche am Domplatz.

Die spätromanischen Fresken im Dachgeschoss der Frauenkirche

Bischof Konrad von Rodank (1200-1216) ließ die Frauenkirche, die durch den Brand von 1174 stark in Mitleidenschaft gezogen worden war, als seine Hauskapelle völlig erneuern und wahrscheinlich vom Maler Hugo um 1215 mit Fresken schmücken. Der Leichnam dieses hochverdienten Bischofs, der angeblich bei der Besichtigung dieser Wandgemälde in den Tod gestürzt ist, wurde vor dem Hochaltar der Frauenkirche beigesetzt.[53] Nach Wolfsgruber gehören die Fresken in der Frauenkirche zum „bedeutendsten Bestand romanischer Freskenmalerei im Lande." Früher war man sich sicher, dass nicht nur die Fresken der Johanneskirche und jene der Frauenkirche, sondern auch jene in Schloss Rodenegg (Ywain-Zyklus) vom Maler Hugo stammen, heute sieht man diese Zuschreibungen viel differenzierter.[54] Leider wurden die Darstellungen in der Frauenkirche teilweise zerstört, als Bischof Albert von Enn (1324-1336) 1327 einen Raum zur Verlängerung der Kirche zur Verfügung stellte und im Hauptschiff ein Kreuzgratgewölbe einsetzte. Über dem Gewölbe haben sich glücklicherweise in einem 2 Meter breiten Streifen einige sehr wichtige Reste erhalten. Sie stellen die Tugenden (im Norden das Reich des Guten) und die Laster (im Süden Babylon, das Reich des Bösen) dar und sind älter als die Fresken in der Johanneskirche, die um 1220 entstanden sein dürften. Im Jahre 1997 wurden die Fresken am Dachboden restauriert.[55]

Abb. 46: Wandmalerei über dem Gewölbe in der Frauenkirche, um 1216.

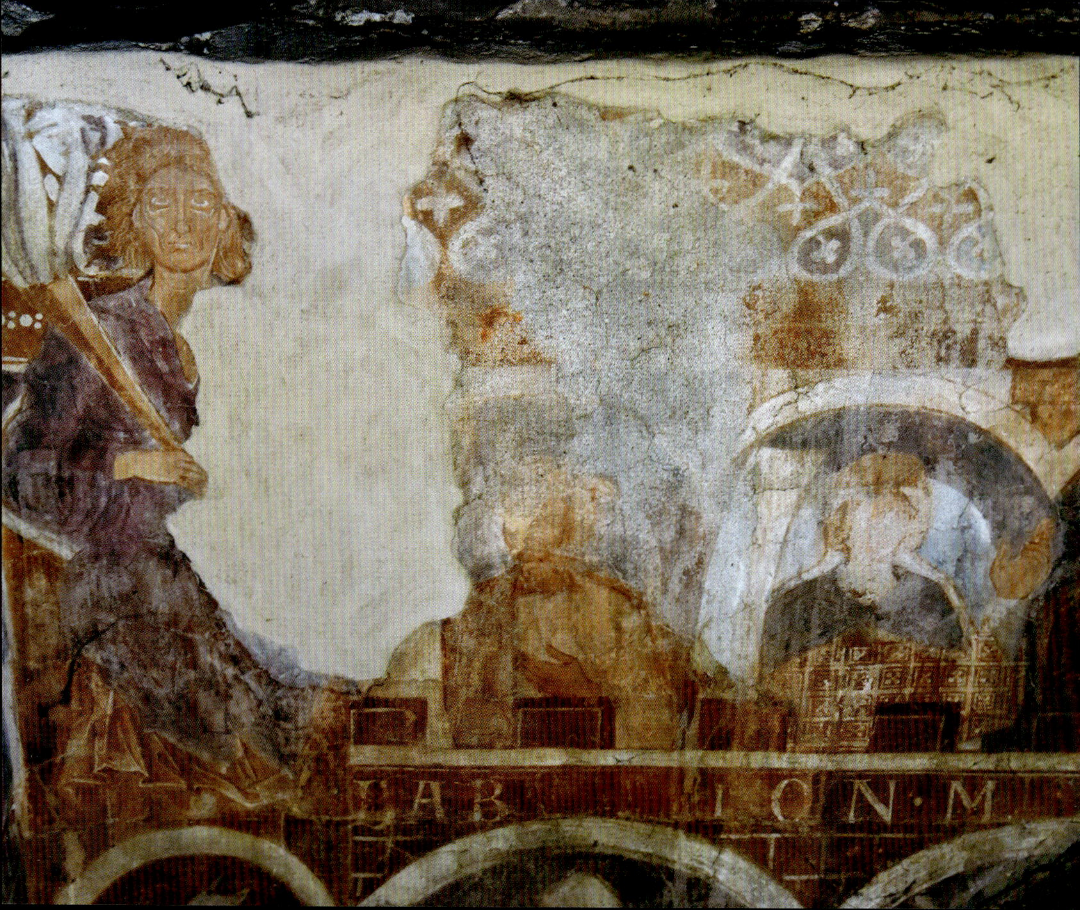
AB I C N·M

Die Ausstattung der Frauenkirche

Die Gestaltung des Chores und die Ausstattung der Frauenkirche gehen auf das 17. Jahrhundert zurück. Besonders beachtenswert ist der Hochaltar mit dem farbenprächtigen Altarbild, das die Verkündigung Mariens darstellt und eine Arbeit von Theophilus Pollak († 1639) ist. Hinter dem Hochaltar befindet sich der Chor für das Kollegiatkapitel. Dort ist auch die berühmte Orgel von Daniel Herz († 1678) untergebracht, deren Pfeifen entlang der runden Apsis aufgestellt sind. Herz, der 1646 in Brixen das Einwohnerrecht erhielt, war der bekannteste Orgelbauer seiner Zeit in Tirol. Prunkhaft sind die Seitenaltäre an der Nordwand. Die Pilgermadonna von August Valentin aus dem Jahre 1898, die sehr verehrt wird, begleitete viele Pilgerzüge ins Heilige Land. Beachtenswert ist der Kreuzweg, der von Jakob Jennewein stammt und um 1734 entstanden ist. In den Jahren 2008 bis 2010 wurden die Daniel-Herz-Orgel sowie alle Altäre in der Kirche gründlich restauriert.[56]

Abb. 47: a) Der Hochaltar in der Frauenkirche mit dem Gemälde der Verkündigung v. T. Pollak, um 1608.
b) Die Daniel-Herz-Orgel in der Frauenkirche.

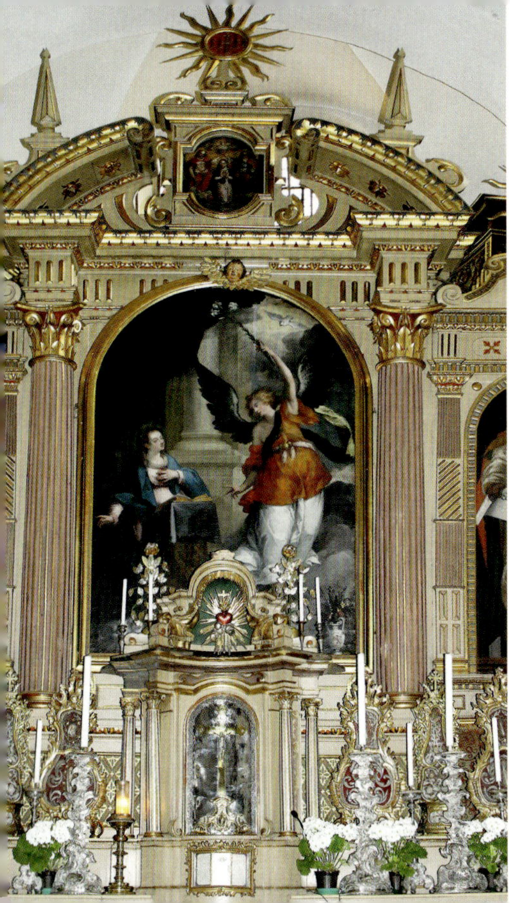
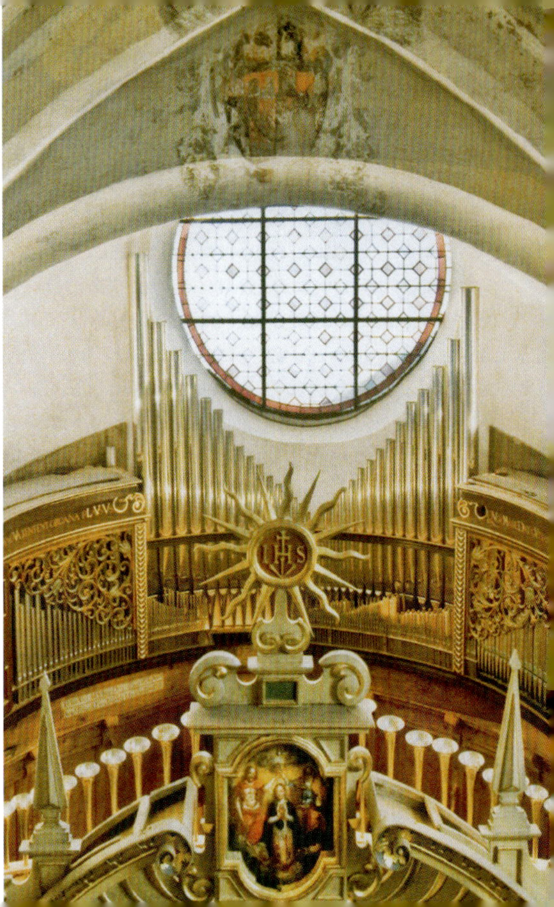

Bischofshof und Domherrenhof

Ein wesentlicher Bestandteil der Münsteranlage war der Bischofshof, der sich im Westen des Ensembles befand. Er reicht in das 10. Jahrhundert zurück und diente als bischöfliche Residenz. Fürstbischof Bruno von Kirchberg (1250-1288) verlegte aus Sicherheitsgründen seine Residenz an die Südwestecke der Stadt, wo er eine neue, feste Burg mit Burgfried und Wassergraben erbauen ließ. Diese neue Burg wurde 1265 bezogen. Die alte Residenz, die immer wieder bauliche Veränderungen erfuhr, wurde als Amtssitz dem Stadthauptmann überlassen. Im Jahre 1682 wurde sie zur Residenz der Weihbischöfe bestimmt und 1832 kamen dort das Bezirksgericht und später das Bezirksgefängnis unter. Das von Löwen gehaltene Wappen aus dem Jahre 1805 erinnert an die bayerische Besetzung. Auch der Domherrenhof im Ostteil der Münsteranlage mit der im Süden angebauten Domschule reicht in das 10. Jahrhundert zurück. Nachdem der Domklerus das gemeinsame Leben, das er nach der Regel des Chrodegang von Metz († 766) bis in das 12. Jahrhundert führte, aufgegeben hatte, diente das Gebäude im Osten immer mehr der Verwaltung des Domkapitels. Im Süden besetzte die Domschule, die bereits um das Jahr 1000 erwähnt wird, eine Reihe von Räumlichkeiten und im ersten Obergeschoss kam es zum Bau eines neuen Kapitel- und Bibliotheksaales. An der Westwand des Kapitelsaales befindet sich ein Fresko das die Kreuzigung Christi zeigt. Im ehemaligen Speisesaal sieht man ein Letztes Abendmahl und eine Darstellung der Brixner Bistumsheiligen und zwar von links Albuin, Ingenuin, Kassian und Hartmann.[57]

Abb. 48: Der mittelalterliche Dombezirk nach dem Brand von 1174, Rekonstruktion nach Tinkhauser.

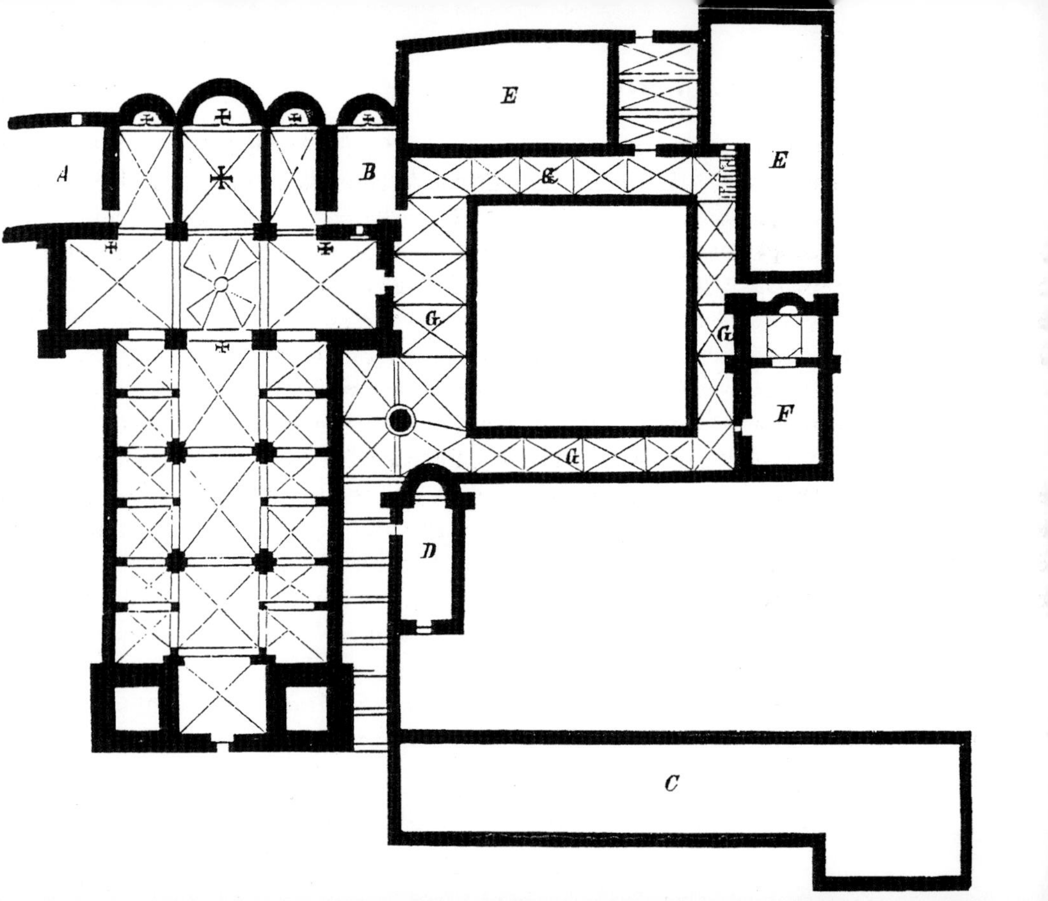

A
B
E
E
G
G
G
G
F
D
C

Die Pfarrkirche

Im Norden des Dombezirkes haben wir die Pfarrkirche zum hl. Michael, der auch Brixens Stadtpatron ist. Bischof Hartwig (1022-1039) weihte im Jahre 1038 die Kirche, die er im frühen romanischen Stil hatte errichten lassen. Die ursprüngliche Aufgabe der Kirche ist uns nicht bekannt, man kann aber annehmen, dass sie zunächst als Friedhofskirche diente, was auch die Wahl des Kirchenpatrons St. Michael nahe legt. Im Jahre 1265 inkorporierte Fürstbischof Bruno von Kirchberg (1250-1288) die Pfarre Brixen dem Domkapitel. Weil Brixen in den Jahren 1174, 1234 und 1444 durch Brände heimgesucht worden war, die wohl mehr oder weniger stark auch die Pfarrkirche St. Michael in Mitleidenschaft gezogen haben dürften, wurde gegen Ende des 15. Jahrhunderts beschlossen, einen Neubau aufzuführen, der 1503 vollendet und durch Weihbischof Konrad Reichart (1481-1513) geweiht wurde. Hinter dem Hochaltar befindet sich heute noch die von Friedrich Pacher gemalte Weiheinschrift.

Abb. 49. Vorne in der Mitte die Pfarrkirche, Stadtansicht von Brixen v. D. Meißner, 1625.

VIRUM NOCENTEM VEL MUS MORDEAT.

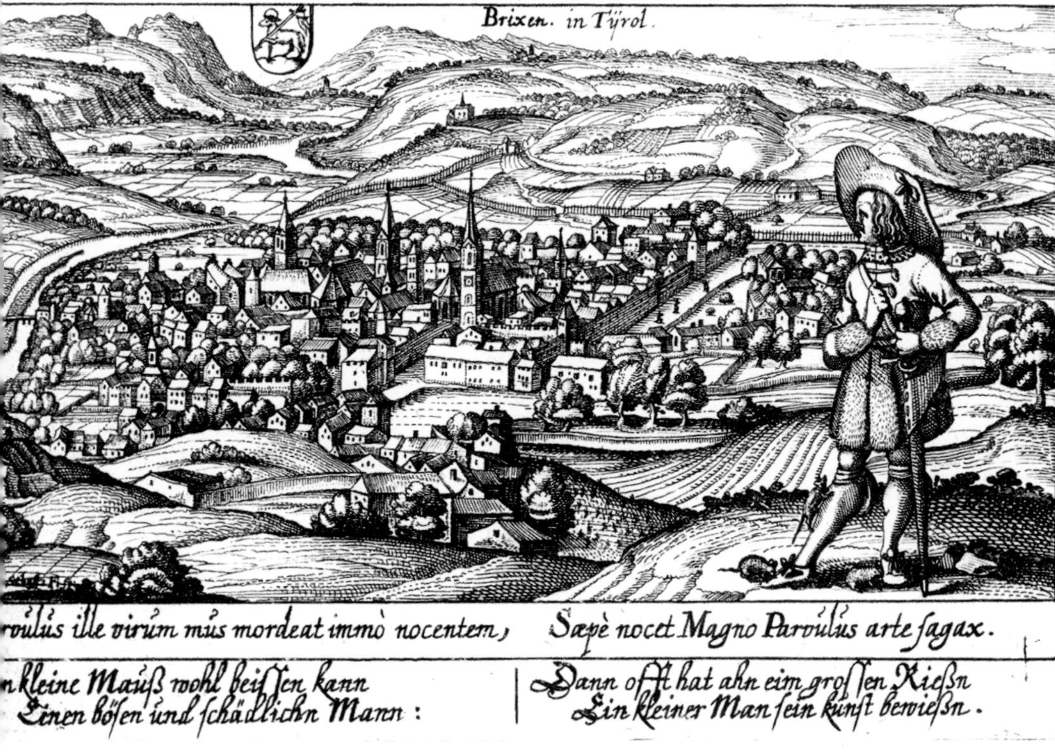

roulus ille virum mus mordeat immò nocentem, Sæpè nocet Magno Parvulus arte sagax.

n kleine Mauß wohl beissen kann
Einen bösen und schädlichn Mann :

Dann offt hat ahn eim grossen Riessn
Ein kleiner Man sein kunst bewiessn.

Die Barockisierung der Pfarrkirche

Unter Pfarrer Sebastian Graf von Lodron (1753-1764) wurde am Gotteshaus eine radikale Umgestaltung im barocken Stil vorgenommen. Inhalt der virtuosen Freskomalerei sind die Heiligen Engel. Bezaubernd ist die Darstellung des hl. Raphael mit dem jungen Tobias vor einer gotischen Kulisse in der vierten Kuppel. Diese Malereien stammen von Josef Hauzinger († 1786), der ein Schüler Paul Trogers war und der auch die schönen Deckenfresken in der Mariahilfer Kirche in Wien malte. Das Hochaltarbild zeigt den Kampf St. Michaels gegen den Teufel. Die Seitenaltarblätter malte Franz Sebald Unterberger, ein Bruder des berühmten Michelangelo Unterberger. Meist zu wenig beachtet wird der „Kreuzzieher" aus der Zeit um 1430.[58] Nach der umfassenden Restaurierung in den Jahren 2015/2016 erstrahlt die Pfarrkirche zum hl. Michael in neuem Glanz. Im Zuge dieser Sanierungsarbeiten zeigte sich, dass der heutigen Kirche drei Vorgängerkirchen vorausgingen. Es kamen auch spannende Funde zutage, und zwar die Kupfersärge von Christoph I. von Wolkenstein-Rodenegg (1530-1600) und seiner Frau Ursula von Spaur.[59] Anlässlich dieser gründlichen Restaurierung wurde auch der Altarraum durch den Künstler Thaddäus Salcher neu gestaltet.[60] Rechts vom Haupteingang der Pfarrkirche sieht man noch das Wappen des Bischofs Melchior von Meckau (1488-1509) mit den drei Mehlschaufeln und der Jahreszahl 1494.[61]

Abb. 50: Der Erzengel Raphael besucht mit dem jungen Tobias den alten Tobit. Fresko v. J. Hauzinger in der Pfarrkirche, 1757/58.

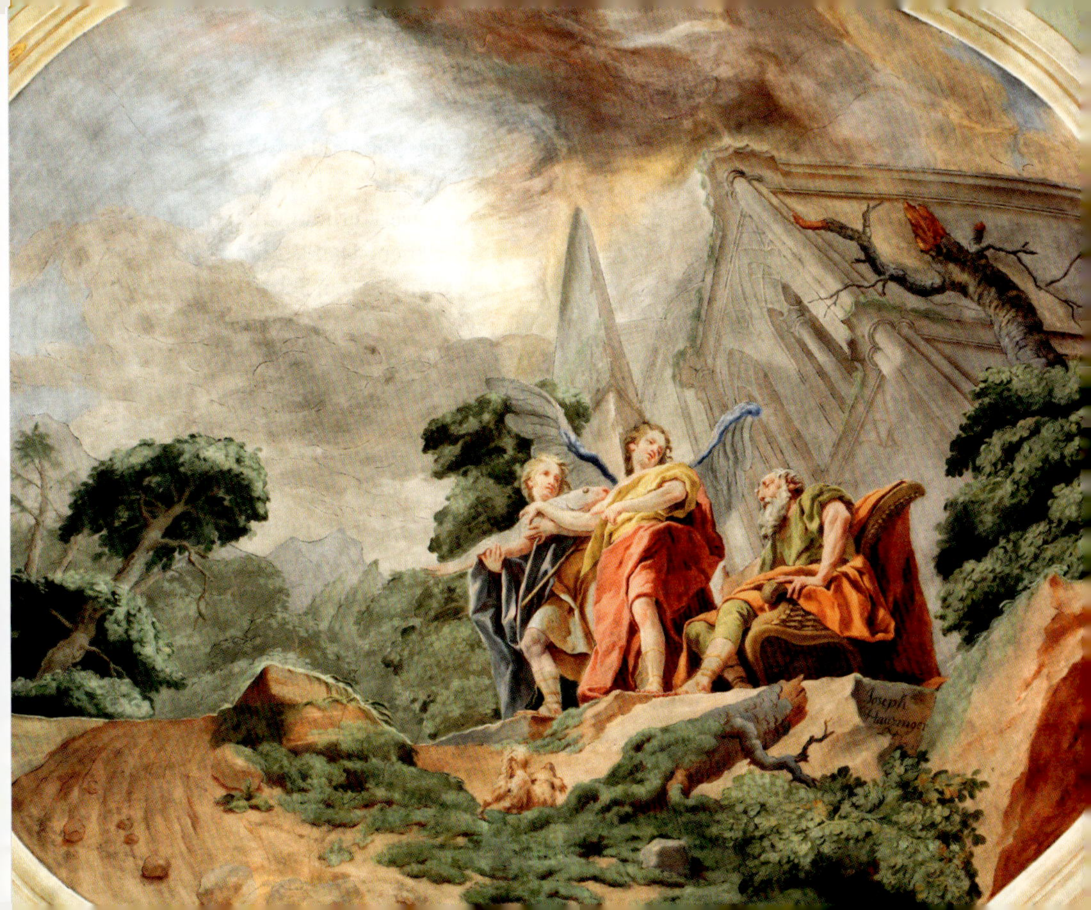
Joseph

Der Minnesänger Oswald von Wolkenstein

An die Pfarrkirche schließt sich der alte Friedhof an, der bis 1792 der Bevölkerung als Begräbnisstätte diente. Damals entstand auch ein neuer Eingang gegenüber der Domdechantei mit dem schönen schmiedeeisernen Gitter. Im alten Friedhof befinden sich viele Grabsteine, von denen einer besonders hervorgehoben werden muss. Es ist der hochinteressante Gedenkstein, der an den Minnesänger Oswald von Wolkenstein erinnert. Der Dichter gab diese Stele, auf der er sich als Pilger ins Heilige Land mit Helm in der Linken und Standarte in der Rechten darstellen ließ, im Jahre 1408 schon vor der Reise in Auftrag. Sie wurde ursprünglich in einer vom Minnesänger gestifteten Seitenkapelle des alten Domes aufgestellt. Vom heftigen Streit Oswalds mit dem Fürstbischof Ulrich Putsch wurde schon berichtet. Oswald ging nicht nur wegen seines abenteuerlichen Lebens, sondern auch wegen seiner Lieder und Gedichte in die Geschichte ein. In der Mitte des Platzes steht eine aus dem Jahre 1483 stammende Totenleuchte.[63] Beachtenswert ist auch das Kriegerdenkmal von Othmar Winkler.

Abb. 52: a) Das Kriegerdenkmal von O. Winkler, 1960.
b) Gedenkstein für den Minnesänger Oswald v. Wolkenstein, 1408.

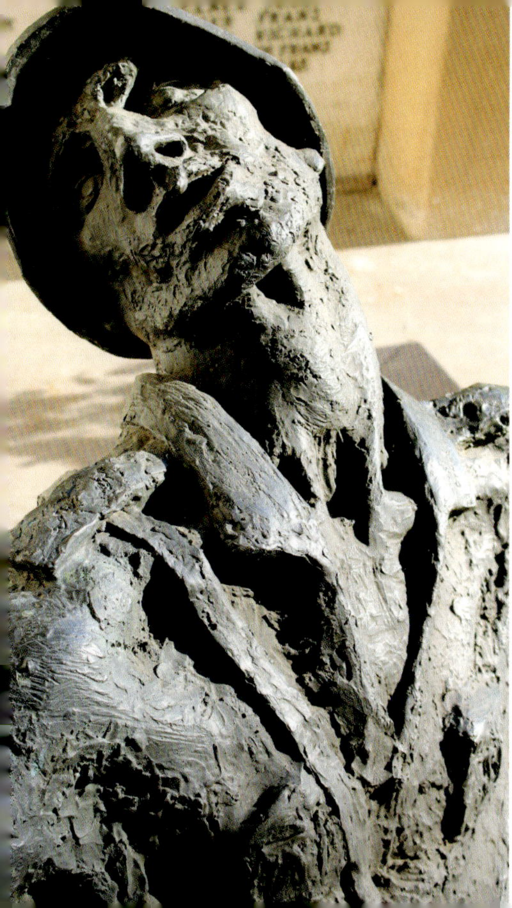

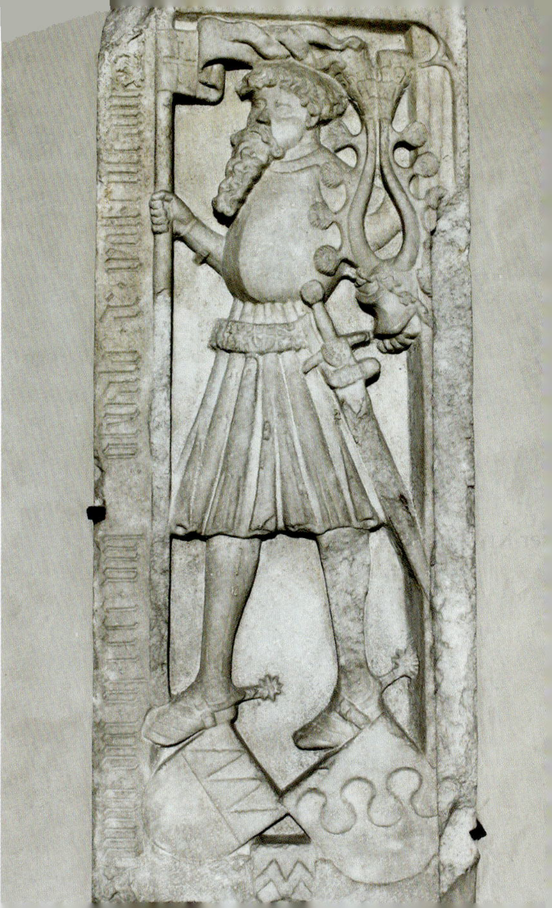

Der Hofburgplatz

Der Hofburgplatz ist die südwestliche Fortsetzung des Domplatzes und hieß früher „Am Hof". Bis zur Säkularisation im Jahre 1803 fanden am Hofburgplatz immer wieder wichtige Ereignisse statt. Danach wurde es stiller. Zur Erinnerung an die 901 erfolgte Schenkung des Meierhofes Prichsna an Bischof Zacharias von Säben (890?-907), wurde im Jahre 1909 das Jahrtausenddenkmal von Norbert Pfretschner errichtet. An der Säule sieht man den segnenden Bischof Zacharias und auf der Säule das Lamm mit der Osterfahne. Es erscheint seit 1297 im Wappen der Brixner Bischöfe und seit 1304 im Stadtwappen. Auf den Bronzetafeln ist der Schenkungsakt dargestellt, auf einer anderen der Abschied des Tiroler Freiheitskämpfers Peter Mayr, Wirt an der Mahr, von seiner Familie vor seiner Erschießung am 20. Februar 1810 in Bozen. Im Jahre 1909 begann man auch mit der gärtnerischen Gestaltung des Platzes. Südlich der Millenniumssäule befindet sich die Dompropstei. Nach der Wiedererrichtung des Domkapitels im Jahre 1826 wurde dieses herrschaftliche Gebäude dem Dompropst als Sitz zugewiesen. Früher residierte der Dompropst beim Michaelstor.[64]

Abb. 53: Hofburgplatz mit Millenniumsäule.

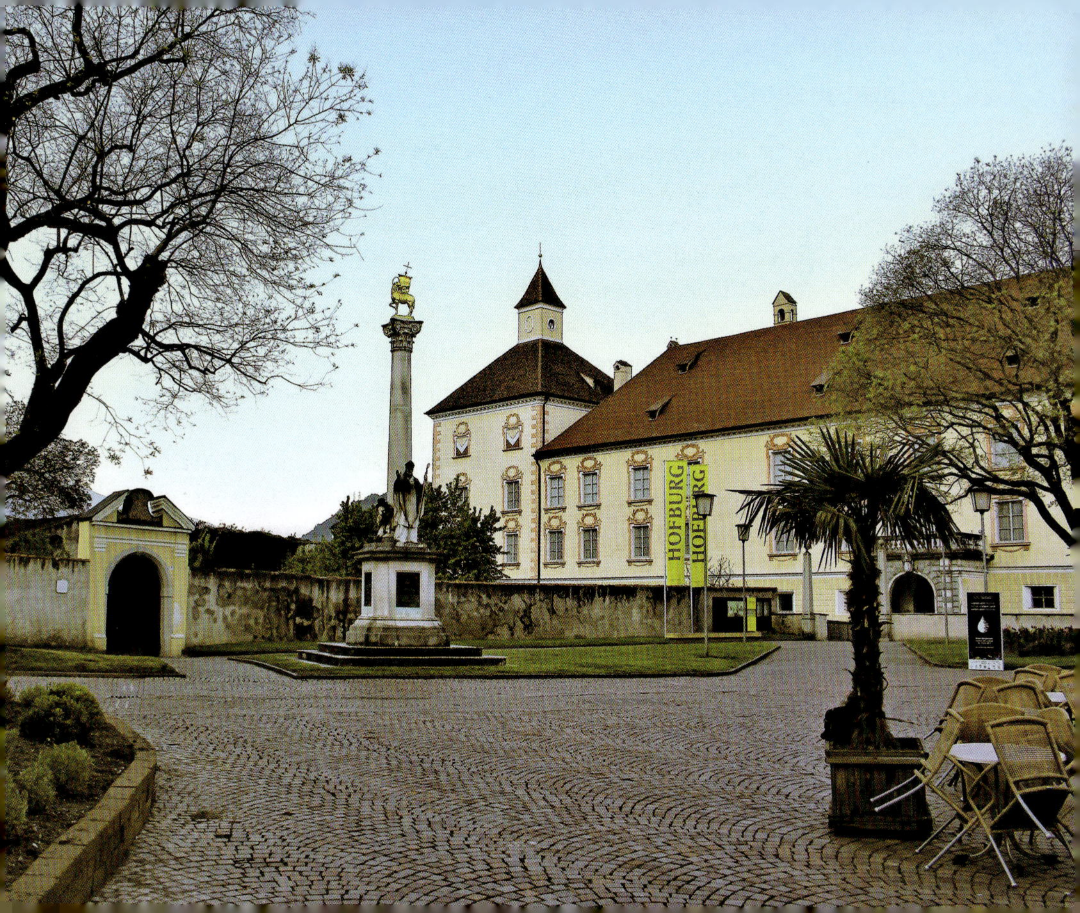
HOFBURG
HOFBURG

Das Hofburgensemble

Von den zahlreichen Baudenkmälern in Brixen ist neben der Münsteranlage vor allem das Hofburgensemble zu nennen, zu dem der Herrengarten mit den entsprechenden Gebäuden, die Hofburg mit dem Wassergraben (und seinen Schwänen) und der Hofburggarten im Süden zählen. In der Mitte dieses Ensembles befindet sich die Hofburg, die Residenz der Brixner Bischöfe, denen die Stadt ihre Entstehung und auch ihre Bedeutung verdankt. Sie ist heute noch der bedeutendste Profanbau der Stadt, ein architektonisches Juwel und eine Schatzkammer zugleich. Als Bischof Albuin (975-1006) den Bischofssitz von Säben nach Brixen verlegte, residierten die Oberhirten im Westteil der Münsteranlage. Erst Bischof Bruno von Kirchberg (1250-1288) ließ aus Sicherheitsgründen an der Südwestecke der Stadt eine neue Burg mit Bergfried und Wassergraben errichten, die er 1265 bezog. Die alte Residenz neben dem Dom überließ er als Amtssitz dem Stadthauptmann. In der neuen Burg residierte auch der berühmteste Bischof von Brixen, Kardinal Nikolaus Cusanus (1450-1464). Im Bauernkrieg von 1525 nahm der Anführer Michael Gaismair die Burg ein. Die Spuren sind heute noch am alten Burgtor sichtbar.

Abb. 54: Das Hofburgensemble.

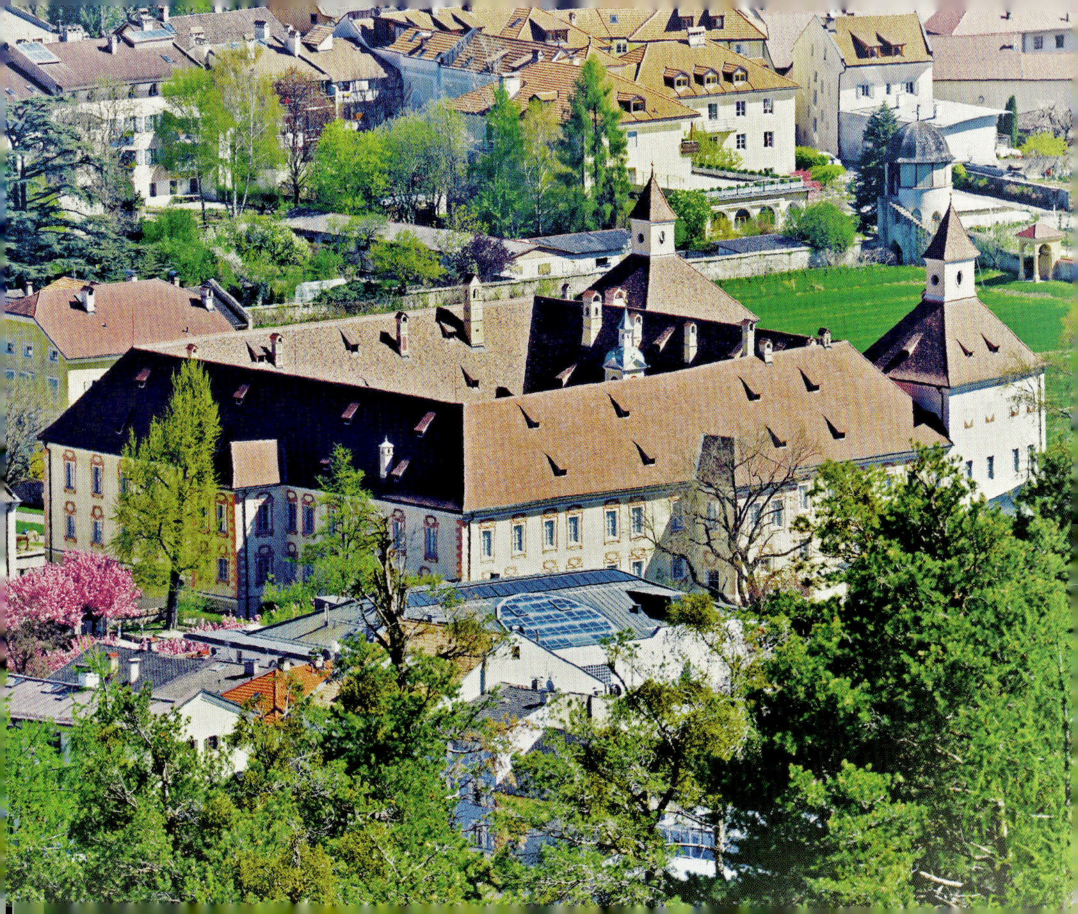

Der Bau der neuen Hofburg

Fürstbischof Kardinal Andreas von Österreich (1591-1600), Sohn des Tiroler Landesfürsten Erzherzog Ferdinand II. und der Augsburger Patriziertochter Philippine Welser, der seit 1589 auch das Bistum Konstanz innehatte, ließ vom Innsbrucker Hofbaumeister Alberto Lucchese eine neue Burg errichten. Es sollte ein Renaissancebau mit einem vierseitigen Loggienhof werden. Fertiggestellt wurde unter ihm allerdings nur der Südflügel mit dem Südwestturm. Unter Fürstbischof Christoph Andreas von Spaur (1601-1613) wurde der Ostflügel mit dem Südostturm errichtet. Über dem Eingangstor entstand ein zweigeschossiger Theatersaal. Erst unter Fürstbischof Kaspar Ignaz von Künigl (1702-1747) wurden in den Jahren 1707 bis 1711 die Hofkirche und der Kaisertrakt neu gebaut. Damals bekam auch der Nordflügel sein heutiges Aussehen. Leider wurde unter Bischof Bernhard Galura (1829-1856) der Theatersaal im Osten zu Nutzräumen umgebaut.[65] Durch hochwertige Ausstellungen und musikalische Darbietungen bietet die Hofburg heute mit ihrem stilvollen Ambiente Besuchern, Freunden und Gönnern immer wieder Feste der Superlative.[66]

Abb. 55: a) Kardinal Andreas v. Österreich, vor 1600, vermutlich v. H. Schmid, Diözesanmuseum.
b) Fürstbischof Kaspar Ignaz v. Künigl, um 1720, vermutlich v. U. Glanschnigg, Diözesanmuseum.

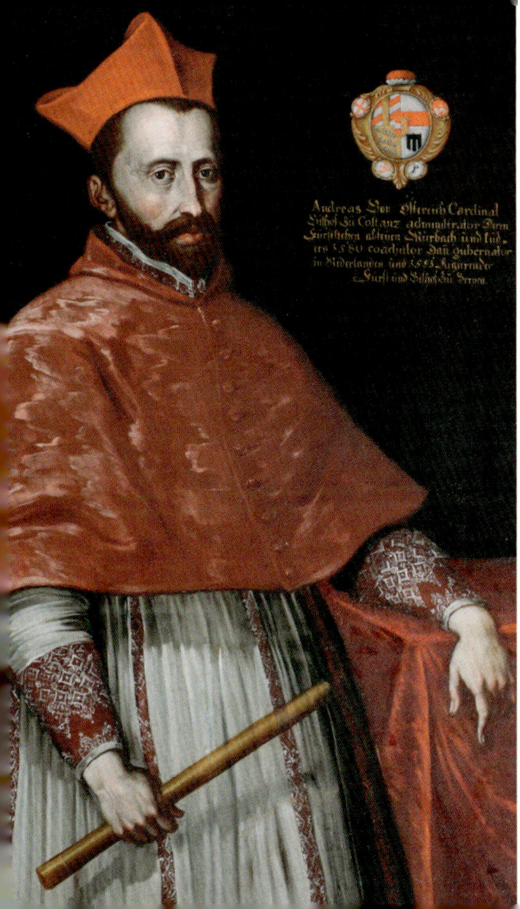

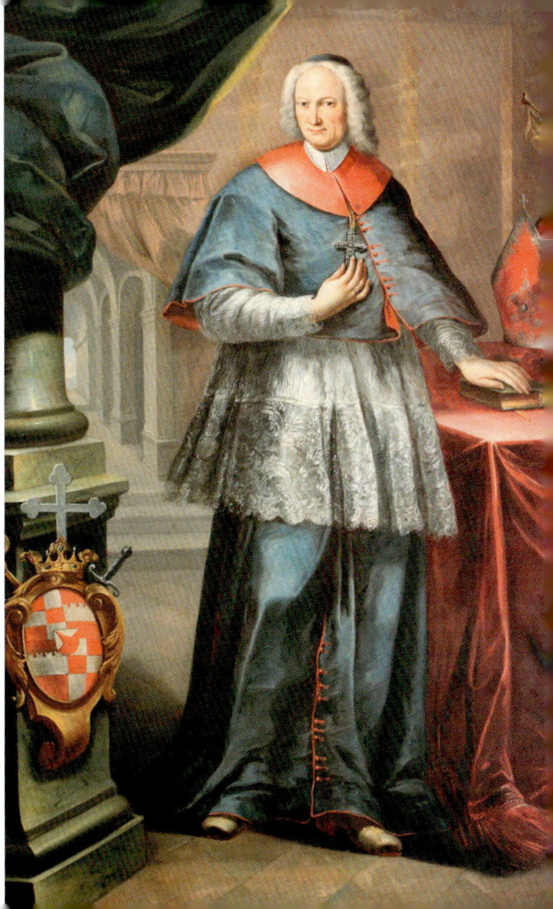

Der Herrengarten

Der Koadjutor und spätere Fürstbischof Johann Thomas von Spaur legte 1570 den fürstbischöflichen Hofgarten mit Orangerie (Pomeranzenhaus) und Voliere (Vogelhaus) an.[67] Erst im Jahre 1991 wurde nach zweijährigen Sanierungsarbeiten der nach einem Plan des Jahres 1831 rekonstruierte Herrengarten der Brixner Hofburg der Bevölkerung zugänglich gemacht. Der ehemalige Laubengang konnte leider nicht mehr nachgebaut werden. Das gilt auch für die Orangerie, das Sommerhaus und die Voliere. Nur noch leichte Spuren an der mittelalterlichen Stadtmauer zeugen von den Rundbögen der ehemaligen Loggia. Den Mittelpunkt des Gartens bildet der Biedermeierbrunnen aus Bronze. In den Beeten sind vor allem Gemüse- und Heilpflanzen angebaut.[68] Beachtung findet eine Marmorstatue in einer Nische an der Westseite des Gartens. Es ist ein Standbild Papst Pius' VII. (1800-1823), das früher im Obstgarten der Hofburg stand. Es wurde in den 30-er Jahren des 19. Jahrhunderts im Auftrag des Fürstbischofs Bernhard Galura (1829-1856) geschaffen.[69]

Abb. 56: Der Herrengarten mit der Statue von Pius VII.

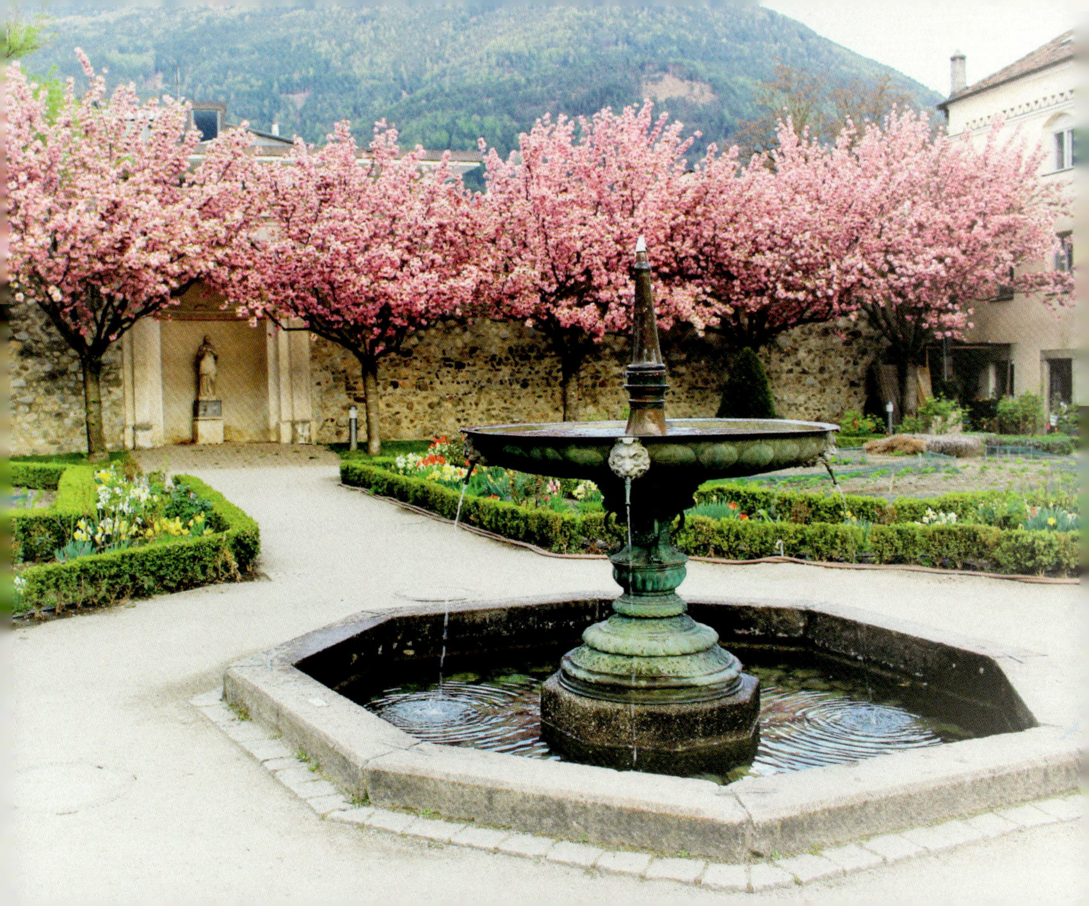

Der Hofburggarten

Der Baumgarten (Pomarium) südlich der Hofburg wird bereits 1265 erstmals erwähnt. Er hatte die Aufgabe, den Bischof und sein Gefolge mit Obst zu versorgen. Der venezianische Gesandte in Paris, Giovanni Battista Nani, der 1659 Brixen besuchte, schreibt: „Wir sahen die Burg des Bischofs, der zugleich Fürst dieser Stadt und der Gegend ist. In Begleitung eines Führers sahen wir zwei Gärten in der Nähe der Burg, wo es Fischteiche und für diesen Ort sehr achtenswerte Zedern und verschiedene andere reichtragende Obstbäume gibt. Feigenbäume werden neben Zedern besonders geschätzt und daher mit ihnen gepflanzt." Eine besondere Attraktion des Gartens sind der Chinesische und der Japanische Turm. Sie erhielten ihre heutige Form unter Fürstbischof Karl Franz von Lodron (1791-1828). Im Japanischen Turm befinden sich floreale Motive, die ebenfalls aus der Zeit des Fürstbischofs Lodron stammen. Die Hofburg mit Hofkirche, Burggraben, Neugebäude, Herren- und Obstgarten ist ein einmaliges historisches Ensemble und eine der wenigen reichsfürstlichen Residenzen, die noch original erhalten sind.[70]

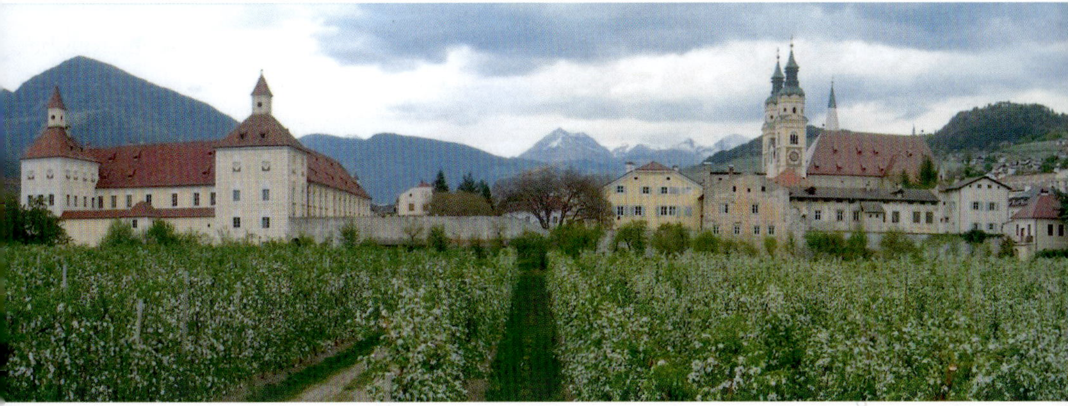

Abb. 57: Hofburggarten im Jahre 2000.

Der Innenhof der Hofburg

Der Innenhof der Brixner Hofburg zählt zu den schönsten Mittelhöfen Europas. Besonders reizvoll sind die Renaissanceloggien in den drei Geschossen im Süden und im Norden sowie die geschlossenen Fassaden im Osten und Westen. Besonders elegant präsentiert sich das Portal der Hofkirche mit der pathetisch bewegten Marmorstatue der unbefleckten Madonna. Diese ist ein Meisterwerk von Cristoforo Benedetti, das er in Erinnerung an das Tiroler Landesgelöbnis von 1703 geschaffen hat. Erst unter Bischof Galura wurden dem ursprünglichen Plan gemäß die berühmten Terracottafiguren des Schongauer Bildhauers Hans Reichle († 1642), der ein Schüler von Giovanni da Bologna in Florenz war, in die Granitpfeilernischen des ersten Stockes gesetzt. Sie stellen die Habsburger Ahnen des Kardinals Andreas von Österreich dar, die siebte Figur in der Südarkade von links. Ihm gegenüber befindet sich in der Nordarkade Kaiser Ferdinand I.[71] Seit 2016 schmückt ein neuer Brunnen des Gadertaler Künstlers Franz Kehrer den Mittelhof. Das aus Ratschinger Marmor bestehende Kunstwerk mit seiner einmalig schönen Maserung erinnert an einen Blütenkelch, aus dem leise vier Strahlen Wasser fließen. Der Brunnen gibt dem Innenhof eine neue lebendige Mitte. In diesem Hof bilden Renaissance, Barock und Moderne ein gemeinsames Ganzes.[72]

Abb. 58: Der Innenhof der Hofburg im Jahre 2017.

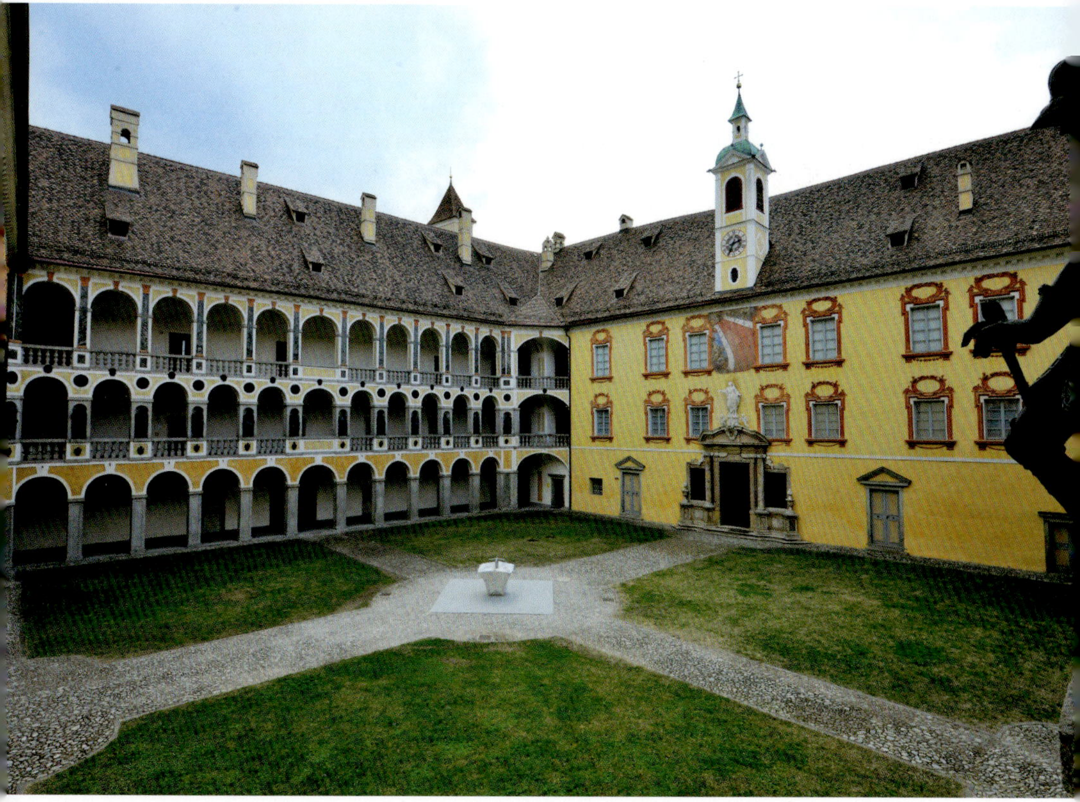

Die Hofkirche

Die Hofkirche geht auf Fürstbischof Kaspar Ignaz von Künigl zurück, der die Kapelle am 11. November 1711 der Unbefleckten Empfängnis weihte. Das Deckenfresko mit der Aufnahme Mariens in den Himmel, um 1708, sowie die vier Wandbilder der Geburt Mariens, der Darstellung Mariens im Tempel, der Verkündigung und der Heimsuchung stammen vom Innsbrucker Maler Kaspar Waldmann. Die wuchtigen Stukkaturen sind ein Werk von Bernardo Pasquale. Das Doppelwappen am Triumphbogen der Diözese bzw. des Fürstentums links und der Familie Künigl rechts machte Cristoforo Benedetti. Dieser zeichnete auch verantwortlich für den Altar mit den Seitenskulpturen Joachim und Anna. Das schöne Altarblatt der Unbefleckten Empfängnis stammt von Georg Dominikus Graßmair, um 1730. Am Eingang rechts erinnert eine Tafel an den Besuch von Papst Pius VI. am 8. Mai 1782, der auf der Rückreise von Wien nach Rom in Brixen Halt machte.[73]

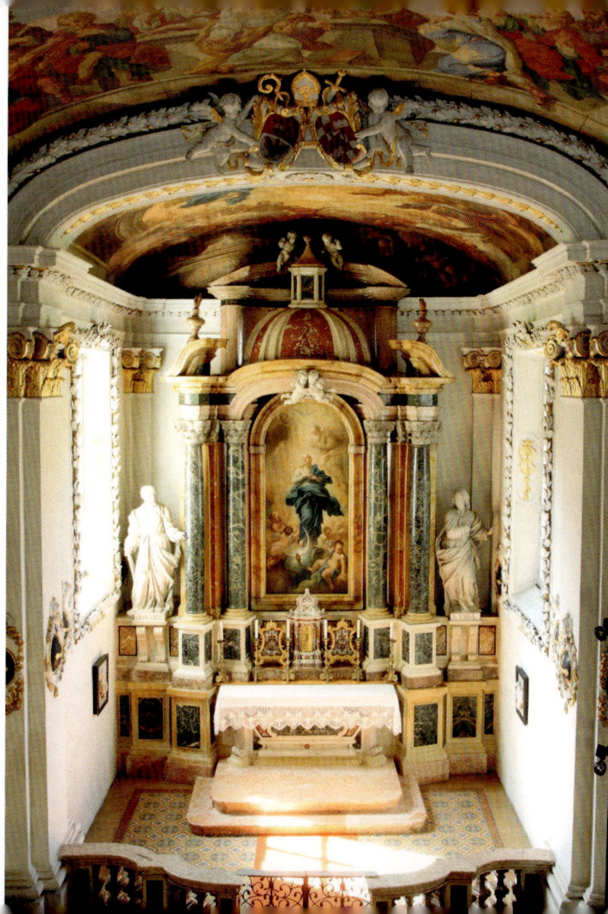

Abb. 59: Inneres der Hofkirche.

Das Diözesanmuseum

Nach der Verlegung des Bischofssitzes von Brixen nach Bozen überließ Bischof Gargitter 1973 die Brixner Hofburg dem Diözesanmuseum, um dort eine Dokumentationsstätte für Kunst und Geschichte der Diözese zu errichten. Für dieses Projekt konnte er auch den damaligen Landeshauptmann Silvius Magnago begeistern, der für die Bereitstellung der nötigen finanziellen Mittel sorgte.[74] So baute Direktor Karl Wolfsgruber das Diözesanmuseum auf, das in 80 Räumen die 1000-jährige Kunstgeschichte Tirols widerspiegelt. Dank der großen fachlichen Fähigkeiten und seines organisatorischen Talents hat Wolfsgruber die Brixner Hofburg in eine kulturelle Einrichtung verwandelt, die nicht nur in Südtirol, sondern darüber hinaus im ganzen Alpenland ihresgleichen sucht.[75] Im Diözesanmuseum finden immer wieder hochkarätige Sonderausstellungen statt. Ein Großereignis stellte die Landesausstellung 2000 dar, die Kardinal Nikolaus Cusanus zum Mittelpunkt hatte. Eine Sensation war der Cusanusaltar, der erstmals seinen Stammort Bernkastel-Kues verließ, um in Brixen gezeigt zu werden. Zum 150. Geburtstag des berühmten in Brixen geborenen Künstlers Eduard Thöny (1866-1950) gab es im Jahre 2016 eine große Ausstellung, die das Schaffen dieses vielseitigen Zeichners, Karikaturisten und Malers würdigte.[76]

Abb. 60: Das Diözesanmuseum (Detail).

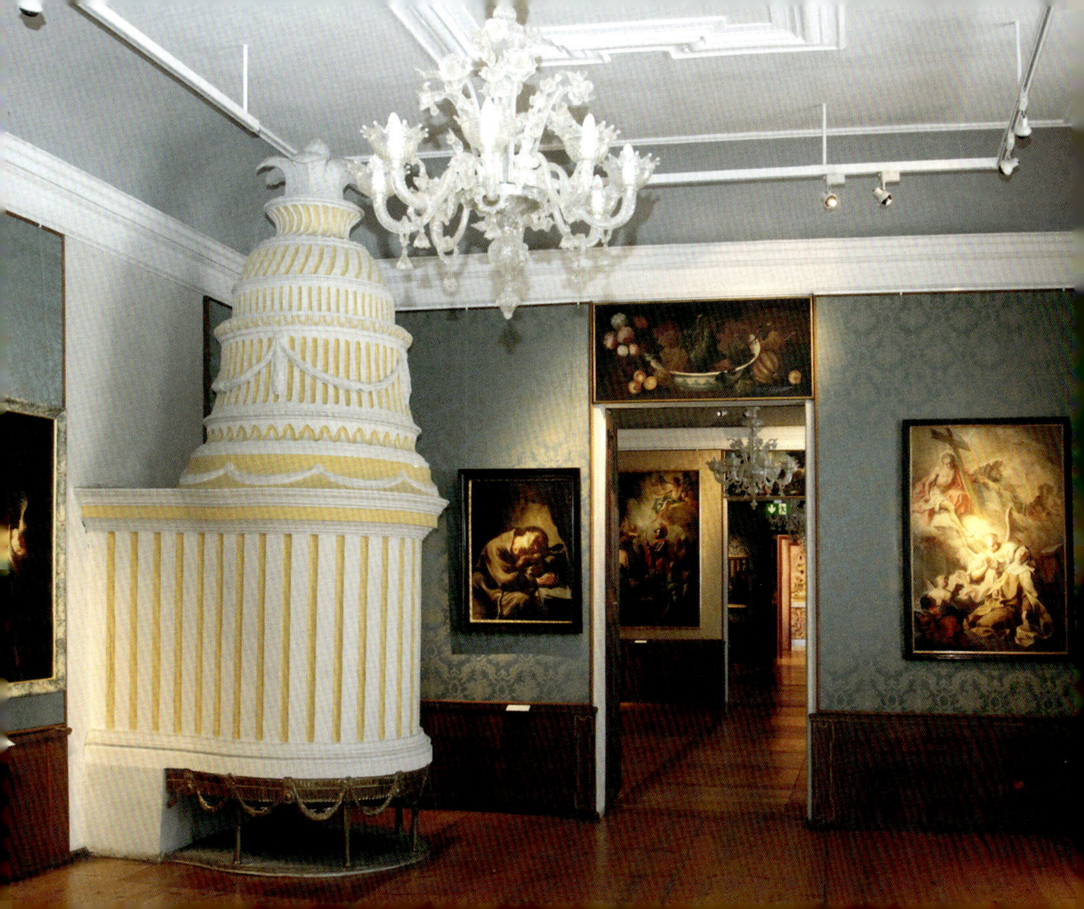

Die Krippensammlung

Ein wahres Juwel des Diözesanmuseums ist die Krippensammlung, die sich seit 1976 in den schönen Renaissanceräumen im Erdgeschoss der Hofburg befindet. Diese Sammlung zählt wegen ihres künstlerischen und historischen Wertes zu den bedeutendsten in ganz Europa und bietet ein erfreuliches Kontrastprogramm zum Weihnachtsmarkt. In Tirol haben die Krippen eine lange Tradition. Sie wurden zunächst in Klöstern aufgestellt, fanden im Laufe des 18. Jahrhunderts Eingang in die Häuser des Adels und der Bürger und sind seit dem 19. Jahrhundert Teil der Volksfrömmigkeit. Diese Entwicklung wird in der Krippensammlung gut dokumentiert.[77] Kernstück der Sammlung sind die Krippen, die der letzte Reichsfürst von Brixen, Fürstbischof Karl Franz von Lodron (1791-1828), in Auftrag gegeben hat. Er war ein besonderer Freund und Förderer von Krippen und ließ im letzten Jahrzehnt des 18. Jahrhunderts von Franz Xaver Nissl aus Fügen im Zillertal eine Weihnachts- und eine Fastenkrippe für die Hofkapelle schnitzen. Den Brüdern August Alois und Josef Benedikt Probst aus Sterzing gab er den Auftrag, für seine Privatgemächer eine Jahreskrippe mit Darstellungen aus der ganzen Heilsgeschichte anzufertigen. Sie stellt mit über 5000 zierlichen Figuren aus Zirbelholz Szenen des Alten Testaments und der Passions- und Auferstehungsgeschichte bis zur Sendung des Heiligen Geistes dar.[78]

Abb. 61: Die Krippensammlung. Im Vordergrund die Terracotta-Krippe v. M. Delago. Im Hintergrund Szenen aus der barocken Krippe v. J. Bonell.

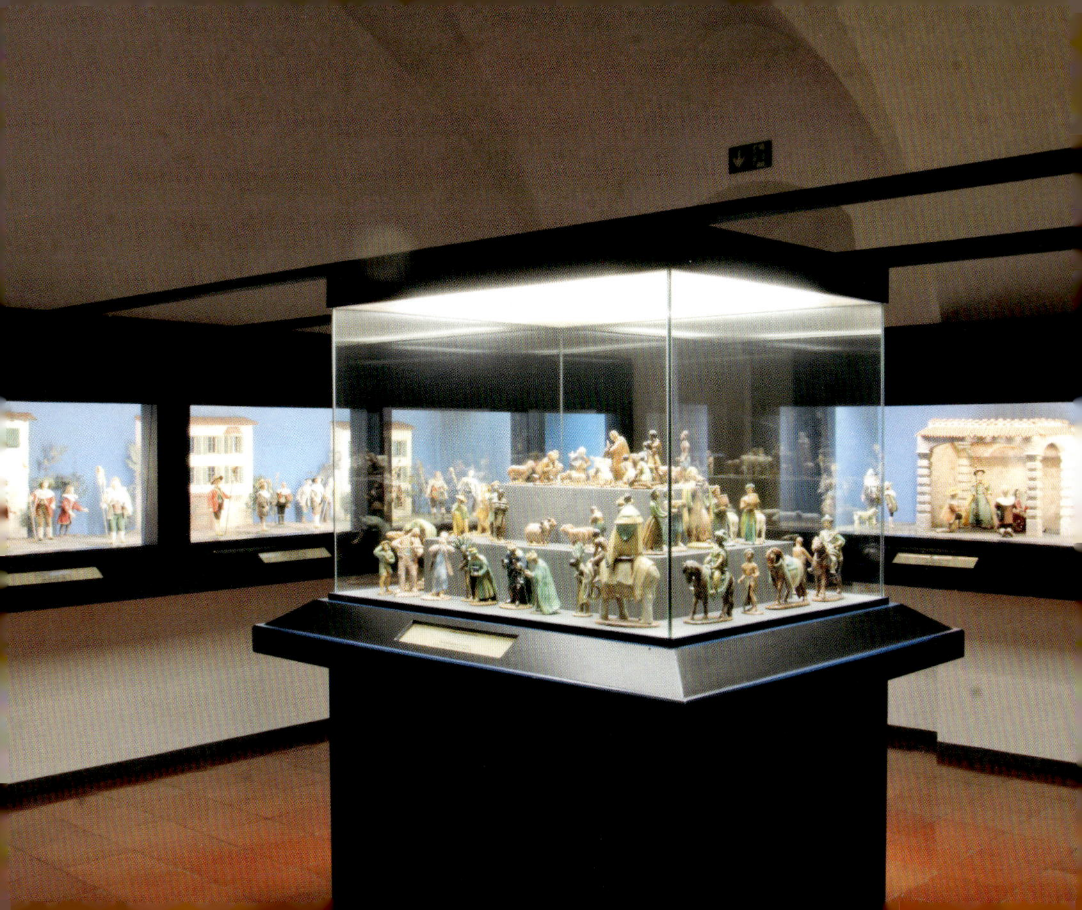

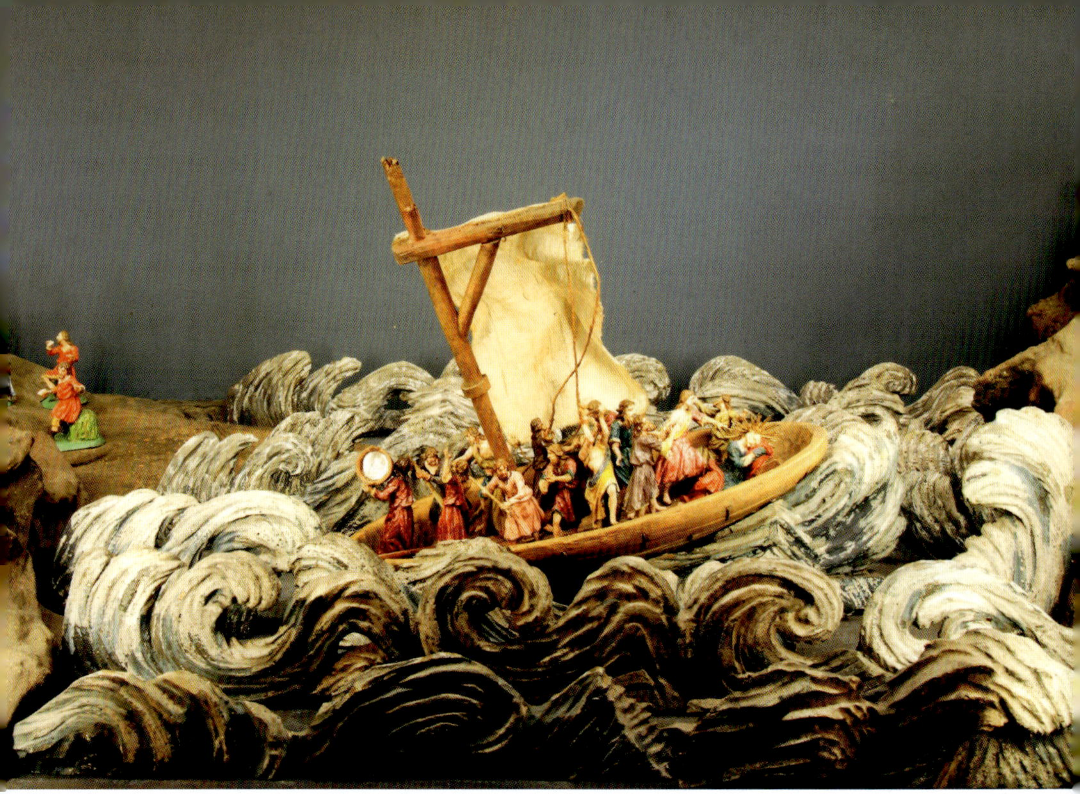

Abb. 62: Der Sturm auf dem See v. A. Probst.

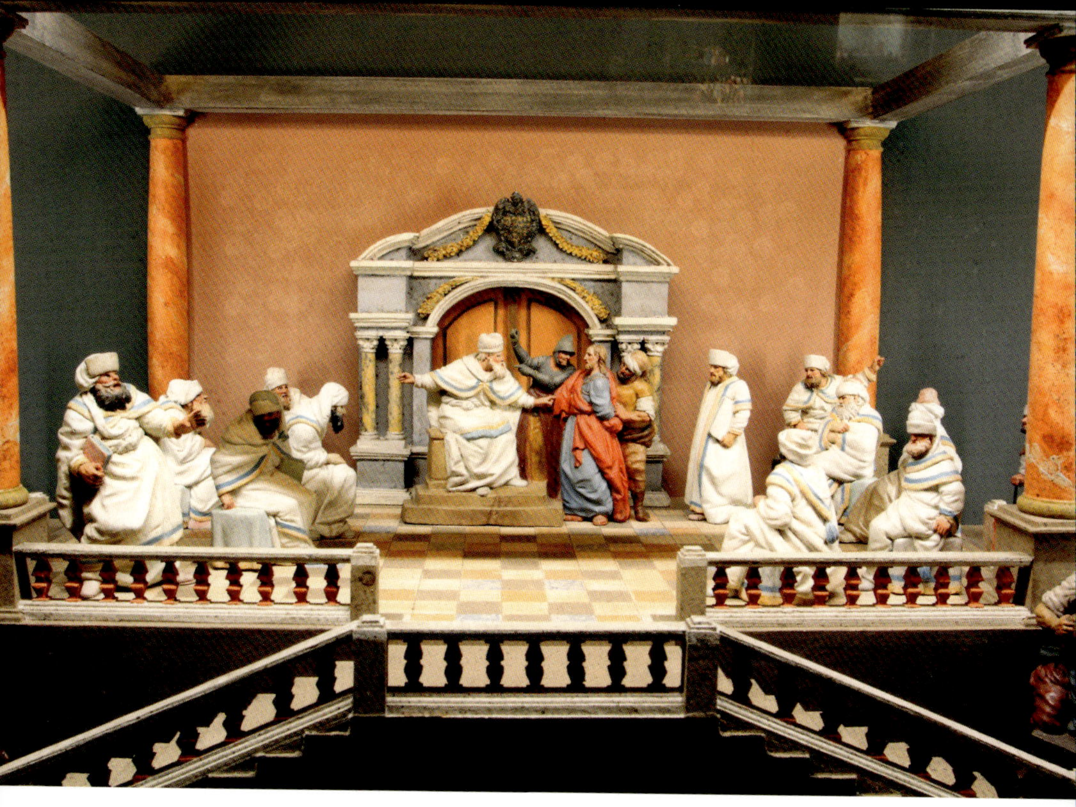

Abb. 63: Jesus vor Hannas, v. F. X. Nissl.

Die Höllenfahrt des Herodes

Im Hintergrund der Höllenfahrt des Herodes sieht man den sterbenden König, dessen Gewissen vom verübten Kindermord zu Tode gequält wird. Etwas rechts ist der Kindermord in Bethlehem dargestellt. Da reißen Männer Kinder aus den Armen ihrer heulenden Mütter und spießen sie auf lange Lanzen auf. Die entsetzten Frauen schreien, die grausamen Soldaten verlachen sie höhnisch. Im Vordergrund sieht man die Höllenfahrt des Herodes, die einem makabren Triumphzug gleicht. Herodes sitzt auf einer goldenen Kutsche mit einer Krone auf dem Haupt und schreit vor Angst. Die Kutsche ist umgeben von furchterregenden Gestalten mit goldenen Gesichtern, schwarzen Bärten, langen Haaren und Flügeln auf dem Rücken. Es sind die Teufel. Sie tragen Lanzen, auf denen Babys aufgespießt sind. So fährt der König direkt in die Hölle. Einer der Teufel bereitet mit einem Besen den Weg ins Ewige Feuer, das aus einem großen und breiten Tor herauszubrechen droht.[79] Neben diesen Großkrippen befinden sich in der Sammlung auch wertvolle Weihnachtsdarstellungen. Von diesen seien zwei Genueser Elfenbeinkrippen aus dem 17. Jahrhundert, eine neapolitanische Hauskrippe aus dem 18. und eine sizilianische Tonkrippe aus dem 19. Jahrhundert genannt.[80]

Abb. 64: Die Höllenfahrt (Detail), v. F. X. Nissl, um 1800.

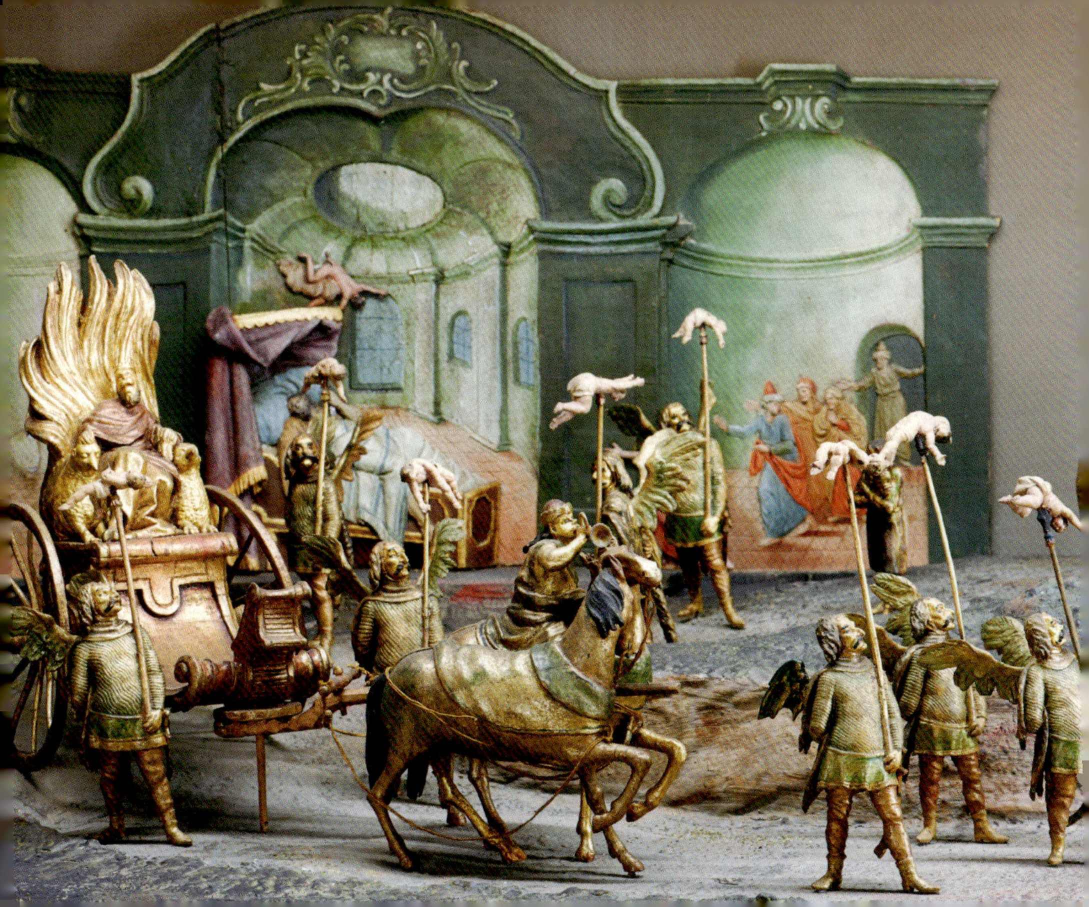

Die Jahreskrippe von Martin Rainer

Eine besondere Augenweide bietet die in den Jahren 1965 bis 1978 entstandene Jahreskrippe von Martin Rainer, an der auch seine Frau Klementine und die Kinder mitgearbeitet haben. Die aus gebranntem Ton bestehenden Figuren geben nicht nur Zeugnis von einem gläubigen und zutiefst religiösen Menschen, sondern auch von einem äußerst humorvollen und witzigen Künstler. Die ca. 1000 kleinen durchwegs unglasierten Figuren sind thematisch in 15 flachen Kästen aufgestellt, und zwar so, dass sich das Bildgeschehen zur Mitte hin verdichtet von der Herbergsuche über die Geburt Christi, die Hochzeit zu Kana, das Wirken und Leiden des Herrn bis zur Zeit nach der Auferstehung Christi. Eigens für die Ausstellung in der Hofburg hat Martin Rainer eine Krippe mit der Himmelfahrt Christi und dem Pfingstgeschehen geschaffen. Diese Jahreskrippe erzählt nicht nur die Heilsgeschichte, sondern auch das Alltagsleben in Miniatur. Seit 2011 befindet sich die Krippe als Leihgabe in der Hofburg. Der Besuch dieser Krippen ist ein „pastorales Muss für Seelsorger, Katecheten und Katechetinnen und auch für interessierte Eltern".[81]

Abb. 65: Die Fußwaschung (Detail), v. M. Rainer, um 1970.

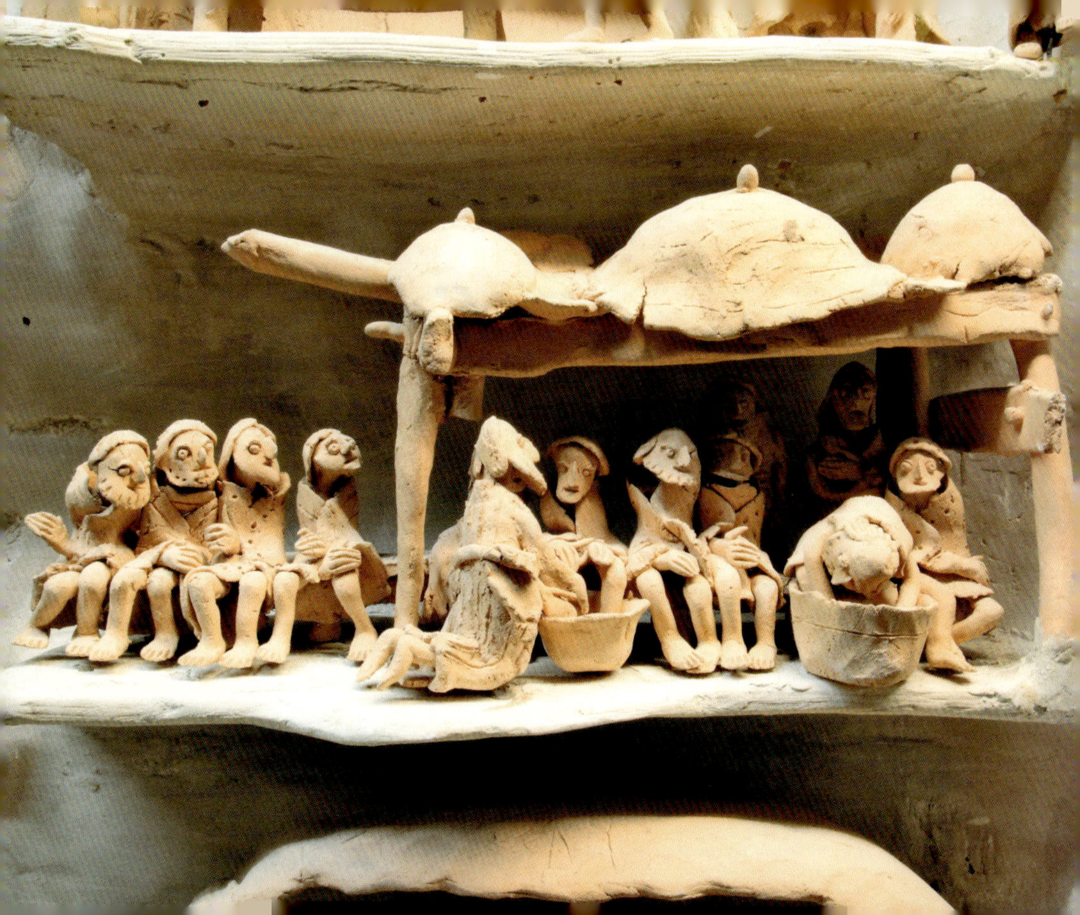

Die Hofratsstube

In der Hofratsstube malte Samuel Napl 1629 in den Wandstreifen sieben Felder mit den Wappen und Emblemen der Fürstbischöfe von Christoph von Madruzzo (1542-1578) bis Daniel Zen (1627-1628) sowie die Wappen und Namen der Hofratsmitglieder. Weitere Hofratstafeln kamen später hinzu und reichen bis Fürstbischof Josef von Spaur (1779-1791). In der Wartestube malte Gregor Napl 1607 den Wappenfries, der die verfassungsrechtliche Situation des Fürstentums Brixen zeigt. In der Wartestube befinden sich auch Eisentruhen, die der sicheren Verwahrung von Geld und Wertsachen dienten. Von nicht zu unterschätzender kulturgeschichtlicher Bedeutung sind die Siegelabgüsse der Brixner Fürstbischöfe, die Ladislao de Laszloczky angefertigt hat und die von 1120 bis 1803 reichen. Eine Besonderheit sind die Hellebarden mit dem Wappen des Fürstbischofs Wilhelm von Welsperg (1629-1641). Sie wurden einst von der fürstbischöflichen Edelgarde getragen. Bemerkenswert ist auch der Ofen, dem einige Wappenkacheln der Fürstbischöfe Johann Thomas von Spaur (1578-1591) und Christoph Andreas von Spaur (1601-1613) eingefügt sind. In beiden Räumen haben sich noch die Zirbelholztäfelungen, Schlösser und Türbeschläge erhalten.[82]

Abb. 66: Die Hofratsstube.

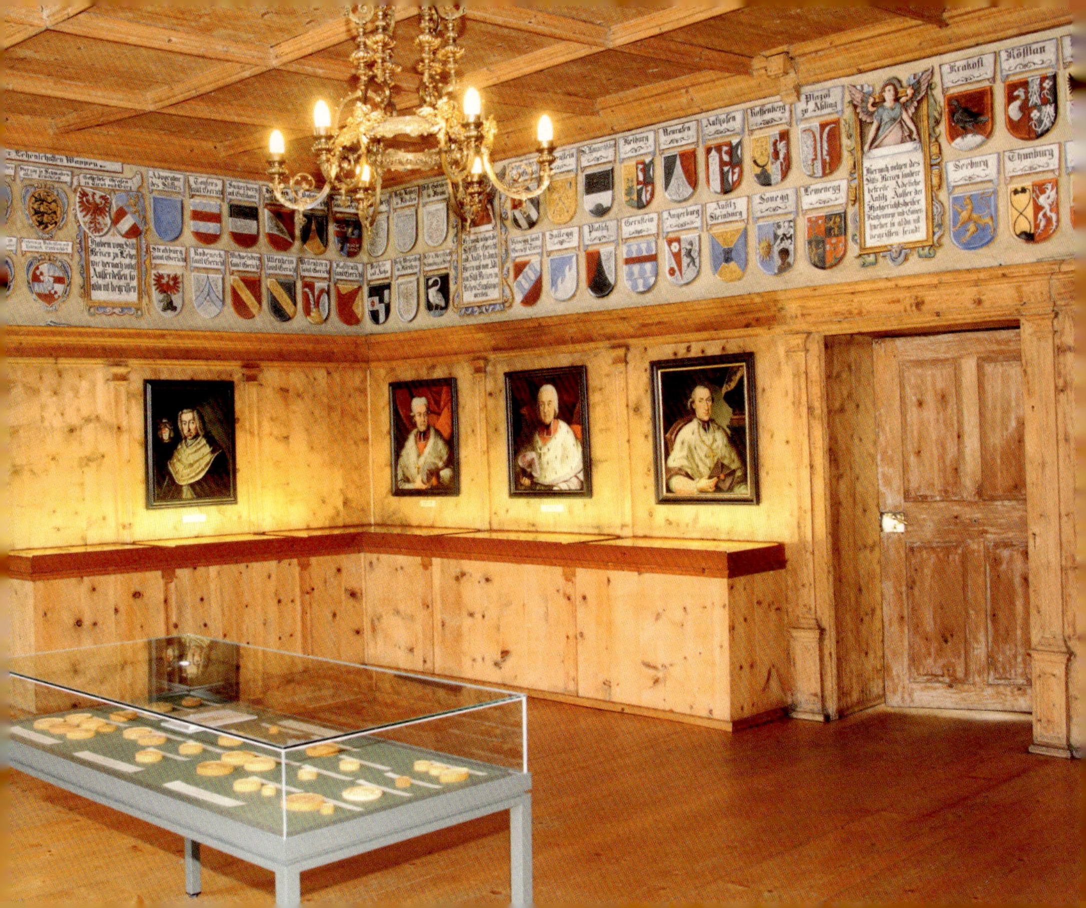

Das Wappen des Fürstbischofs Christoph Andreas von Spaur

Besondere Beachtung verdient die Hauptdarstellung des von Gregor Napl 1607 gemalten Wappenfrieses über der Tür zur Hofratsstube. Oben steht die Inschrift: „Des Fürstlichen Hohen Stiffts Brixen und dessen Erbämter, Stätt, Schlösser, Herrschaften, Ämter, auch Grafen, Herren und Adeliger Lehenschaften Wappen." Darunter sieht man das Osterlamm mit der Fahne des auferstandenen Christus als Wappen des Bistums, den roten Adler mit quergelegtem goldenen Krummstab als Wappen des Fürstentums und das Familienwappen des Fürstbischofs Christoph Andreas von Spaur (1601-1613), der diese Räume errichten ließ. Dabei hängt das Bistumswappen an einem Band, das von einem Engel gehalten wird, der in der rechten Hand das päpstliche Wappen mit den Schlüsseln des hl. Petrus und der Tiara hält. Das reichsfürstliche Adlerwappen wird ebenfalls von einem Engel gehalten. Dieser trägt in seiner linken Hand das Wappen mit dem Doppeladler des Kaisers. Durch diese Darstellung wird die Oberhoheit des Kaisers und des Papstes anerkannt. Zwischen den beiden Engeln sind die Mitra mit Stab und die Jahreszahl 1607 angebracht. Ganz unten befinden zwei Gestalten, die Glaube und Weisheit sowie Macht und Gerechtigkeit symbolisieren. Links und rechts von dieser eindrucksvollen Wappenkartusche sind die Wappen der Ehren- und wirklichen Erbämter Brixens angebracht.[83]

Abb. 67: Das Wappen des Fürstbischofs Christoph Andreas von Spaur (1601-1613) in der Hofratsstube, 1607.

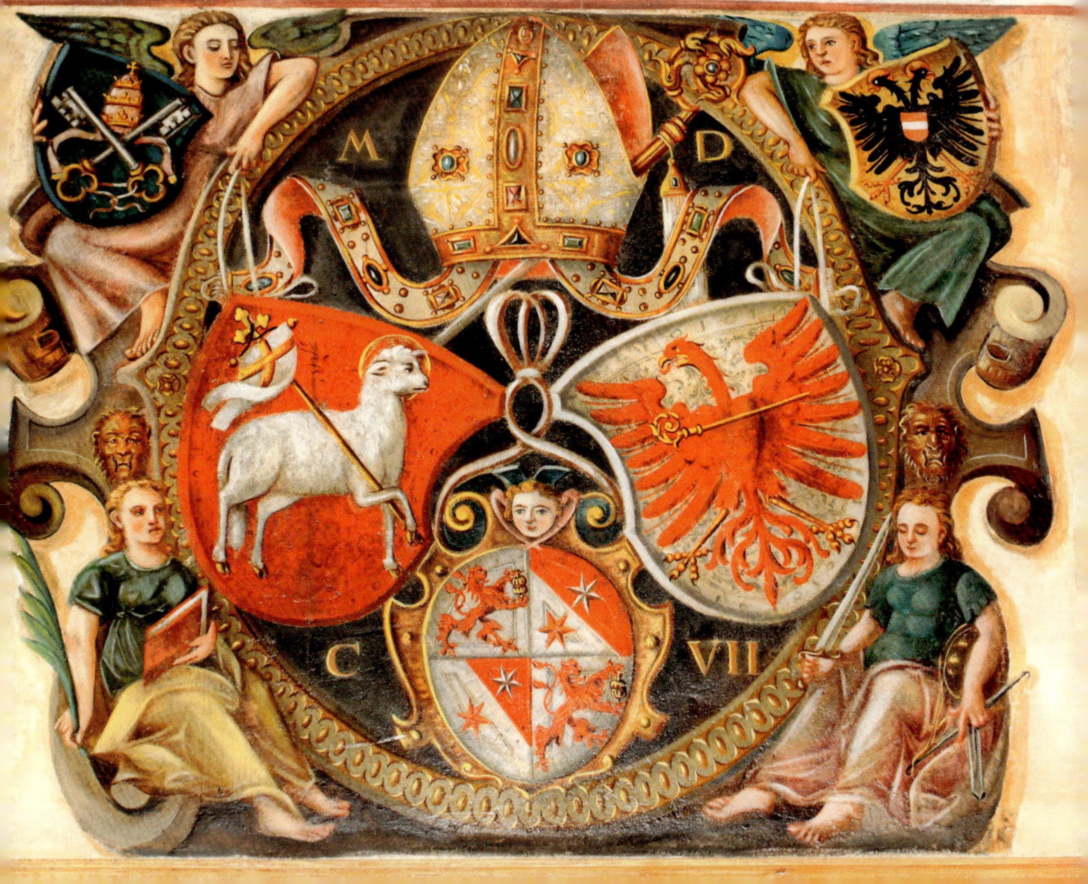
M D
C VII

Die Hofratskanzlei

Eine besondere Sehenswürdigkeit in der Hofburg ist die Kanzlei des Hofrates. Zur Verwaltung des Fürstentums stand dem Bischof der Hofrat[84] zur Seite, der sich ausschließlich um die weltliche Regierung des Hochstiftes zu kümmern hatte. Nach 1625 stand dem Hofrat der Hofratspräsident vor, der immer ein Domherr sein musste. Der Hofrat war zusammengesetzt aus geistlichen und weltlichen Hofräten. Die wichtigste Persönlichkeit der Exekutive war der Hofkanzler. Der Hofrat tagte dreimal in der Woche, und zwar in der 1607 eigens dazu errichteten Hofratsstube der Hofburg. Nicht nur die Warte- und die Hofratsstube sind bis heute erhalten geblieben, sondern auch der Hofratstisch und die Hofratssessel. Die Rangordnung der Hofratsmitglieder wird durch die unterschiedlichen Formen der Stühle genau gezeigt.[85]

Abb. 68: Die Hofratskanzlei.

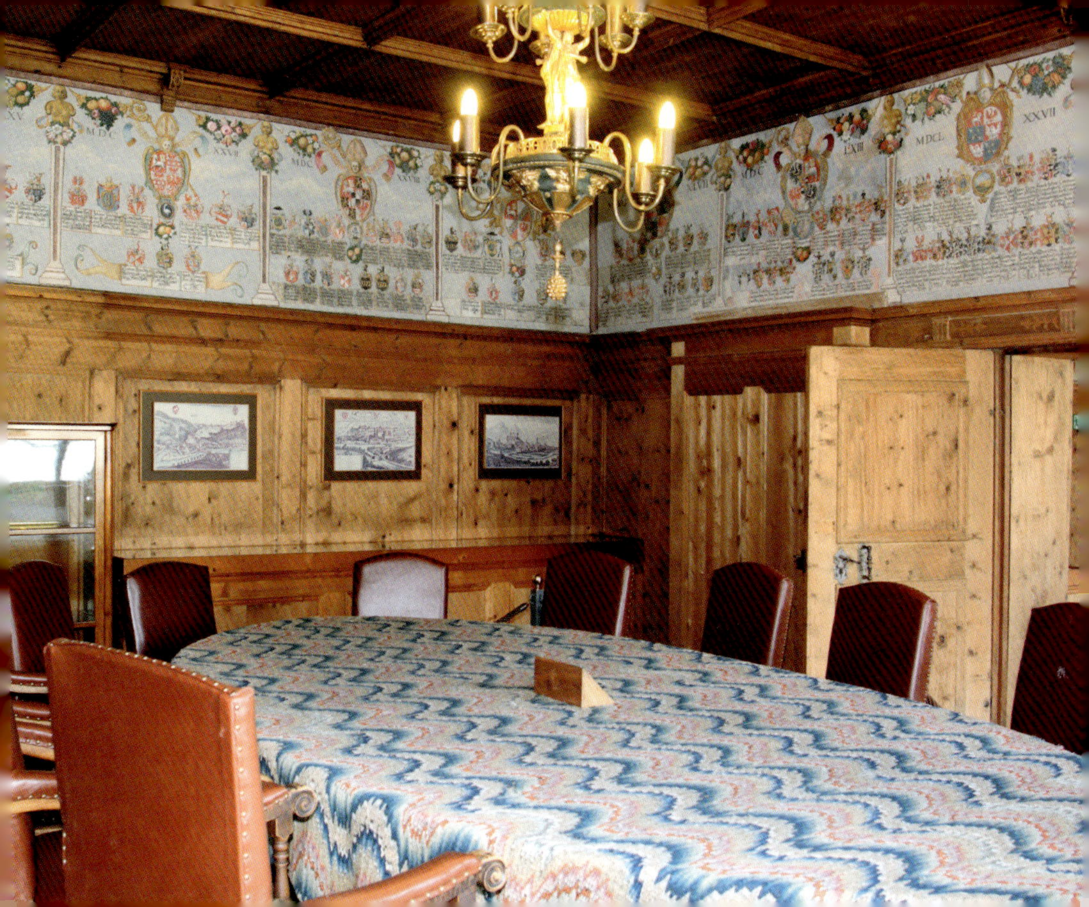
MDCL
XXVII

Der Domschatz im Diözesanmuseum

In den Räumen des Südflügels im ersten Geschoss werden Werke der Romanik und Gotik gezeigt. Besonders sehenswert sind die Madonnen mit Kind. Zum Wertvollsten, was das Diözesanmuseum besitzt, zählt der so genannte Domschatz, der sich in einem großen Raum befindet, dessen Holzdecke noch aus der Bauzeit unter Kardinal Andreas von Österreich stammt. Anlässlich der Neueröffnung des Diözesanmuseums im Jahre 2001 wurde diese kostbare Sammlung neu aufgestellt. Viele Ausstellungsstücke zeugen vom Reliquienkult vergangener Jahrhunderte. Reliquien wurden in kostbaren Kästchen aufbewahrt, die ursprünglich manchmal für profane Zwecke entstanden und dann aber aufgrund ihrer kostbaren und aufwendigen Verarbeitung auch als Reliquienbehälter verwendet wurden. Dazu gehört ein kleines Elfenbeinkästchen mit vergoldeten Metallbeschlägen, das wohl im 13. Jahrhundert entstanden sei dürfte. Eine aus zyprischem Ebenholz hergestellte Reliquienschatulle ist ein Geschenk des Dogen Domenico Contarini (1659) an den Brixner Fürstbischof Anton von Crosini, nachdem die Grenzstreitigkeiten zwischen Venedig und Brixen beigelegt waren. Bemerkenswert sind auch die Reliquienmonstranzen, die den Zweck hatten, Überreste von Heiligen für die Verehrung durch das Volk sichtbar zu machen.[86]

Abb. 69: a) Die thronende Madonna von Vahrn, um 1200.
b) Madonna mit Kind. Aus dem Kloster Sonnenburg, um 1320.

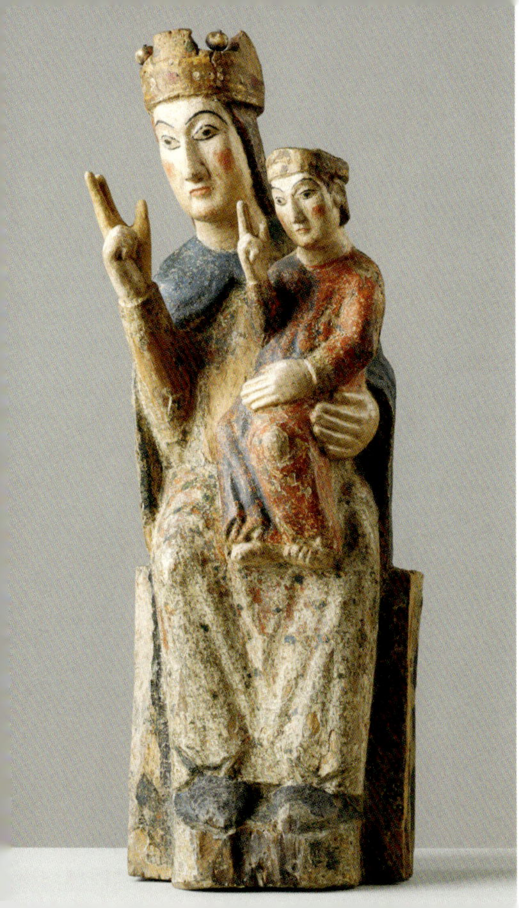
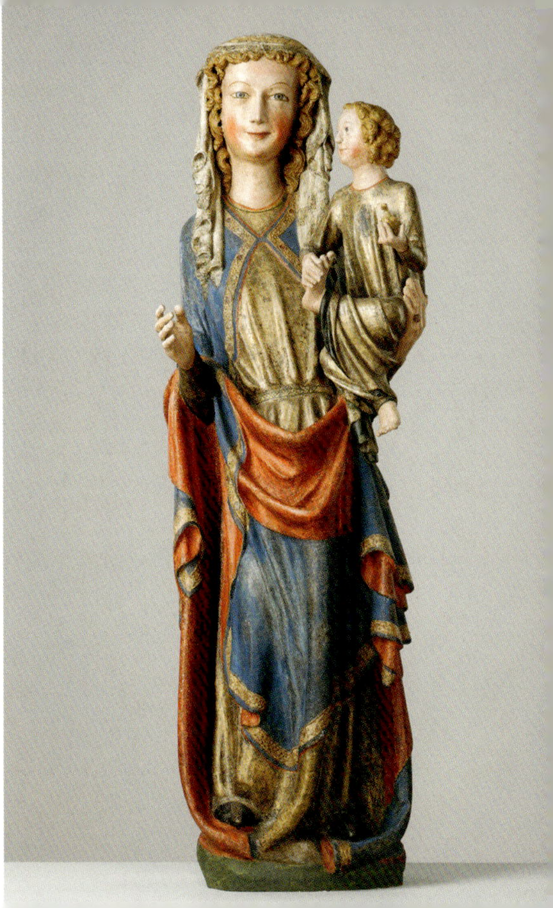

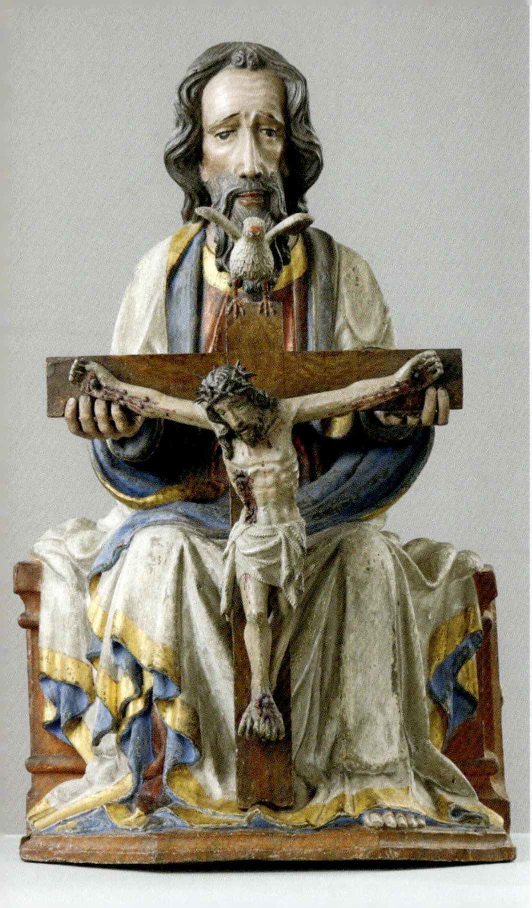
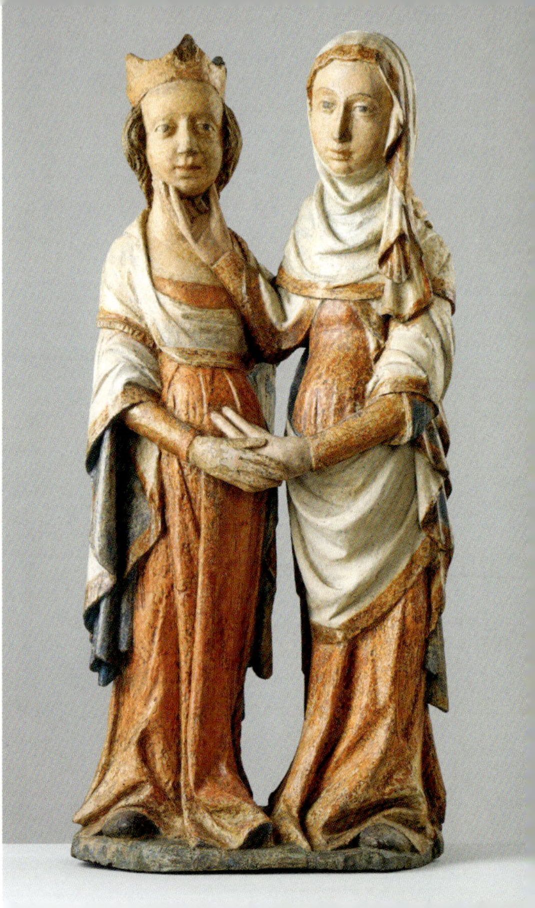

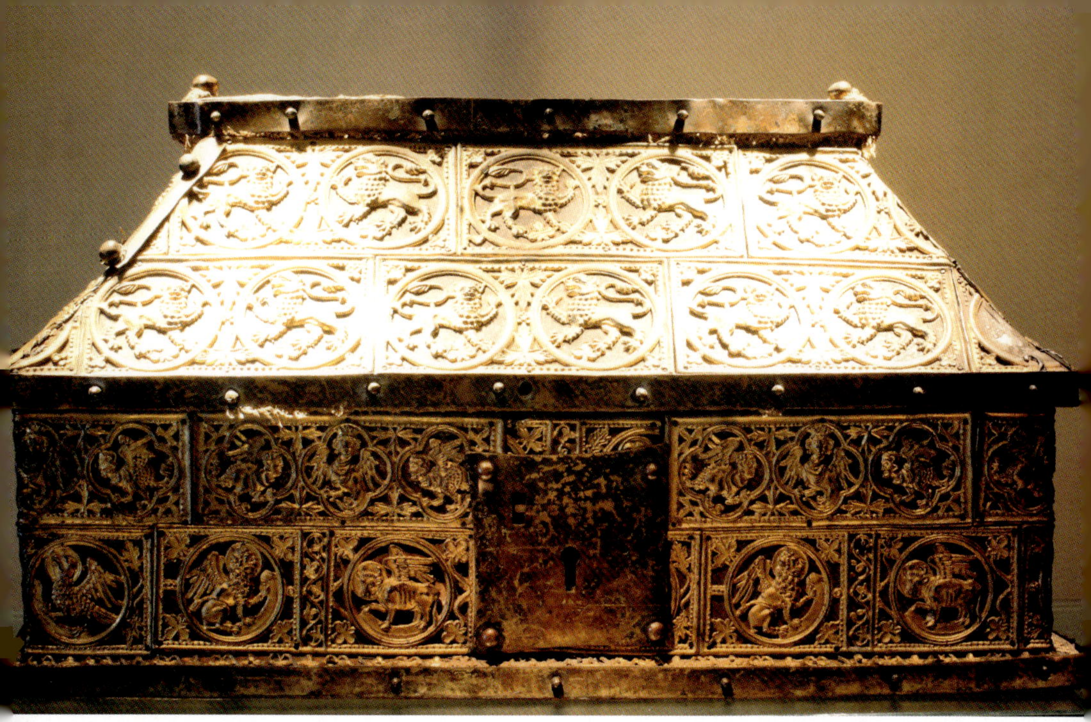

Abb. 71: Die Reliquienkassette aus Zypern, 13. Jh.

Abb. 70: a) Gnadenstuhl, um 1440.
b) Mariä Heimsuchung, um 1450.

Das berühmte Markusreliquiar

Eine besondere Kostbarkeit ist das um 1330 in Konstanz hergestellte Vortragekreuz mit vergoldetem Silber und daran applizierten Emailtondi. Erwähnen muss man auch das 60 cm hohe Altarkreuz mit fünf außergewöhnlich dünnen Bergkristallplatten. Es dürfte wohl um 1390 in einer venezianischen Werkstätte entstanden sein. Meister Christoph von Brixen hatte das Kreuz mit einem plastischen Corpus ergänzt. An hohen Festtagen stand das Kreuz früher auf dem Hochaltar des Domes. Das prachtvollste Objekt aus der Zeit der Renaissance ist das Markusreliquiar mit einer Korallenspitze. Der Schädel wurde 1532 aus dem Lager des Sultans Soliman II. entwendet. Der Bischof von Wiener Neustadt und zugleich Dompropst von Brixen, Gregor Angerer, ließ 1543 die Reliquienmonstranz anfertigen und schenkte dann das kostbare Reliquiar dem Brixner Dom. Eine Reliquienmonstranz der hl. Katharina von Alexandrien verdankt das Diözesanmuseum dem Krakauer Archidiakon Christoph Varscevitus, der um 1600 in Brixen zu Gast war, dann aber seine Quartierkosten nicht bezahlen konnte und dafür die Reliquie zurückließ.[87]

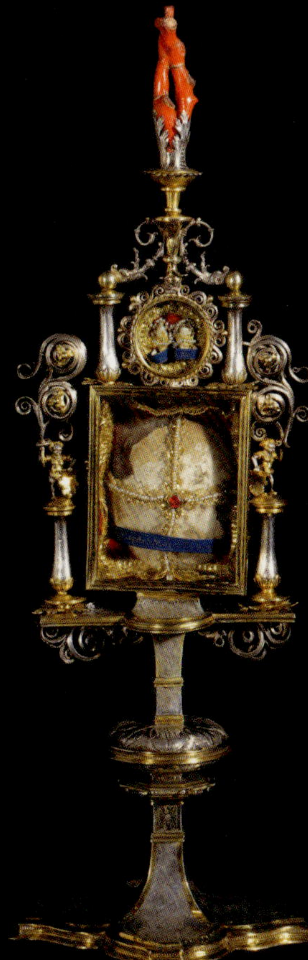

Abb. 72: Das Markusreliquiar, 1543.

Der Schmerzensmann

Gut vertreten sind im Diözesanmuseum die Werke des Meisters Leonhard von Brixen und die Arbeiten der Werkstatt von Hans Klocker. Ein wahres Meisterwerk ist das Tafelbild vom Schmerzensmann, das im Jahre 2016 vom bekannten Mailänder Professor und Rechtsanwalt Alberto Crespi, einen ausgewiesenen Musik- und Kunstliebhaber, Freund von Brixen und Bewunderer der deutschen Kultur, dem Diözesanmuseum geschenkt wurde. Vorab wurde das Tafelbild noch auf Kosten des Professors restauriert. Es zeigt Jesus als Schmerzensmann in der Mitte, flankiert von den beiden Heiligen Ambrosius, Patron der Diözese Mailand, und Augustinus, der von Ambrosius in Mailand getauft worden ist. Über dieser Dreiergruppe sieht man ein fein gegliedertes Maßwerk mit einem vergoldeten Hintergrund. In der Mitte sind Gott Vater und der Heilige Geist in Gestalt der Taube zu sehen. Der Nimbus der Taube ist das Wappen der berühmten Mailänder Familie Visconti. Über dem hl. Ambrosius sind die Apostel Thomas und Johannes und über dem hl. Augustinus die Apostel Petrus und Paulus dargestellt. Das überaus wertvolle Bild dürfte aus dem Jahre 1450 stammen und wird dem sogenannten Deutschen Meister von Chiaravalle oder, wie jüngere Forschungen ergeben haben, Jos Amann von Ravensburg zugeschrieben. Es stammt aus der Kirche Sant'Ambrogio in Brugherio bei Mailand und gelangte in den Besitz des bekannten Mailänder Antiquars Ruggero Longari, von dem Crespi es erworben hat.[91]

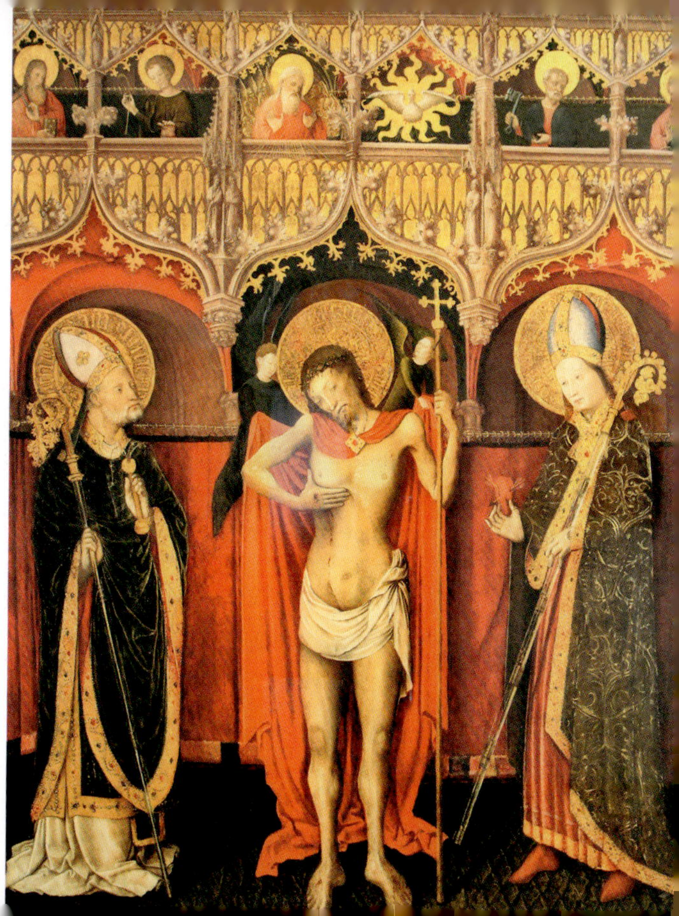

Abb. 74: Der Schmerzensmann, um 1450, Geschenk v. Professor A. Crespi, Mailand.

Bartlmä Dill Riemenschneider

Auch die Kunst der Renaissance ist im Diözesanmuseum gut vertreten. Erwähnt werden muss der Dreikönigsaltar von Bartlmä Dill-Riemenschneider, den Propst Gregor Angerer für den Brixner Dom 1545 gestiftet hat. Bartlmä, der jüngste Sohn des berühmten Würzburger Bildhauers Tilmann Riemenschneider, war der bedeutendste Renaissancemaler in Südtirol. Unter dem Eindruck der Nürnberger und Augsburger Kunst der Dürerzeit sowie der Malerei am Hof des Trienter Fürstbischofs Bernhard von Cles (1514-1539) schuf er Wandmalereien, Tafelbilder und prunkvolle Kachelöfen.[92] Der Majolikaofen mit der Jason- und Medeasage im Arbeitszimmer der Fürstbischöfe zählt laut Karl Wolfsgruber zu den kostbarsten Einrichtungsstücken der Hofburg und zu den wertvollsten Öfen des Landes. Auf den Kacheln wird die griechische Sage von Jason und Medea erzählt. Medea, die Priesterin der Göttin Hekate, verliebt sich in Jason und reicht ihm ein Zaubermittel, womit es ihm gelingt, den Drachen zu töten, der das goldene Vlies bewacht.[93]

Abb. 75: Dreikönigsaltar v. Bartlmä Dill Riemenschneider, 1545.

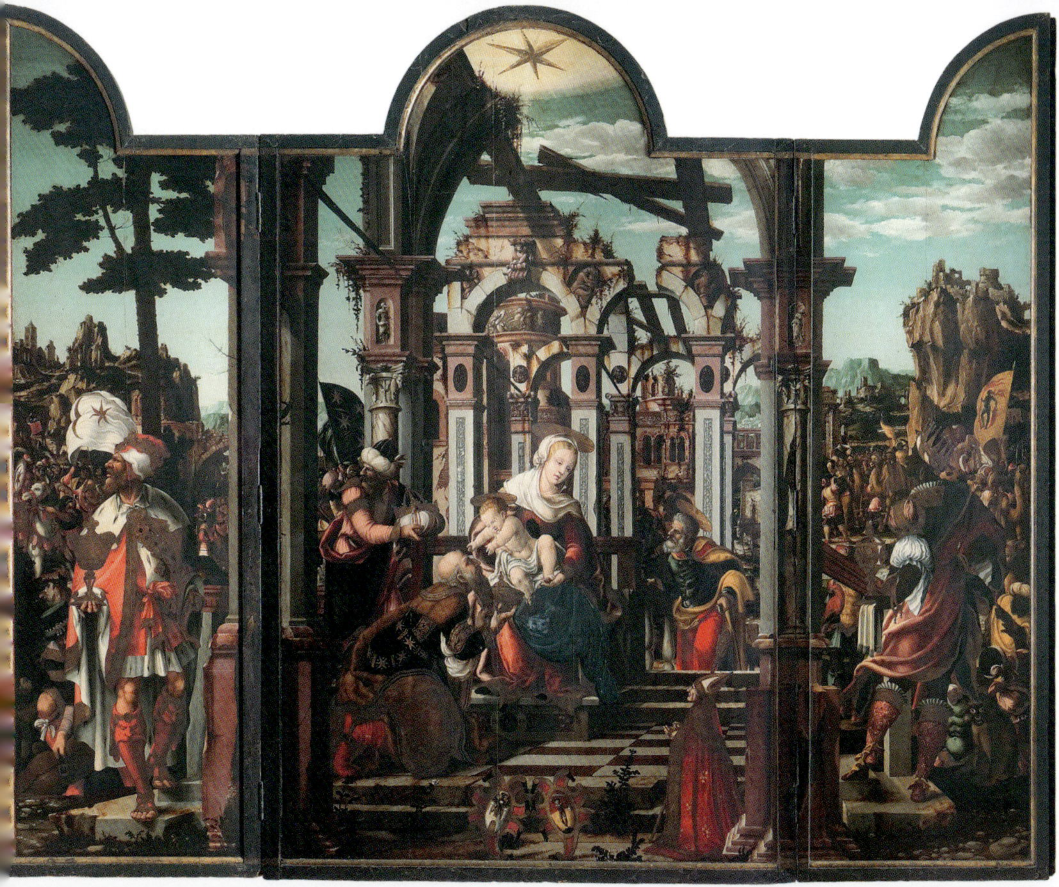

Der Trogersaal

Einer der wohl fruchtbarsten Meister des Barocks im südlichen Tirol war Franz Sebald Unterberger (1706-1776) aus Cavalese. Ihm ist in der Hofburg ein ganzer Saal gewidmet. Bei Unterberger bestechen vor allem seine Hell-Dunkel-Kontraste. Später gelangte er zu einem betonten Kolorismus und endete schließlich in einem manieristischen Spätbarock. Geradezu dramatisch schön ist das Bild, das den Abschied Jesu von seiner Mutter darstellt.[94] Ein wahres Highlight ist der Trogersaal an der Nordostecke im zweiten Stock, wo eine Reihe von Andachtsbildern aus dem Pfarrwidum von Welsberg gezeigt werden. Besonders fasziniert die Hell-Dunkel-Kontrastmalerei im Bild, welches die Heilige Familie darstellt und das der Meister 1720 signiert hat. Troger wurde 1698 in Welsberg geboren, lernte bei Alberti in Cavalese, dann in Venedig bei Pittoni, in Neapel bei Solimena, in Rom bei Conca und in Bologna bei Crespi. Über Gurk und Salzburg kam er 1728 nach Wien, wo er Rektor der Wiener Akademie wurde. Er malte in Melk, Altenburg, Zwettl, Seitenstetten, Geras und Göttweig. Von 1748 bis 1750 schmückte er mit seinen Fresken den Brixner Dom. Er starb 1762 in Wien. Troger gilt als der bedeutendste Barockmaler Österreichs.[95]

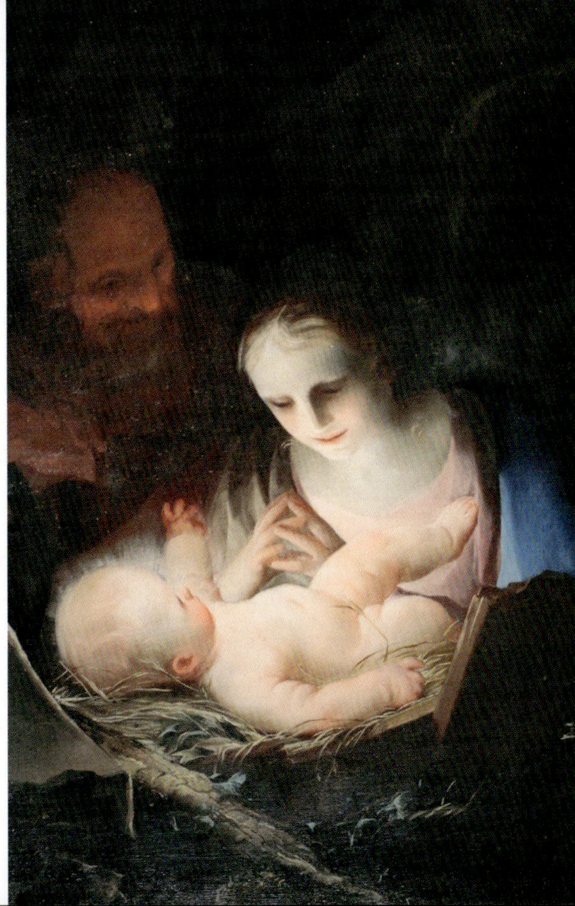

Abb. 76: Die Heilige Familie v. P. Troger, 1720.

Der Kaisertrakt und der Kaisersaal

Die Kaiser haben bei ihren Rom- und Italienzügen immer wieder in Brixen Halt gemacht und in der Hofburg gewohnt. Deshalb ließ Fürstbischof Kaspar Ignaz von Künigl (1702-1747), als er den Westflügel der Hofburg ausbaute, den nordwestlichen Bereich des zweiten Stockes als Kaisertrakt gestalten. Die Räumlichkeiten sind entsprechend großzügig eingerichtet. Dort wohnte Kaiser Karl VI., als er sich 1711 bei seiner Rückreise von Spanien zur Kaiserkrönung nach Frankfurt begab. Im Jahre 1765 logierten in der Hofburg Kaiserin Maria Theresia und ihr Gemahl Franz Stephan von Lothringen bei ihrer Reise von Wien über das Pustertal nach Innsbruck. Wolfgang Amadeus Mozart musizierte am 11. Dezember 1771 in der Hofburg, und am 8. Mai 1782 hielt sich Papst Pius VI. auf seiner Rückreise von Wien in der Hofburg auf. Im Jahre 1783 beherbergte die Hofburg Kaiser Josef II. anlässlich seines Papstbesuches in der Ewigen Stadt. Später wurde der Kaisertrakt kaum mehr benutzt. 1980 ließ Karl Wolfsgruber ihn restaurieren und neue Seidentapeten und Glasluster, die nach alten Mustern kopiert wurden, anbringen. So wurde der Kaisertrakt wieder öffentlich zugänglich.[96] Im Nordwesten befindet sich der Kaisersaal, der als Audienzsaal diente. Das Deckenfresko des aus Ala stammenden Antonio Gresta (1671-1726) stellt die Göttliche Weisheit dar. Das Spruchband, das ein Putto hält, lautet: „Diligite sapientiam. Mecum sunt divitiae et gloria - Liebet die Weisheit. Bei mir sind Reichtum und Ruhm“. [97]

Abb. 77: Die göttliche Weisheit v. A. Gresta im Kaisersaal.

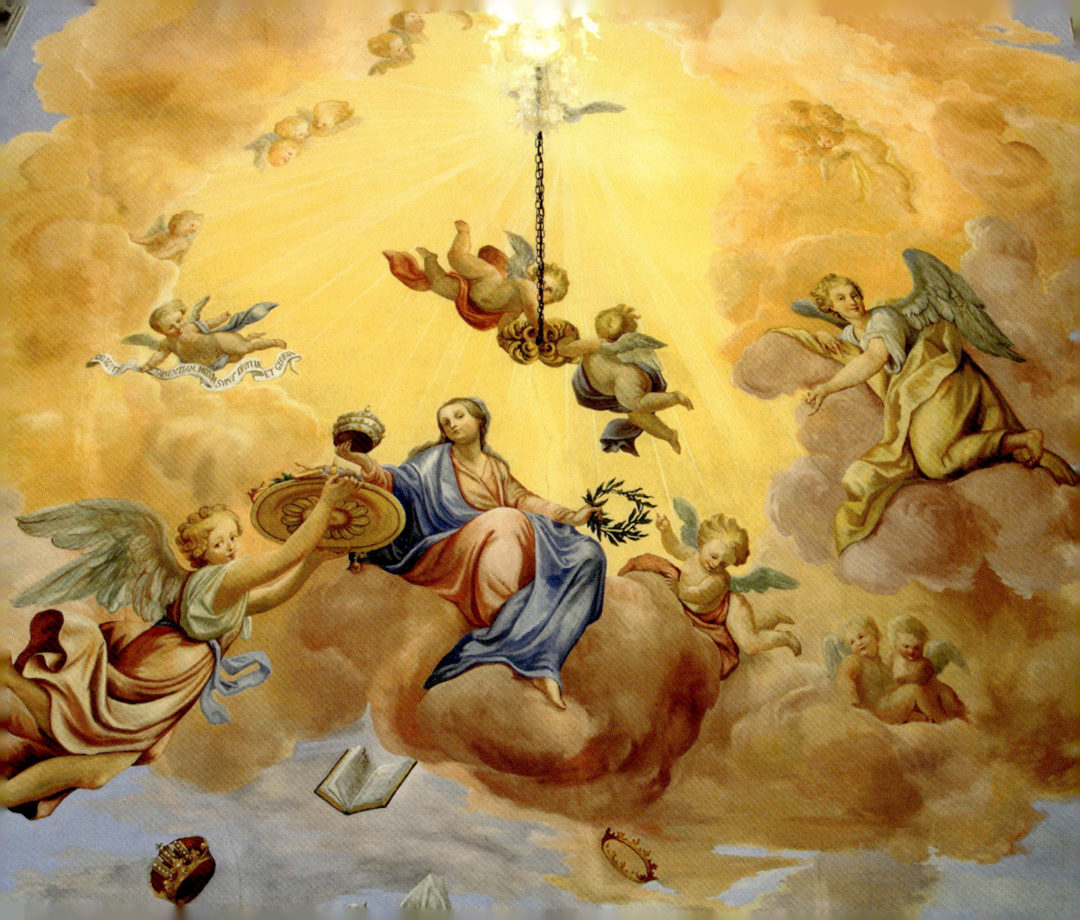
SAPIENTIAM MECUM SVNT DIVITIÆ ET GLORIA

Die übrigen Räume des Kaisertraktes

Nach dem Kaisersaal betritt man das kaiserliche Vorzimmer, das ein Fresko von Michael Gaeta zeigt. Ganz unten rechts sieht man den Künstler selbst. Im kaiserlichen Speisesaal finden sich Möbel mit blattvergoldeten Schwänen an den Armlehnen. Sie stammen aus der Zeit des Fürstbischofs Karl Franz von Lodron (1792-1828). Die vier Jahreszeitenbilder sind von Stephan Keßler, der sie 1680 gemalt hat. Das kaiserliche Wohnzimmer hat einen prunkvollen venezianischen Spiegel, der schon zur ursprünglichen Einrichtung dieses Raumes gehörte. Zu dieser gehörten auch die kaiserlichen Porträts mit den auffälligen Rahmen. An der Stirnwand sieht man ein Thesenblatt der Universität Freiburg i. Br., das die Begegnung des Grafen Rudolf von Habsburg mit einem Priester beim Versehgang zeigt, dem der Kaiser sein Pferd schenkte. Das Chinesische Kabinett mit den Tapeten von Franz Altmutter geht auf die Zeit des Fürstbischofs Karl Franz von Lodron zurück.[98]

Abb. 78: Die kaiserliche Anticamera mit Blick auf die übrigen Räume des Kaisertraktes.

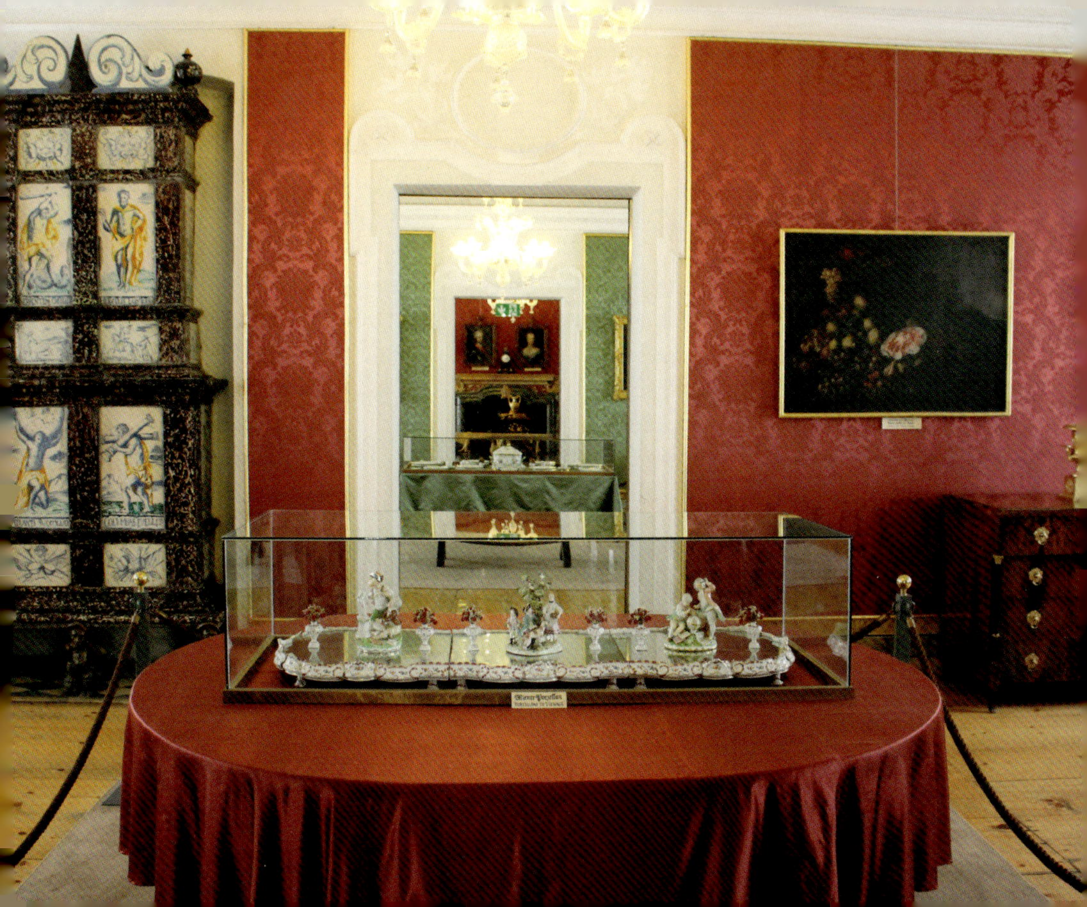

Porzellan vom Feinsten

In der Brixner Hofburg kann man Wiener Porzellan in seiner feinsten Form erleben. Die Wiener Porzellanmanufaktur, die 1718 gegründet wurde und bis 1864 Bestand hatte, ist nach Meißen die zweitälteste Porzellanmanufaktur Europas. Im kaiserlichen Speisesaal und in den zwei kaiserlichen Kabinetten des Kaisertraktes sind kostbares Tafelporzellan aus der Wiener Hofmanufaktur und Tafelsilber aus Augsburg ausgestellt. Dieses Porzellan und der Tafelschmuck sind Teil dessen, was Fürstbischof Leopold von Spaur (1747-1778) in Wien und in Augsburg für die Beherbergung Maria Theresias und ihres Gemahls Franz Stephan von Lothringen anlässlich der Reise über Kärnten und Brixen nach Innsbruck im Jahre 1765 bestellt hat. Im ersten Kabinett kann man auch die Rechnung sehen, die der Fürstbischof für dieses kostbare Geschirr bezahlt hat. In diesen Rechnungen sind die einzelnen Teile, wie Teller, Schüsseln, Schalen, Obstkörbchen und Zuckerschälchen, genau aufgelistet. Höhepunkt der ganzen Sammlung ist der Tafelaufsatz, der besonders kunstvoll dekoriert ist. Es sind feinste Produkte im typischen vom französischen Maler Antoine Watteau inspirierten Rokokostil. Die Phase von 1774 bis 1784, in der das in der Hofburg ausgestellte Porzellan entstanden ist, bezeichnet man als die „plastische Periode“, weil in diese Zeit die Hochblüte der figuralen Porzellankunst fällt.[99]

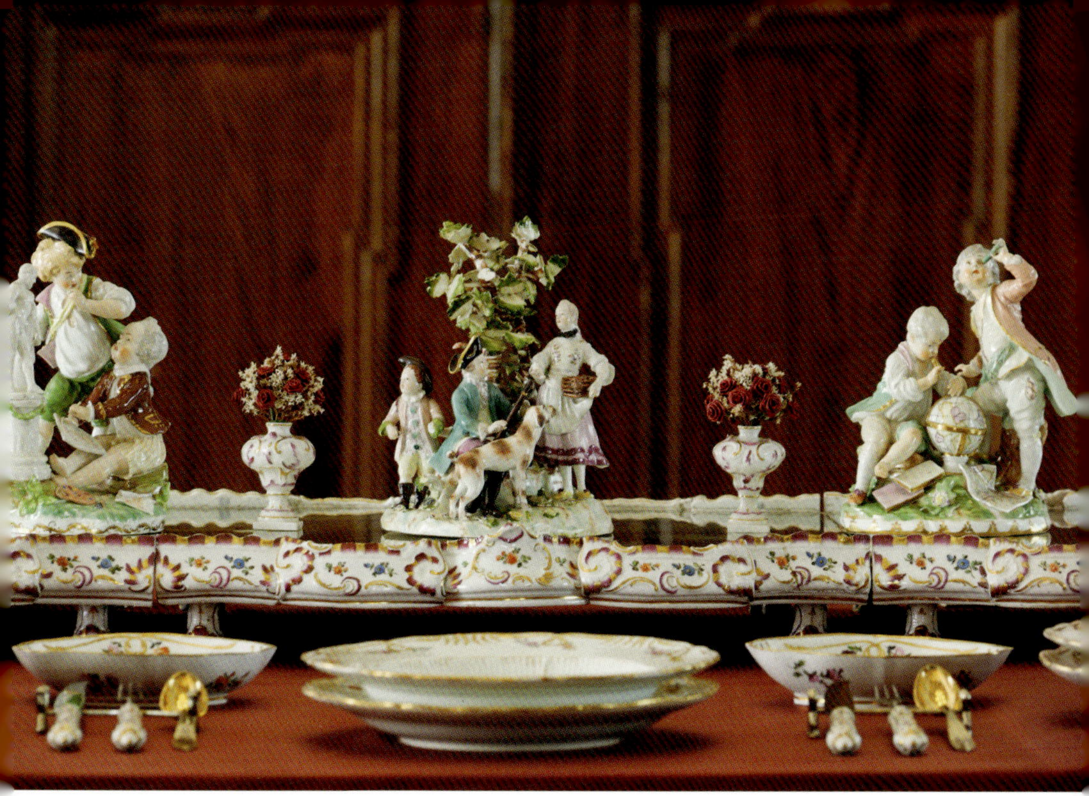

Abb. 79: Wiener Porzellan.

Die Porträts der kaiserlichen Familie

Für die Gastfreundschaft, die Leopold von Spaur Maria Theresia und ihrem Gefolge 1765 anlässlich ihrer Reise über das Pustertal nach Innsbruck in der Hofburg bot, schenkte die Kaiserin dem Fürstbischof zum Dank eine Porträtserie ihrer Familie, die vom Hofmaler Georg Weikert (1745-1799) stammt. Zu erwähnen sind vor allem die Darstellungen von Franz I. und Maria Theresia sowie von Josef II. Die Kaiserin wurde schon damals und auch später noch schwärmerisch als große Monarchin und vorbildliche Mutter verehrt. Im Jahre 1781 kam noch das Porträt der Erzherzogin Maria Elisabeth, Äbtissin des Damenstifts in Innsbruck, hinzu, das von Franz Altmutter gemalt worden sein dürfte. Alle diese Porträts, die sich im kaiserlichen Tafelzimmer befinden, haben den gleichen vergoldeten Rahmen. Sie wurden wie die Porträts auch von Wien nach Brixen geschickt. Im kaiserlichen Wohnzimmer sind weitere kaiserliche Porträts des 18. Jahrhunderts mit auffallend üppig geschnitzten Rahmen zu sehen.[100]

Abb. 80: a) Kaiser Franz I. Stephan von Lothringen (1708-1765).
b) Kaiserin Maria Theresia (1717-1780).

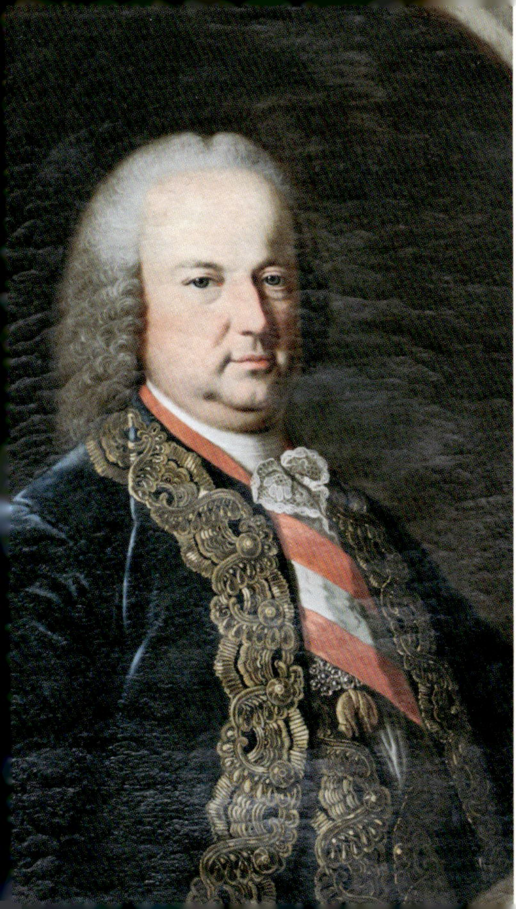
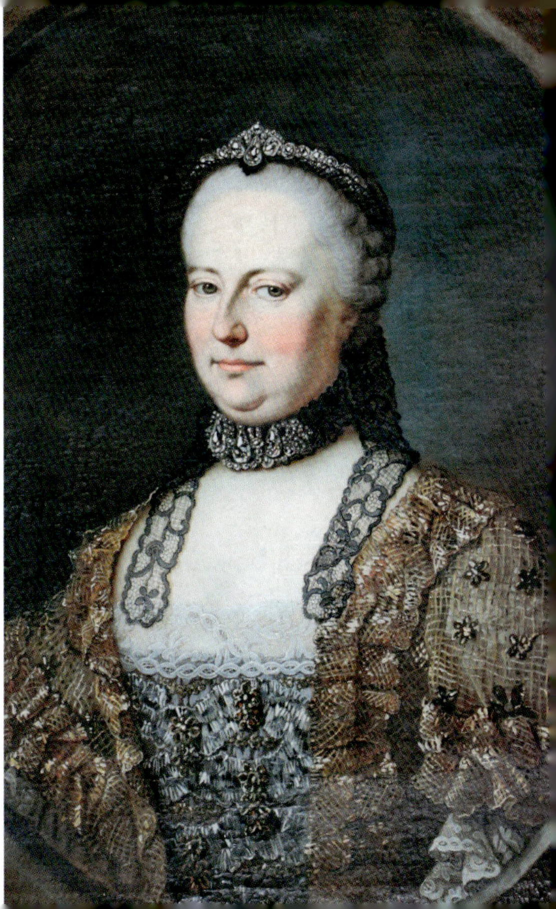

Der Bischofstrakt

Anschließend an die Prunkräume des Kaisertrakts folgt der Bischofstrakt, in dem Fürstbischof Kaspar Ignaz von Künigl wohnte. Seine Nachfolger bewohnten dann den Südflügel der Hofburg. Leider hat sich von der alten Ausstattung nur wenig erhalten. Im Schlafzimmer hängen einige Papst- und Bischofsporträts und in der Vitrine sieht man bischöfliche Insignien. Es folgt das Audienzzimmer der Fürstbischöfe. Auch die prunkvolle Stuckdecke, die Bilder der vier Jahreszeiten und die klassizistische Täfelung gehen noch auf die Zeit der Fürstbischöfe zurück. Die Porträts stellen Fürstbischöfe dar, die mit dem Neubau der Hofburg und ihrer Ausstattung zu tun haben. In der Bibliothek befinden sich die Porträts der Bischöfe des 19., 20. und 21. Jahrhunderts. Beeindruckend sind Gotthard Bonells Porträts der Bischöfe Wilhelm Egger (1986-2008)[101] und Karl Golser (2009-2011). Egger starb am 16. August 2008, fünf Tage nachdem Papst Benedikt seinen Urlaub in Brixen beendet hatte. Golser, der sich als Moraltheologe und durch seinen Einsatz für Frieden, Gerechtigkeit und Bewahrung der Schöpfung profiliert hatte, musste wegen seiner Parkinson-Erkrankung zurücktreten und verstarb 2016. Bonell hat den kranken Bischof im Rollstuhl dargestellt, wie er im Kreuz Trost findet.[102]

Abb. 81: a) Fürstbischof Bernhard Galura (1829-1856) v. G. Wachtler, Diözesanmuseum.
b) Fürstbischof Johannes Raffl (1921-1927) v. Th. Riß, Diözesanmuseum.

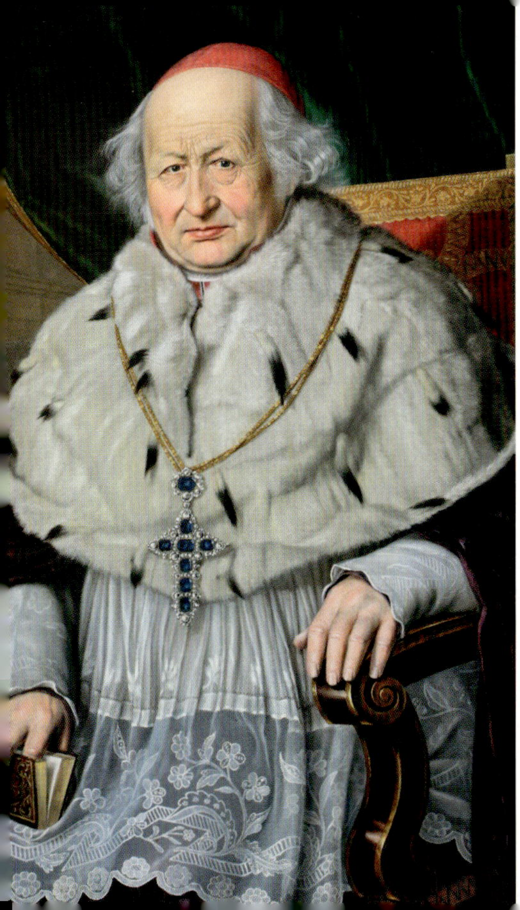
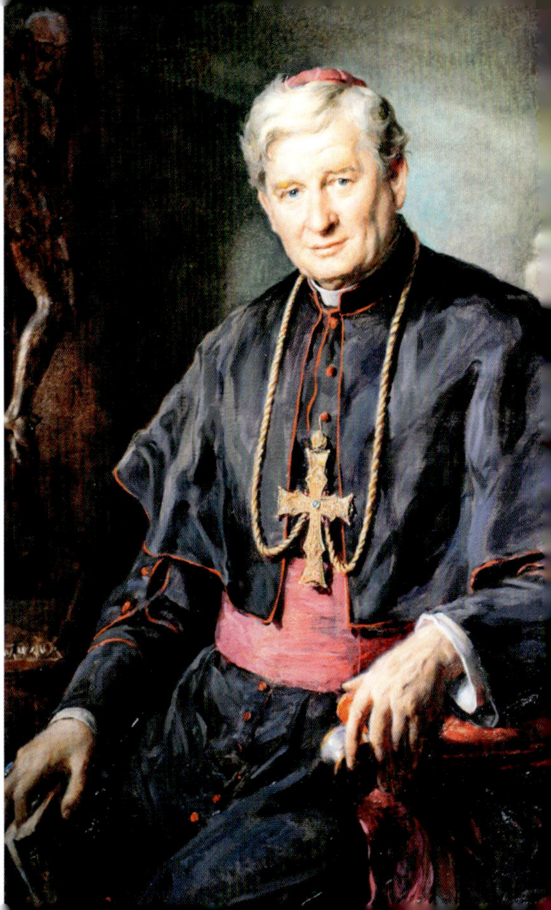

Das Porträt von Papst Benedikt XVI.

Besondere Aufmerksamkeit verdient das im Bischofstakt sich befindende Porträt von Papst Benedikt XVI., das Gotthard Bonell 2010 für die Hofburg gemalt hat. Diese Darstellung zeigt den Papst rechts unten sitzend. Der Papst ist nicht das Zentrum der Kirche, deren Mitte ist der auferstandene Christus. Dabei handelt es sich um den Ausschnitt eines Tafelbildes des Maestro di Fossa aus der Zeit um 1340 in der Sala di Sant´Ambrogio in den päpstlichen Gemächern. Die flüchtenden Wächter links und rechts scheinen die schwierige Lage der Kirche anzudeuten. Der Papst selbst strahlt Güte, aber auch eine gewisse Ängstlichkeit aus. Es ist kein Diplomat, kein Staatsmann, kein Monarch, der da vor uns sitzt, sondern ein Mensch, dem es um einen ehrlichen Dialog mit seinem Gegenüber geht. Man erinnert sich an die Worte, die Ratzinger gleich nach seiner Wahl sprach: „Ich bin ein einfacher, demütiger Arbeiter im Weinberg des Herrn." Links unten sieht man ein Gesicht mit Mitra, den hl. Augustinus, über den Ratzinger seine Doktorarbeit geschrieben hat. Mit feinsinnigem Humor hat Bonell im rechten Bildrand einen Teil des Gesichtes von Privatsekretär Georg Gänswein dargestellt, der dem Papst ständig wie ein Schatten folgte.[103]

Abb. 82: Porträt v. Papst Benedikt XVI. v. G. Bonell, 2010.

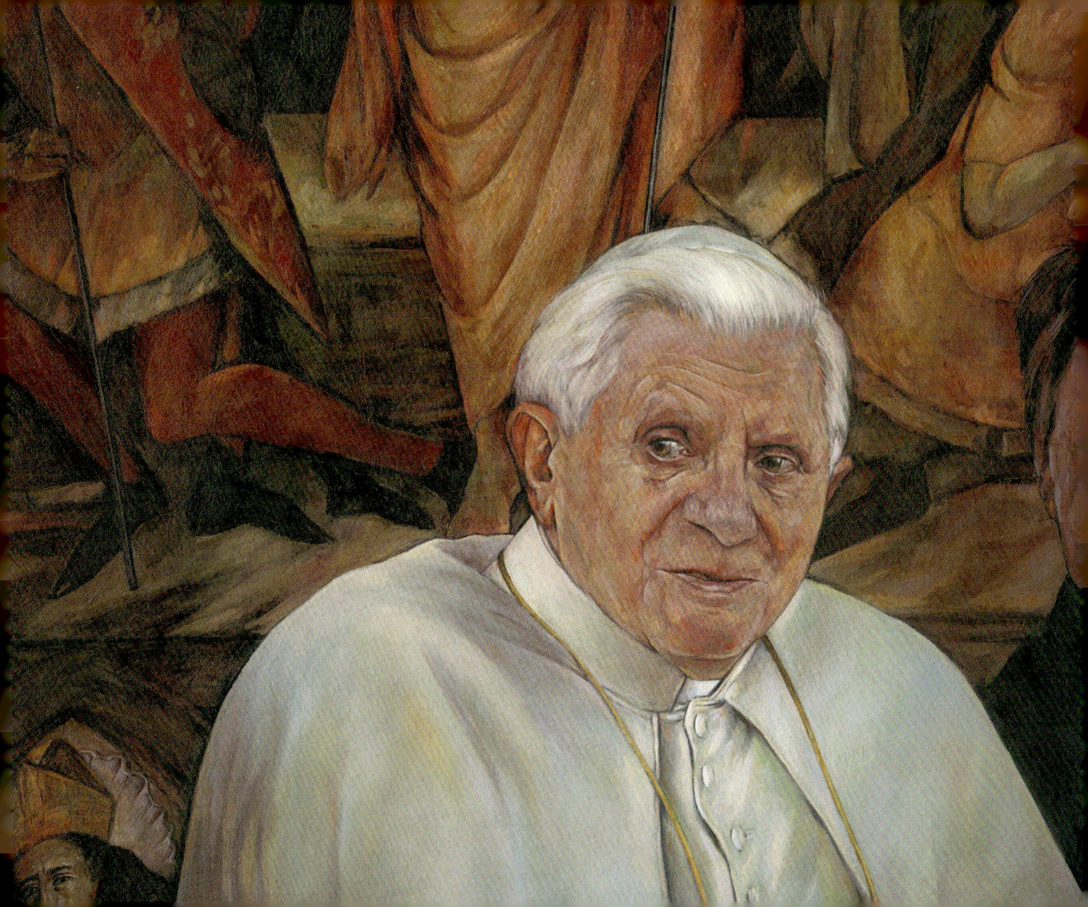

Die sakrale Kunst des 20. Jahrhunderts

Die sakrale Kunst des 20. Jahrhunderts ist im Museum eher schwach vertreten. Immerhin sind ein Frühwerk von Albin Egger-Lienz (1868-1926), ein Triptychon von Peter Fellin (1920-1999) und auch Werke von Karl Plattner (1919-1986) zu sehen. Plattner, der zu den bedeutendsten Malern Südtirols zählt, liebte kühle Ästhetik und große chromatische Felder. Er beschäftigte sich immer wieder mit menschlichen Problemen, welche die Isolation, die Kommunikationslosigkeit und den Tod des Menschen betreffen. Seit 2017 befindet sich als Leihgabe der Familie Casciaro von Bozen in der Hofburg ein Gemälde von Plattner (1950), das die Grablegung eines Verstorbenen zeigt. Zudem befindet sich im gleichen Raum auch eine Pietà aus dem Jahre 1960. Zwei Gestalten starren auf den auf einem weißen Tuch liegenden Leichnam. Die beeindruckende und suggestive Darstellung strahlt allerdings Hoffnungslosigkeit und depressive Stimmung aus. Im Gegensatz dazu steht die ausdrucksvolle Arbeit von Martin Rainer (1923-2012). Sie zeigt Maria, Johannes und den liegenden Christus mit geöffneten nach oben sich hebenden Händen.[104]

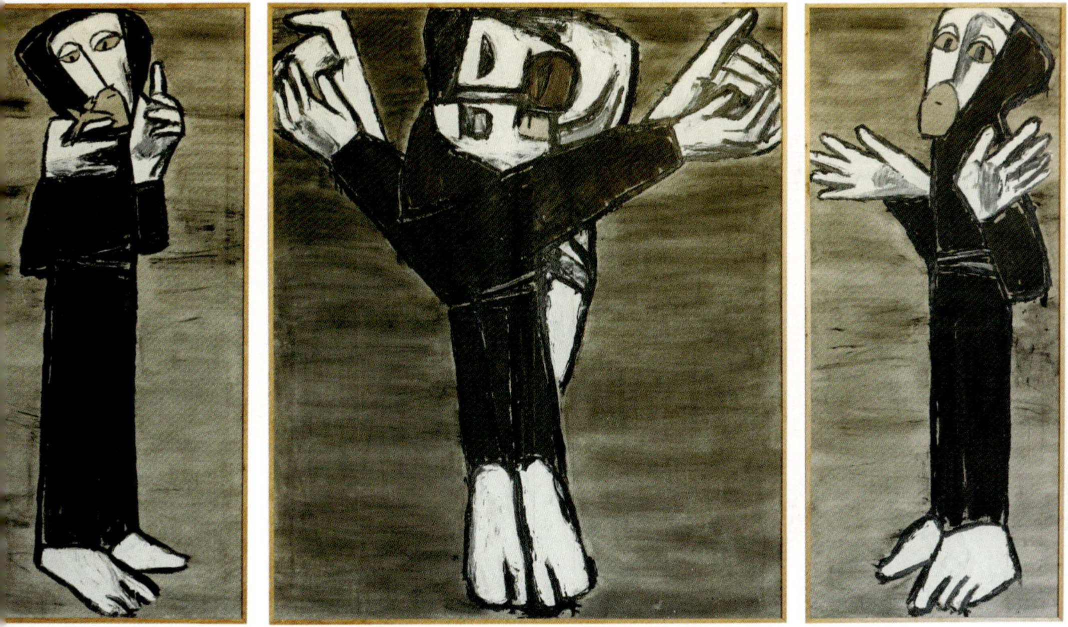

Abb. 83: Der hl. Franziskus. Triptychon v. P. Fellin, um 1950.

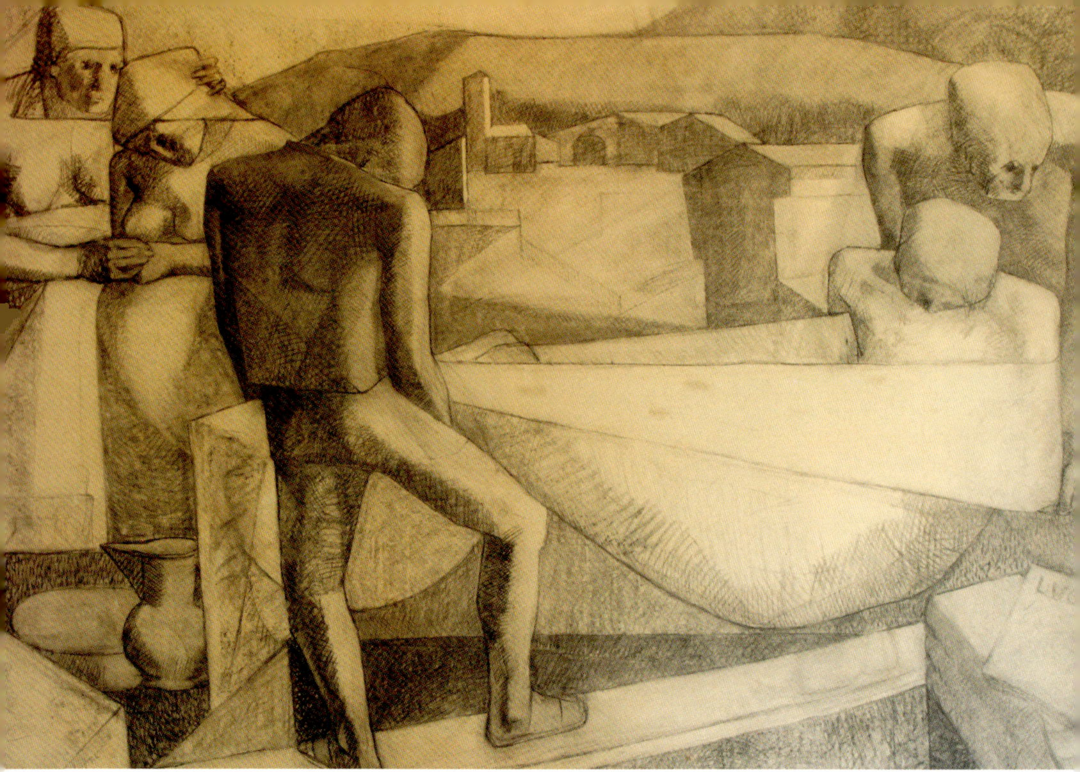

Abb. 84: Grablegung v. K. Plattner, 1950.

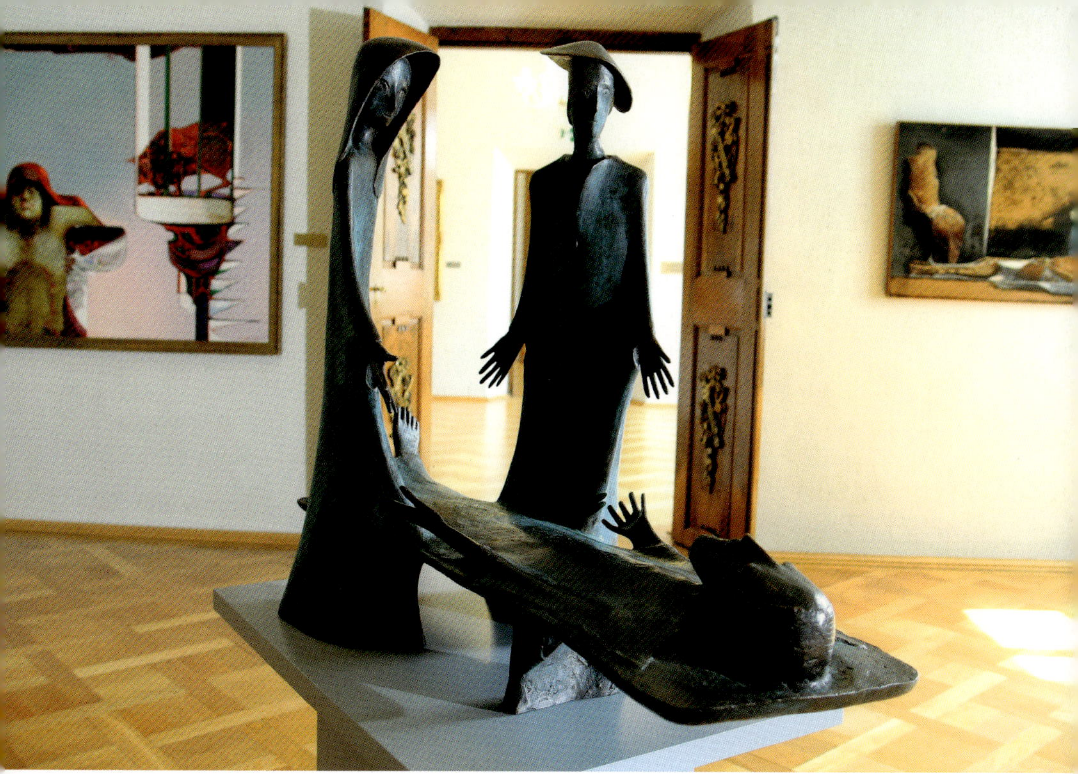

Abb. 85: Pietà v. M. Rainer, 2011.

Die Sammlung Siegfried Unterberger

Im Südflügel der Hofburg ist seit 2004 in vier Räumen die 2001 vom Land Südtirol erworbene Sammlung Unterberger als Dauerleihgabe ausgestellt. Von den 68 Gemälden sind 45 zu sehen. Es sind Bilder berühmter Maler, wie Thomas Ender (1793-1875), Friedrich Wasmann (1805-1886), Franz von Defregger (1835-1921), Matthias Schmid (1835-1923), Hugo Engl (1852-1926), Gottfried Seelos (1829-1900), Alois Gabl (1845-1893), Albin Egger Lienz (1868-1926) und Franz Richard Unterberger (1837-1902). Besonders faszinierend ist das Bild „Brautwerbung" von Matthias Schmid aus dem Jahre 1872, in dem der Künstler von seiner sozialkritischen Thematik abweicht und eine heitere Szene gestaltet. Der junge Mann versteckt sich hinter einer Wand und lauert seiner ahnungslos die Treppe heruntersteigenden Geliebten auf. Ein vielbeachtetes Genrebild ist die „Kindermahlzeit" von Alois Gabl, in dem Licht und Schatten eine wichtige Rolle spielen. Zur Sammlung Unterberger zählt auch Alexander Koester (1864-1932), ein wichtiger Vertreter der sogenannten Klausner Künstlerkolonie. Das Diözesanmuseum besitzt zwar viele profane Bilder aus dem 18. Jahrhundert, aber wenige aus dem 19. Jahrhundert. Mit dieser Sammlung ist nun auch das 19. Jahrhundert in der Hofburg bestens vertreten.[105]

Abb. 86: a) Die Brautwerbung v. M. Schmid, 1872.
b) Kindermahlzeit v. A. Gabl, 1893.

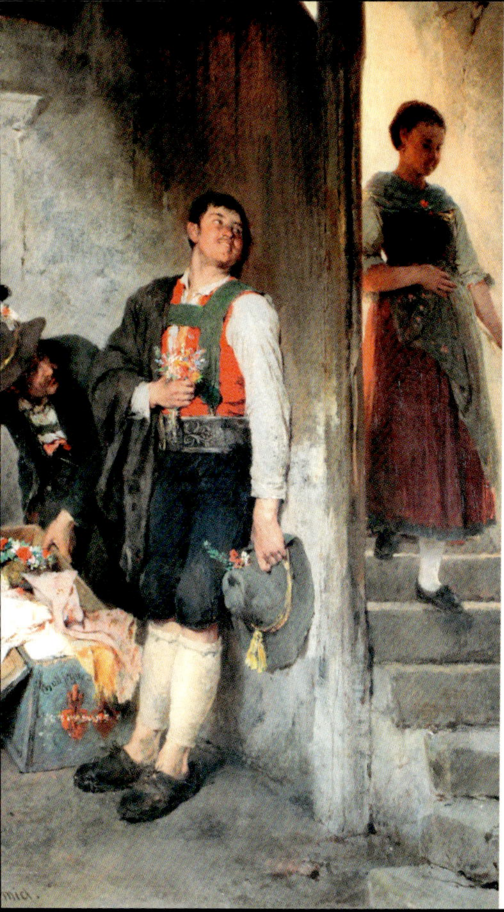

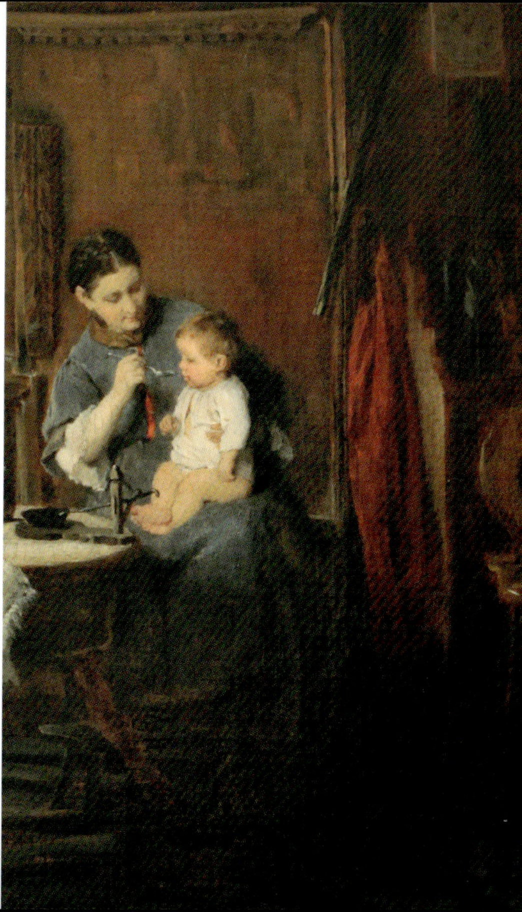

Das Gemälde „Im Tiroler Freiheitskampf“

Ein besonders beeindruckendes Gemälde ist das von Franz von Defregger 1902 gemalte Bild „Im Tiroler Freiheitskampf“. Defregger (1835-1921) stammte aus Osttirol. Seine Ausbildung genoss er bei Karl Theodor in München. Neben dem Porträt war es das bäuerliche Leben, das den Maler in Beschlag nahm und zu seiner Popularität beitrug. Die bäuerlichen Szenen spielen alle im Tiroler Raum, so dass Defregger als der Maler des tirolischen Volkslebens gesehen werden kann. Die Tiroler Freiheitskämpfe beschäftigten Defregger besonders in seiner späten Schaffenszeit. In dem Gemälde „Im Tiroler Freiheitskampf“ wird eine Randepisode des Geschehens in den Mittelpunkt gerückt. Während im Hintergrund die Tiroler um Land und Leben kämpfen, tragen zwei Frauen einen verwundeten Bauern ins Haus. Der kleine Sohn folgt mit dem Stutzen auf der Schulter. Entsetzen ergreift die ganze Familie, Großvater, Großmutter, Frau und Kinder. Selbst der Hund nimmt am Geschehen Anteil.[106]

Abb. 87: Im Tiroler Freiheitskampf v. F. v. Defregger, 1902.

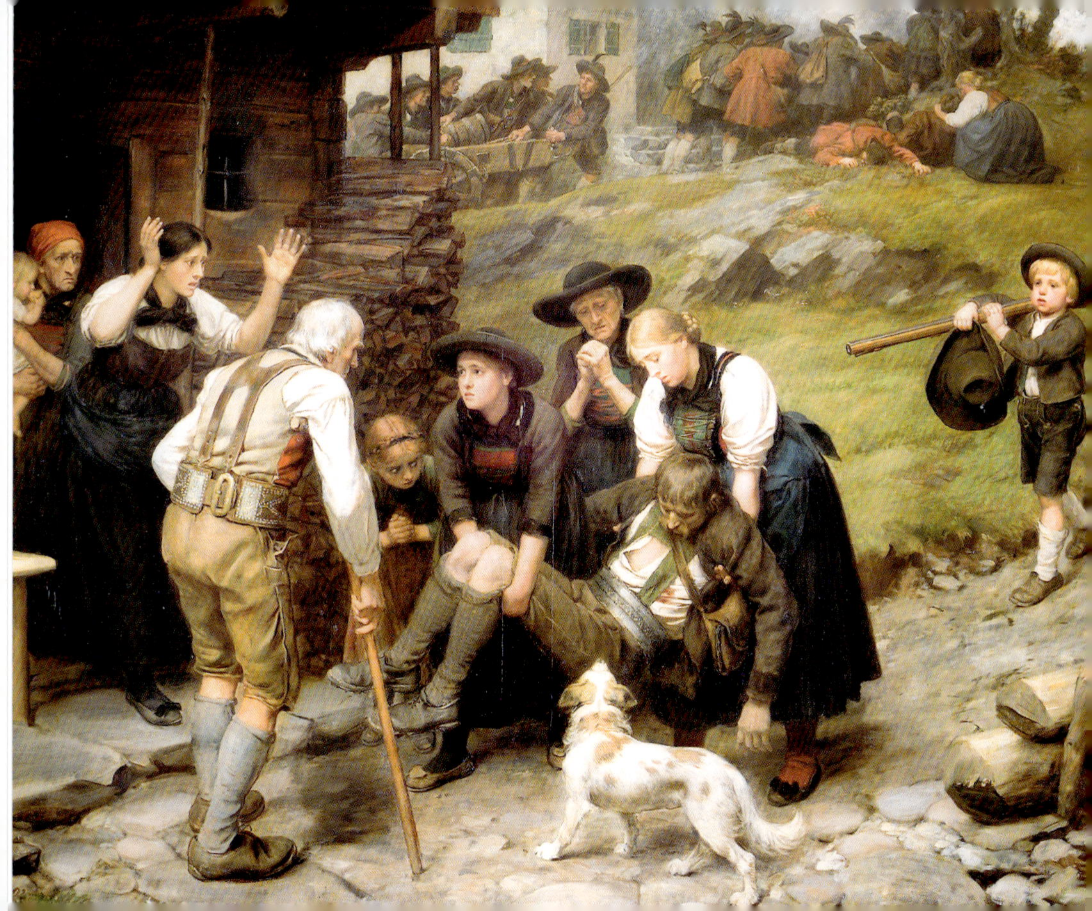

Wolfgang Amadeus Mozart in Brixen

Da die Mozarts mit der Familie Spaur sehr vertraut waren, machten sie bei allen drei Italienreisen in Brixen Station. Erstmals kam der 13-jährige Mozart mit seinem Vater Leopold am 20. Dezember 1769 nach Brixen und übernachtete in der Bischofsstadt. Nach der Rückkehr aus Italien am 24. März 1771 machten sie wieder in Brixen Halt. Wenige Monate später übernachteten sie bei ihrer zweiten Italienreise am 15. August 1771 erneut in Brixen. Auf der Rückfahrt von dieser Reise am 11. und 12. Dezember 1771 waren die Mozarts laut Brixner Hofprotokoll zu Gast bei Fürstbischof Leopold von Spaur und beim Domherrn Ignaz von Spaur in der Hofburg. An beiden Besuchstagen wurde jeweils nachmittags musiziert und abends getafelt. Während der dritten Italienreise verbrachten Vater und Sohn auf der Hinreise am 27. Oktober 1772 und auf der Rückreise am 10. März 1773 die Nächte wieder in Brixen.[110] Die Erinnerung an die Aufenthalte der Mozarts in Brixen ist in der Bischofsstadt immer wieder gepflegt worden. So kommt die Spaur-Messe im Dom häufig zur Aufführung. In den Kleinen Lauben, wo früher das Gasthaus „Zum Schwarzen Adler“ war, in dem die Mozarts üblicherweise übernachteten, wurde im Jahre 2002 eine Gedenktafel angebracht. In diesem Haus befindet sich auch die fürstbischöfliche Hof-Apotheke.

Abb. 90: Gedenktafel für W. A. Mozart in den Kleinen Lauben.

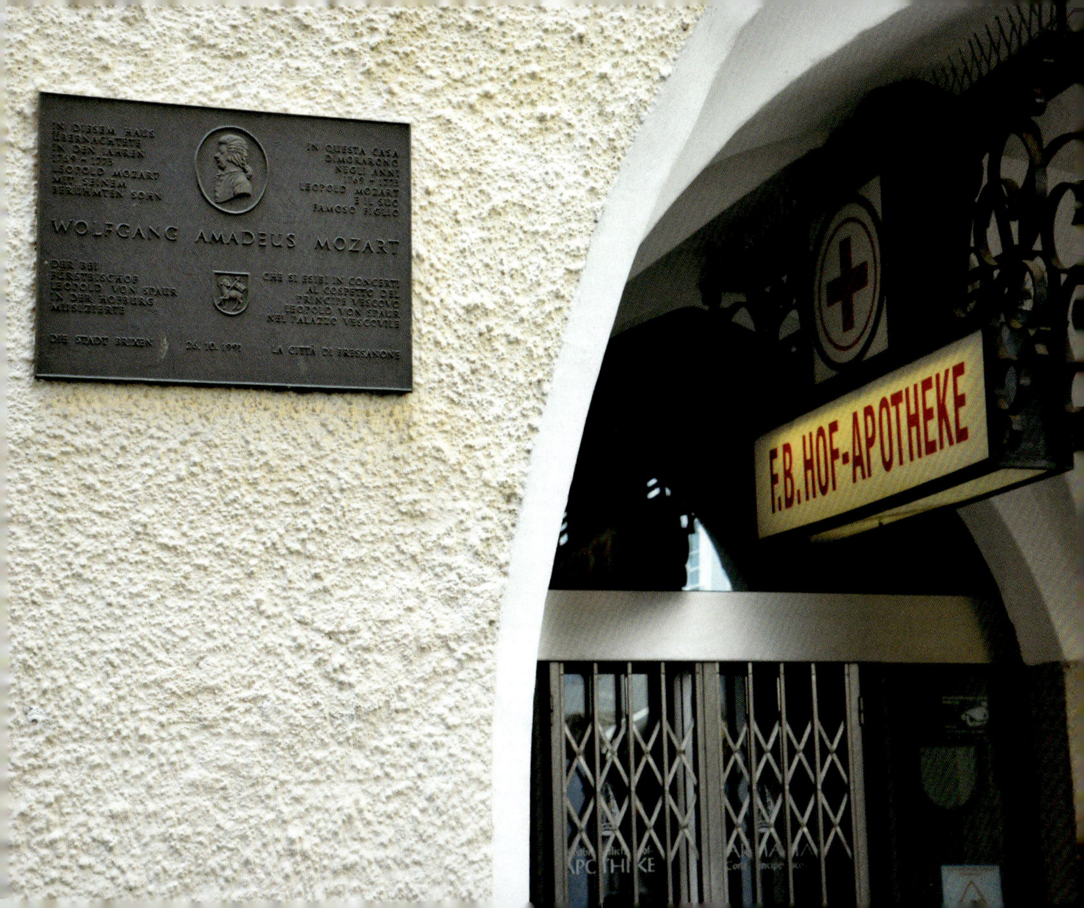
IN QUESTA CASA
DIMORARONO
LEOPOLD MOZART
FAMOSO FIGLIO
WOLFGANG AMADEUS MOZART
AL COSPETTO DEL
LEOPOLD VON SPAUR
NEL PALAZZO VESCOVILE
DIE STADT BRIXEN
26.10.1991
LA CITTÀ DI BRESSANONE
F.B. HOF-APOTHEKE

Der Pfarrplatz

Zum malerischen Pfarrplatz gelangt man vom Domplatz, von den Großen Lauben und durch das Michaelstor. Neben dem Tor im Osten erhebt sich der mächtige Weiße Turm und im Norden befindet sich der frühere Stammsitz der Herren von Voitsberg aus dem Mittelalter. Von 1763 bis 1806 diente das Gebäude als Dompropstei. Heute befindet sich dort die Buch- und Papierhandlung Athesia. Auf der südlichen Seite des Platzes ist die Pfarrkirche mit ihren gotischen Fenstern und Streben. Gegenüber besticht das im Renaissancestil 1581 erbaute Pfaundlerhaus, früher Haus Goreth, mit der interessanten Fassade, den Rundbogenfenstern und den zwei polygonalen Erkern. Die Familie Goreth war im Jahre 1520 aus Savoyen nach Brixen gekommen und arbeitete sich von Wanderhändlern zur städtischen Oberschicht empor. Im Westen begrenzt den Platz das barocke Kirchbergerhaus mit den kühn geschwungenen und breiten Volutengiebeln aus der zweiten Hälfte des 18. Jahrhunderts und der reizvolle Blick in die Großen Lauben.[111]

Abb. 91: a) Der Pfarrplatz mit Pfaundlerhaus, um 1910.
b) Der Pfarrplatz 2017.

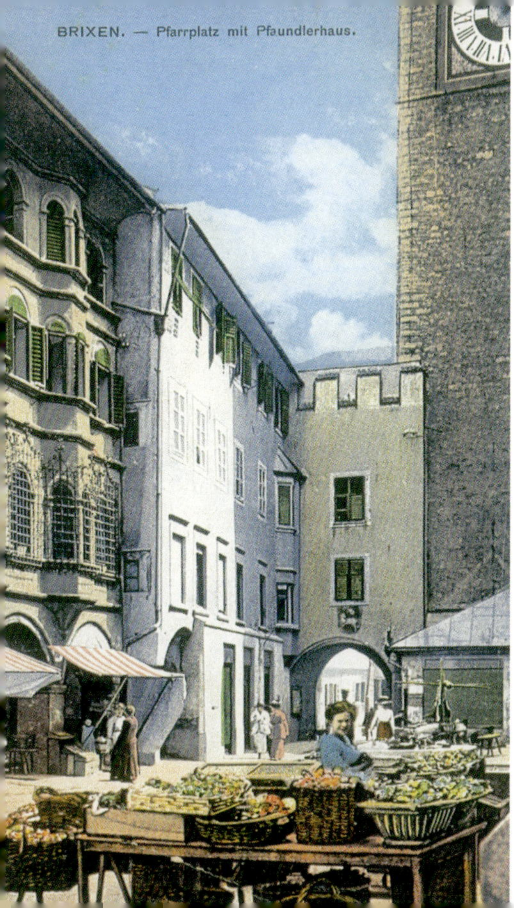
BRIXEN. — Pfarrplatz mit Pfaundlerhaus.

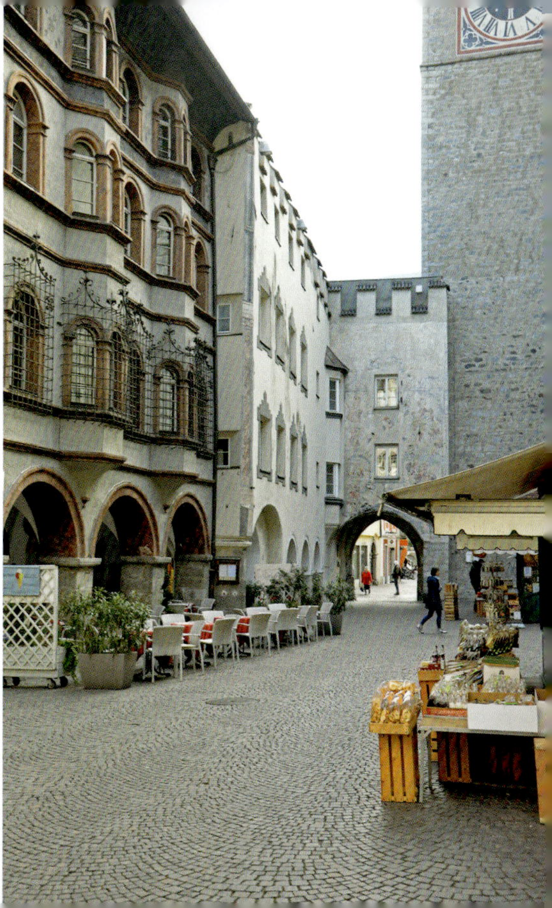

Die Großen und die Kleinen Lauben

Während sich früher im südlichen Teil der Altstadt die Häuser des Klerus befanden, lagen die Wohnhäuser der Bürger im Nordwesten der Stadt. Sie dienten auch dem Handel und dem Gewerbe. Ursprünglich waren die Gassen viel breiter. Da die von Mauern umgebene Stadt aber an Platzmangel litt, wurden die Gassen zu Beginn des 15. Jahrhunderts an beiden Seiten überwölbt. Dadurch entstanden die Großen und Kleinen Lauben, die man früher Gewölbe nannte. Sie gaben nicht nur Schutz vor Regen, sondern auch vor Hitze. Mit ihren meist polygonalen Erkern, Zinnen und Treppengiebeln bieten die Lauben einen überaus malerischen Anblick.[112] In den Großen Lauben befindet sich das Alte Rathaus mit dem gebauchten Balkon aus Schmiedeeisen, wo bis zur Zeit des Faschismus das Stadtmuseum und das Stadtarchiv untergebracht waren. Die Italiener machten daraus das Haus des Fascio. Sehenswert ist der alte Ratssaal, der heute den Namen Adrian-Egger-Saal trägt. Die Kleinen Lauben mit ihren idyllischen Restaurants und eleganten Geschäften laden zum Einkehren und Verweilen ein.[113] Neben dem bekannten Restaurant Fink befindet sich in den Kleinen Lauben auch der Traubenwirt, der in uriger Atmosphäre köstliche südtiroler und mediterrane Gerichte serviert.

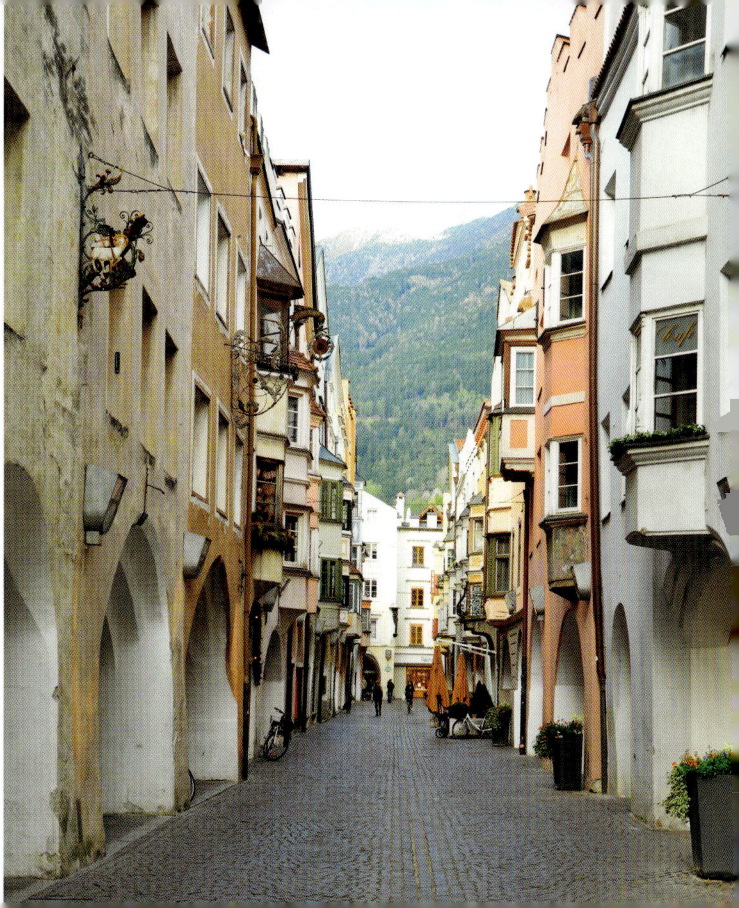

Abb. 92: Die Großen Lauben.

Der Kornplatz

Wo die Großen Lauben mit den Kleinen Lauben zusammentreffen, befindet sich ein kleiner Platz, der früher Kornplatz hieß. Dort wurden Märkte und Gerichtssitzungen abgehalten. Im Jahre 1404 bekam Niklas Vintler die Erlaubnis, einen Teil dieses Platzes mit einem Haus zu überwölben. Heute noch sieht man, dass dort die Lauben viel breiter sind als im sonstigen Verlauf. Nach der Marktordnung von 1591 wurden dort Wochenmärkte abgehalten. Man verkaufte Lebensmittel aller Art, vor allem aber Korn, daher der Name Kornplatz. In diesem Haus wohnte der Stadtrichter, der am Kornplatz Gerichtssitzungen abhielt. Im Jahre 1755 wurde das Haus erweitert; im Zubau hat man ein kleines Gefängnis untergebracht. Im Jahre 1806 hob die bayerische Regierung verschiedene kleine Gerichte auf, legte sie zusammen und errichtete das Landgericht Brixen, das am Domplatz seinen Sitz bekam. [114]

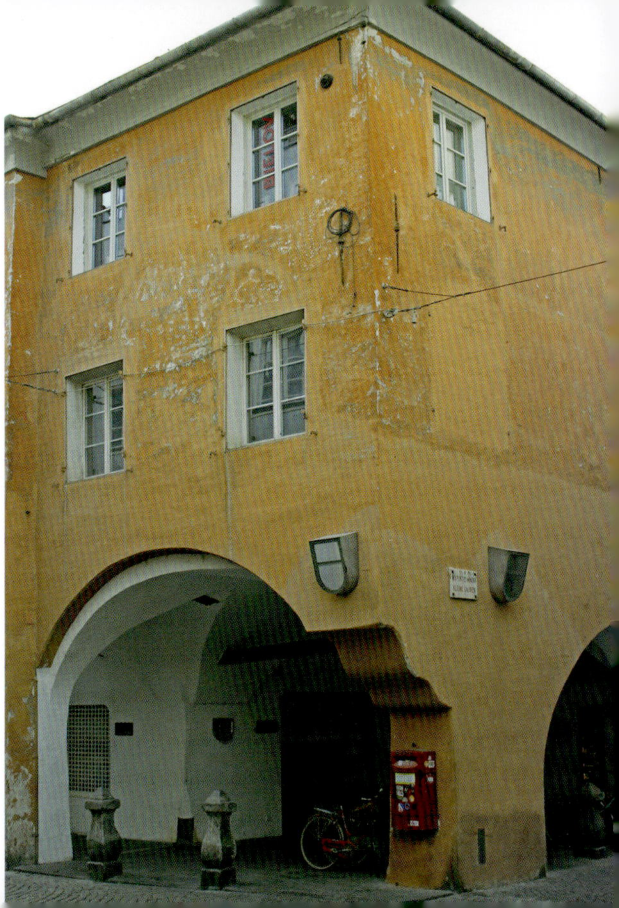

Abb. 93: Der Kornplatz 2017.

Der wilde Mann und das Restaurant Fink

Dort, wo Große Lauben, Kleine Lauben und Säbenertorgasse aufeinandertreffen, sieht man einen dreiköpfigen Mann, der im Volksmund der Wilde Mann genannt wird. Die Statue, die aus dem 16. Jahrhundert stammen soll, hatte ursprünglich nur den mittleren Kopf. Die seitlichen Gesichter kamen erst später hinzu. Um diese überlebensgroße hölzerne und behaarte Figur ranken sich verschiedene Legenden. So wird erzählt, dass man den Kindern sagte, sie sollten am Karfreitag mittags, wenn die Glocken läuten, zum Wilden Mann laufen, da würde er Geld spucken. Da aber am Karfreitag die Glocken schweigen, war der Lauf zum Geld umsonst. Wahrscheinlich war die Figur anfänglich ein Wirtshausschild.[115] In der Nähe des Wilden Manns befindet sich das bekannte Gasthaus „Fink". Die Familie Fink stammte vom Ritten und richtete sich in Brixen unter den Kleinen Lauben ein Gasthaus und eine Metzgerei ein. Wohl der berühmteste Spross dieser Familie war Hans Fink, der es vom Metzger zum angesehenen Heimatforscher brachte.[116] Das Restaurant Fink bietet seinen Gästen raffinierte südtiroler Gerichte aus heimischen Qualitätsprodukten.

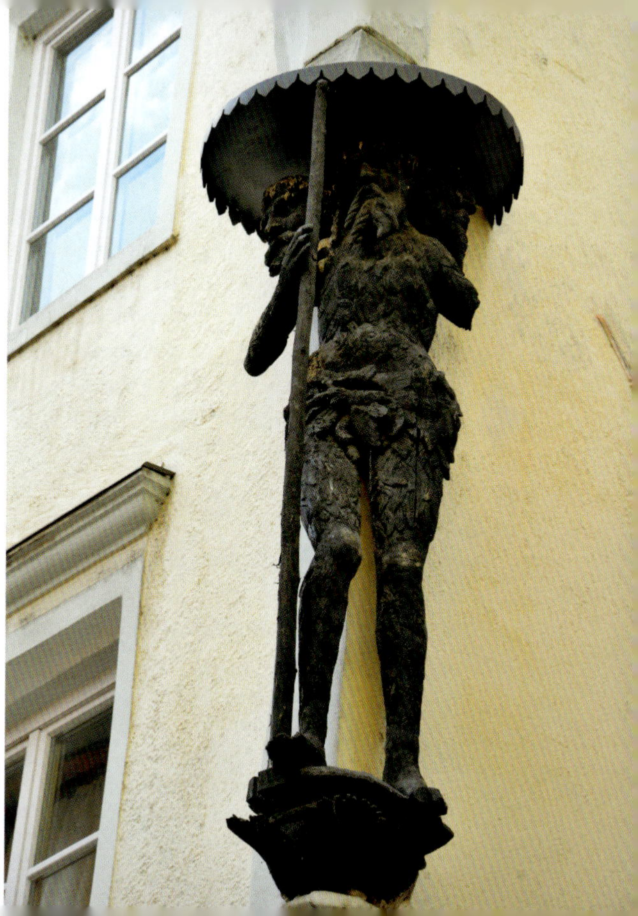

Abb. 94: Der wilde Mann
in den Kleinen Lauben.

Die Erhardskirche und die Hofgasse

Am Ende der Kleinen Lauben gelangt man zur Erhardskirche. Einst war dieses kleine Gotteshaus dem hl. Thomas konsekriert. Im Jahre 1371 wurde die Kirche neu gebaut und den hll. Gotthard und Erhard geweiht. Nach 300 Jahren war das Gotteshaus ziemlich baufällig und bildete auf diesem Platz ein Verkehrshindernis. Deshalb ließ es der Weihbischof und Dompropst Wilhelm von Vintler niederreißen. Es musste aber dann auf Befehl des Pignatelli-Papstes Innozenz XII. (1691-1700) wieder aufgebaut werden. Deshalb befindet sich über dem Eingang das Papstwappen mit den drei Krügen (Pignate). Die Einweihung fand 1695 statt.[117] Im Jahre 1971 wurde das Gotteshaus der evangelischen Gemeinde zur Verfügung gestellt. Grabungen bei der Erhardskirche ergaben auch, dass das heutige Gotteshaus mehrere Vorgängerbauten hatte.[118] Von der Erhardskirche führt die Hofgasse zum Hofburgplatz. Diese Gasse hieß früher Schlossergasse, vielleicht weil hier der Hofschlosser seine Werkstatt hatte.[119] In dieser idyllischen Gasse befindet sich die Galerie Hofburg des Jakob Kompatscher, wo hochwertige Kunst gezeigt und zum Verkauf angeboten wird. Kompatscher betreibt auch in der Seminargasse einen Kunstladen mit einer traditionsreichen Buchbinderei. In der Hofgasse befindet sich auch das Restaurant „Kutscherhof“, das mit herzhaften Gerichten seine Gäste verwöhnt.

Abb. 95: Die Erhardskirche, links davon der Traubenwirt.

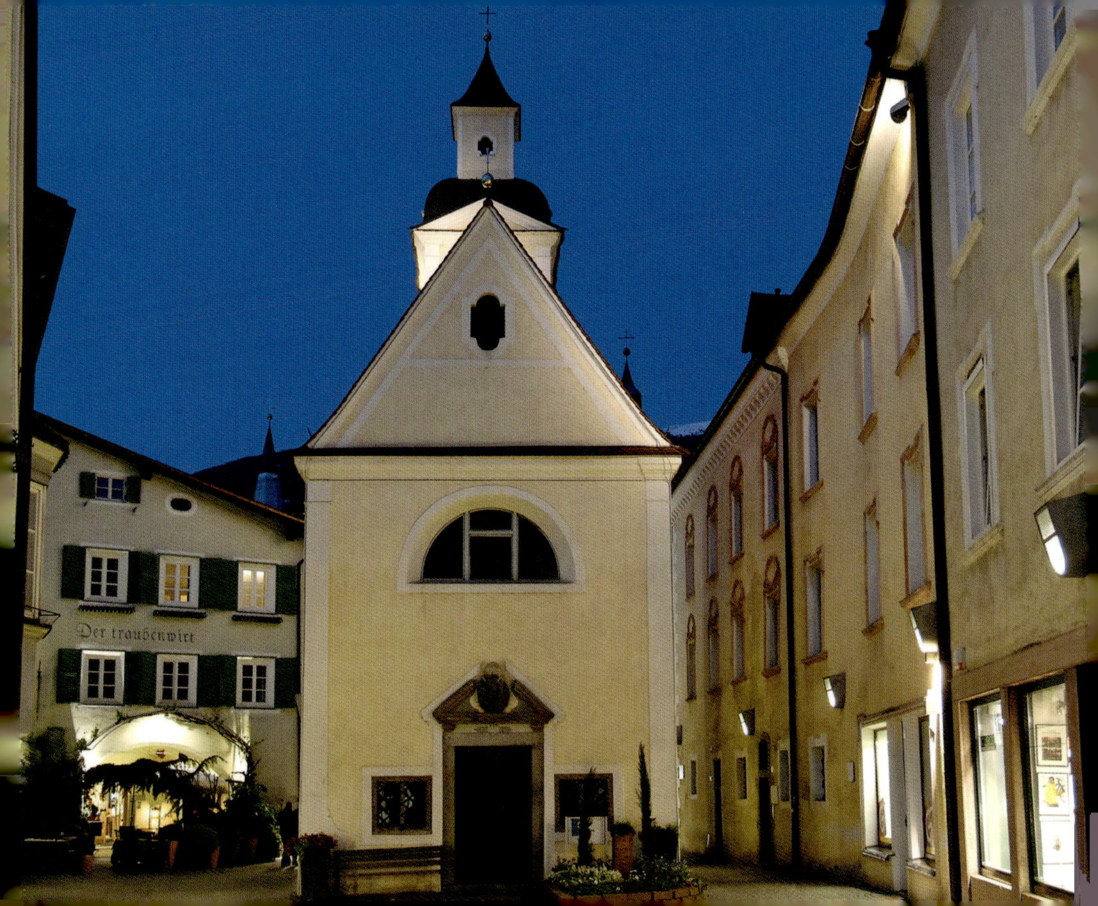
Der traubenwirt

Der Finsterwirt

In der schmalen, aber malerischen Domgasse, von der die nicht weniger bezaubernde Bäckergasse abzweigt, befindet sich der sagenumwobene Finsterwirt, von dem schon die Rede war. Ursprünglich gehörte dieses Haus dem Domkapitel. Später wurde dort der so genannte Zehentwein ausgeschenkt. Mit dem Einbruch der Dunkelheit musste der Ausschank eingestellt werden und es durfte auch kein Licht mehr brennen, um die Bewohner des nahen Pfarrwidums nicht zu stören. Man trank aber offensichtlich in der Dunkelheit weiter und so wurde die Kapitelschenke im Volksmund „Finsterwirt" genannt. Der kunstsinnige und gleichzeitig auch sehr sozial eingestellte Anton Mayr stattete das Lokal 1905 mit schönen altdeutschen Gegenständen aus. Besonders sehenswert ist das so genannte „Künstlerstübele", das bald über Südtirol hinaus berühmt wurde. Heute zählt das Gasthaus zu den traditionsreichen Brixner Restaurants, wo schon so manch illustre Gäste ein- und ausgingen. Zu nennen sind etwa der Dalai Lama, Otto von Habsburg oder die italienischen Staatspräsidenten Oskar Luigi Scalfaro und Carlo Azeglio Ciampi.[120]

Abb. 96: a) Die Domgasse um 1910.
b) Die Domgasse 2017.

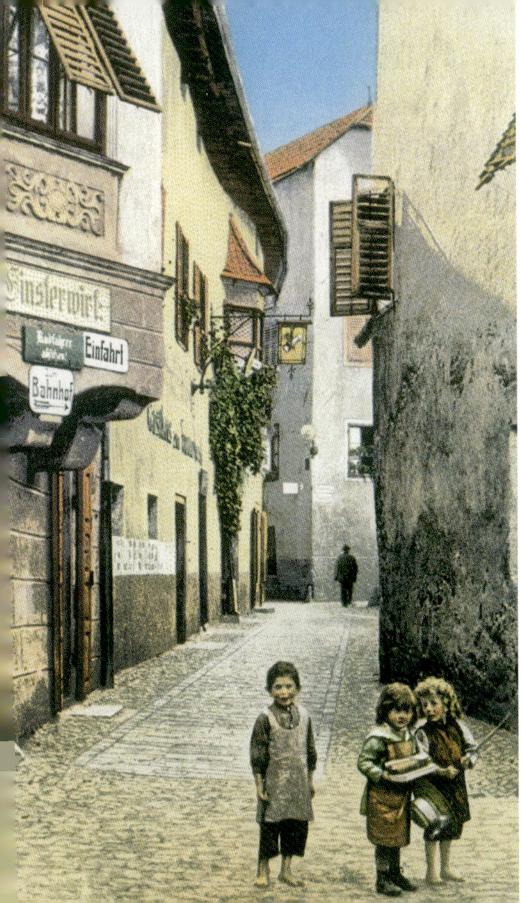
Einfahrt
Bahnhof
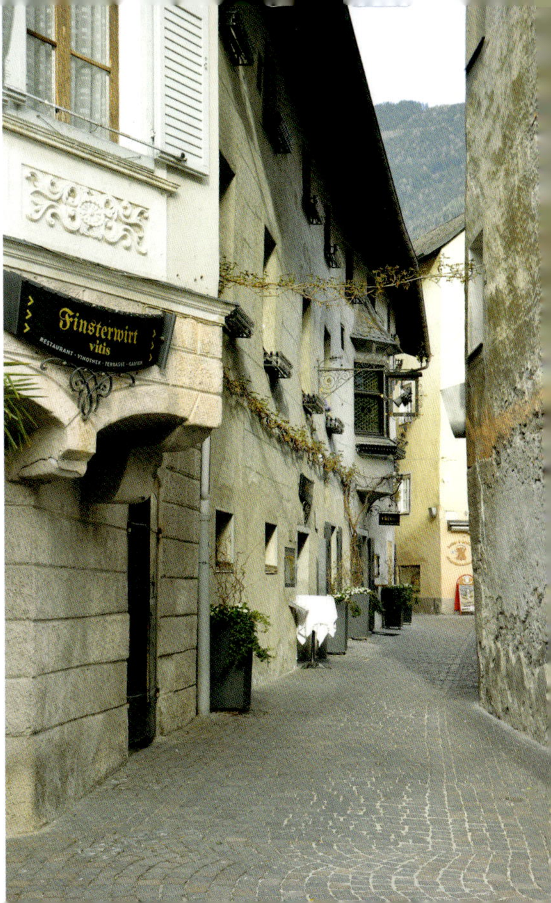
Finsterwirt
vitis

Das Sonnentor

Durch die Erhardgasse gelangt man zum Sonnentor, das seinen Namen vom angrenzenden Gasthaus „Zur Sonne“ bekommen hat. Heute befindet sich an der Stelle dieses Gasthauses ein Sportgeschäft. Früher hieß das Sonnentor Kreuztor, nach der Kreuzgasse, die zur Straße nach Bozen führte. Dort befindet sich auch der seit dem Mittelalter bestehende Gasthof „Goldenes Kreuz“, der zeitweise auch als Poststation diente. Das Sonnentor hat sein Aussehen öfters geändert. Im Jahre 1910 wollte man es sogar abtragen, weil es den Verkehrsverhältnissen nicht mehr entsprach. Man löste das Problem, indem man ein Paralleltor öffnete. Gleichzeitig erhielt der Turm wieder sein altes Satteldach. Erst 1972 begann man in der Altstadt mit der Schaffung von Fußgängerzonen. Im Süden der Erhardgasse steht das stattliche fürstbischöfliche Neugebäude mit regelmäßigen Fensterreihen und profilierten Rahmen. Es wurde 1620 für das Hofgesinde gebaut und um 1720 ließ Fürstbischof Kaspar Ignaz v. Künigl die Fassaden der Hofburg angleichen. Seit der Säkularisation 1803 dient es als Wohn- und Bürohaus.[121]

Abb. 97: Der Kleine Graben mit dem Sonnentor.

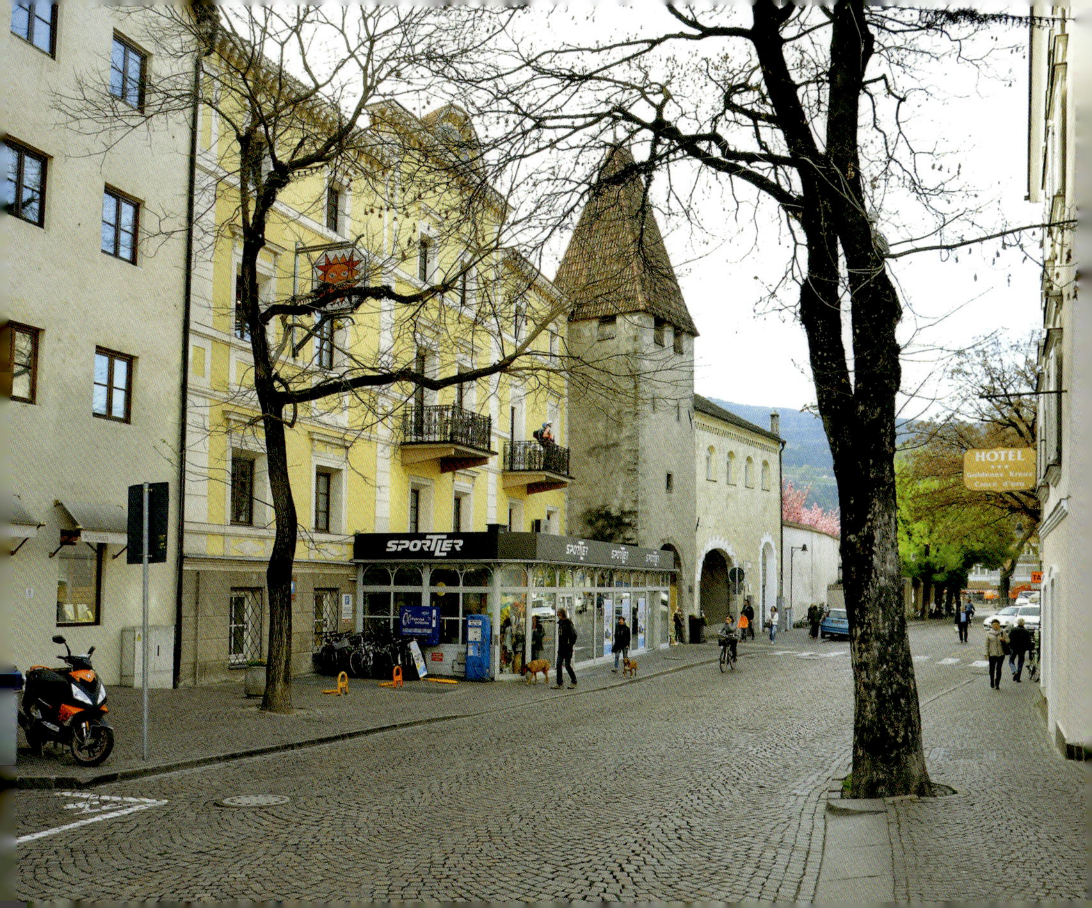
SPORTLER
HOTEL

Der Große und der Kleine Graben

Im Mittelalter trennten der Große Graben und der Kleine Graben durch eine Mauer den Stadtkern von den anderen Stadtvierteln im Norden und Westen. Den Verlauf der Mauer vor allem im Westen kann man noch gut erkennen. Durch die Gräben floss eine Wiere (Bächlein), die erst im Jahre 1865 mit Steinplatten zugedeckt wurde. So eignete sich nun der Große Graben für die Abhaltung von Viehmärkten. Im 16. Jahrhundert bekam die Mauer Fenster, hinter denen verschiedene Geschäfte entstanden. Die Mauer selbst verlor völlig ihren ursprünglichen Zweck. Von der alten Stadtmauer ist allerdings am Kleinen Graben ein beinahe unverändert erhalten gebliebenes 40 Meter langes Teilstück mit Schießscharten und Schießfenstern zu sehen. Als in den Jahren 1907 bis 1908 die Bahnhofsstraße gebaut wurde, nahm der Verkehr am Graben zu. Im Jahre 1932 ließ Podestà Ugo Franco den Graben mit der westlich anschließenden Romstraße zu einer Allee verbinden.[122] Am Kleinen Graben wurde die kleine Wiere erst 1930 zugeschüttet. Sie führte Wasser von der Spitallahn zur bischöflichen Burg.[123]

Abb. 98: Der Große Graben.

Die Banken am Großen Graben

Am Großen Graben befinden sich heute mehrere Bankhäuser, so dass man diese Straße scherzhaft „die Wall Street Brixens“ nennt. Auf der gesamten Grabenlänge reiht sich Bank an Bank. Die Südtiroler Volksbank hat das Gebäude, das zu Neujahr 1913 als Hotel „Tirol“ eröffnet und 1923 in Hotel „Excelsior“ umbenannt wurde, 1950 erworben und mehrfach umgebaut. Im Juli 2008 hat die Bank nach erneutem Umbau ihre Tore geöffnet. Beibehalten wurden die beiden Eingänge am Großen Graben und unter den Großen Lauben. Der Volksbank-Saal steht für Vereine zur Verfügung. Die Außenfassade musste beibehalten werden.[124] Niedergelassen haben sich am Großen Graben auch die Banca di Trento e Bolzano, die Banca Nazionale del Lavoro (BNL), die Sparkasse, die UniCredit und die Volksbank. 2008 folgte die Raiffeisenkasse,[125] deren Sitz 2010 feierlich eingeweiht wurde. Die Raiffeisenkasse zählt zu den ersten Geldinstituten, die in Brixen errichtet wurden. Sie wurde im Jahre 1889, ein Jahr nach dem Tode von Friedrich Wilhelm Raiffeisen, gegründet. Dem neuen Kassenverein trat als allererstes Mitglied Fürstbischof Simon Aichner (1884-1904) bei. Während das Geldinstitut im Jahre 1919 einen Umsatz von 17 Millionen Kronen hatte, waren es 1920, als die Lira eingeführt wurde, 28 Millionen Lire.[126]

Abb. 99: Die Banken am Großen Graben.

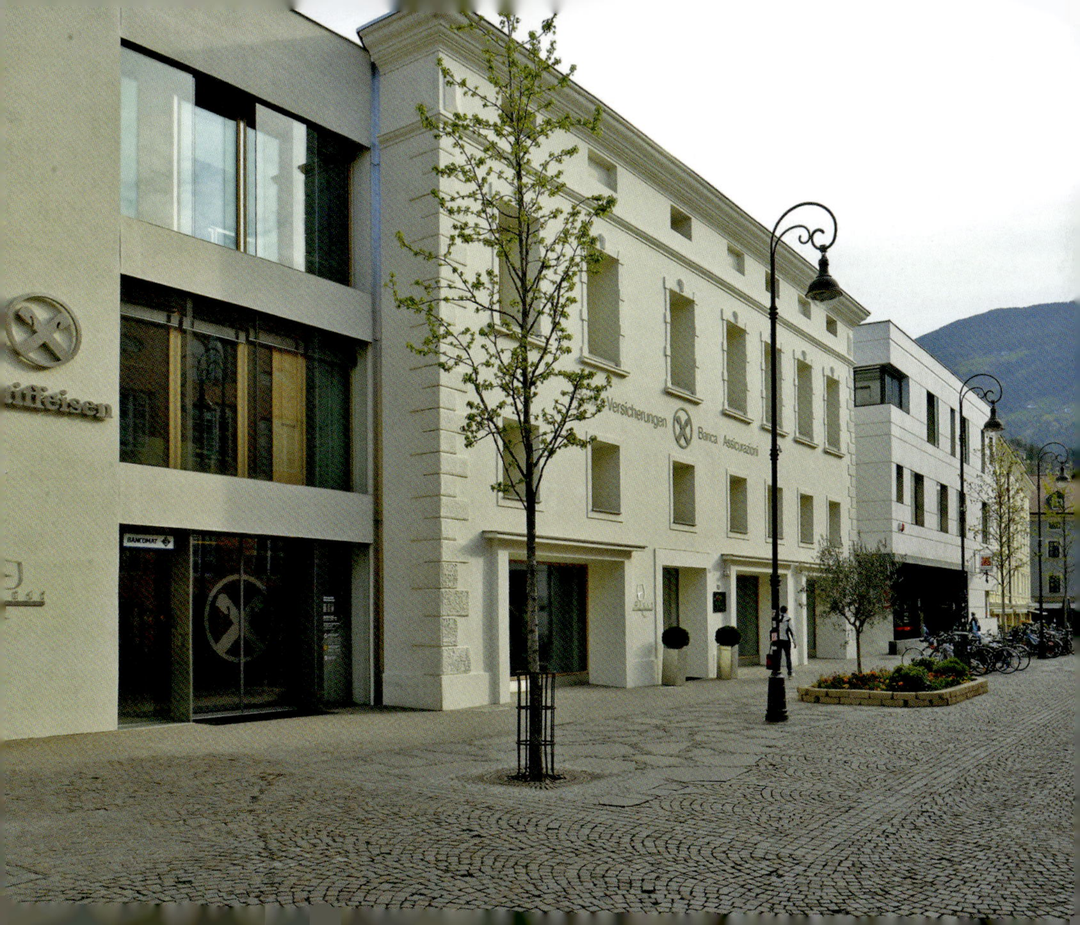
iffeisen
BANKOMAT
Versicherungen
Banca Assicurazioni

Das Säbenertor und das Lachmüllerhaus

Am Ende der Großen Lauben führt nach Norden die Säbenertorgasse zum Säbenertor und zum Großen Graben. Das Säbenertor hat den Namen vom westlich anstoßenden Ansitz Säbener (Säbner), der seit dem 13. Jahrhundert dem Ministerialgeschlecht der Edlen von Säben gehörte. Es ist interessant, dass der Torturm, der öfters erneuert wurde, noch in seiner ursprünglichen gotischen Form mit den Schießfenstern erhalten ist.[127] Nachdem die Besitzer des Säbener Ansitzes mehrmals gewechselt hatten, erwarb die Familie Lachmüller 1648 das mächtige Gebäude mit den drei Zinnengiebeln gegen den Großen Graben. Die Lachmüller waren bischöfliche Beamte und als solche an der politischen, gesellschaftlichen und kulturellen Entwicklung der Bischofsstadt maßgeblich beteiligt. Seit 1984 ist der Ansitz Lachmüller im Besitz der Bezirksgemeinschaft Eisacktal, die ihn großzügig sanierte.[128]

Abb. 100: Das Säbener Tor und das Lachmüllerhaus.

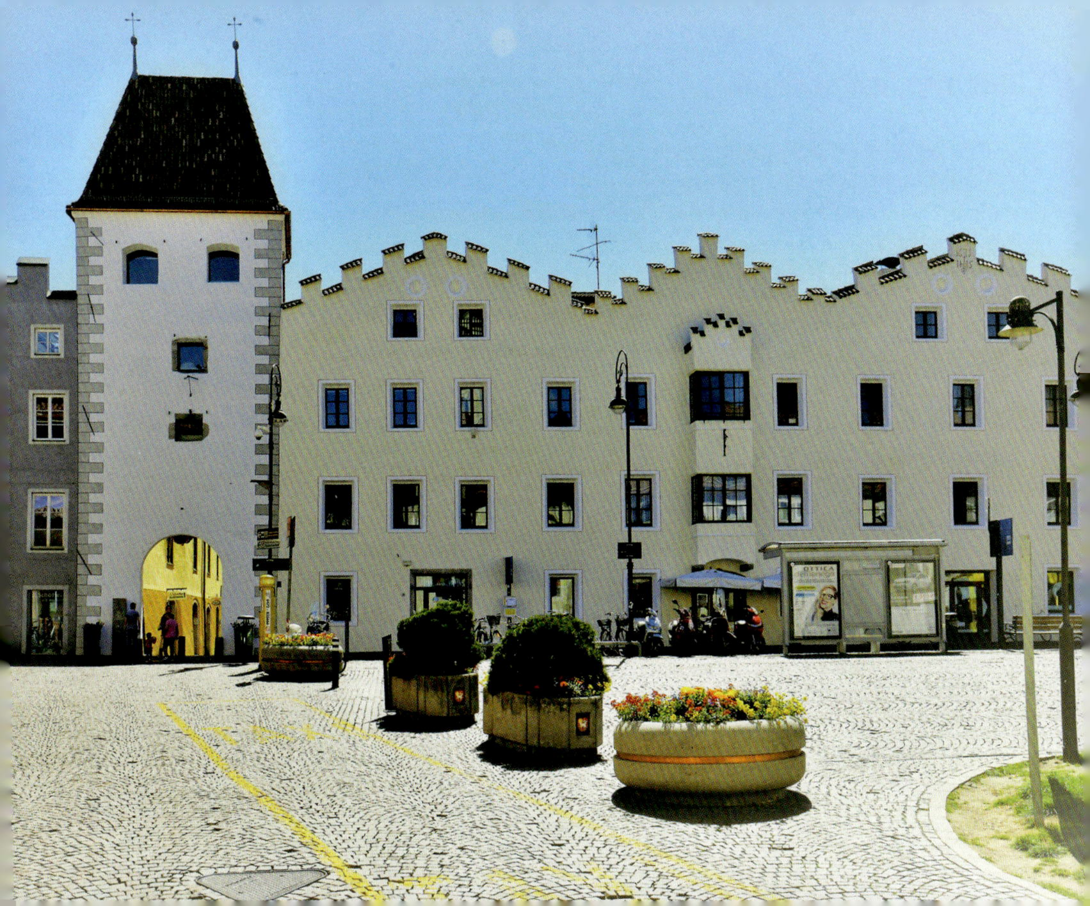
OTTICA

Der alte Schlachthof

Am Ende des Großen Grabens im Osten befindet sich die „Alte Post“ (Ansitz Neuhaus), die als Eichamt gebaut worden ist und dann Jahrzehnte als Postamt diente. Da das Rathaus am Domplatz im Laufe der Zeit zu klein geworden war, wurden im Jahre 2000 einige Dienststellen in die „Alte Post“ am heutigen Maria-Hueber-Platz umgesiedelt. Hinter dem Gebäude der „Alten Post“ steht der alte Schlachthof, der um die Mitte des 19. Jahrhunderts errichtet worden ist, um Schlachtungen der verschiedenen Metzgereien auf einem Standort zu konzentrieren und auch um Seuchen zu verhindern. Nachdem Anfang der 1980-er Jahre ein moderner Schlachthof im Süden der Stadt entstanden war, blieb die alte Immobilie verwaist.[129] Im Jahre 2016 entstand in der alten architektonisch interessanten Immobile ein Kaffeehaus.

Abb. 101: Der alte Schlachthof.

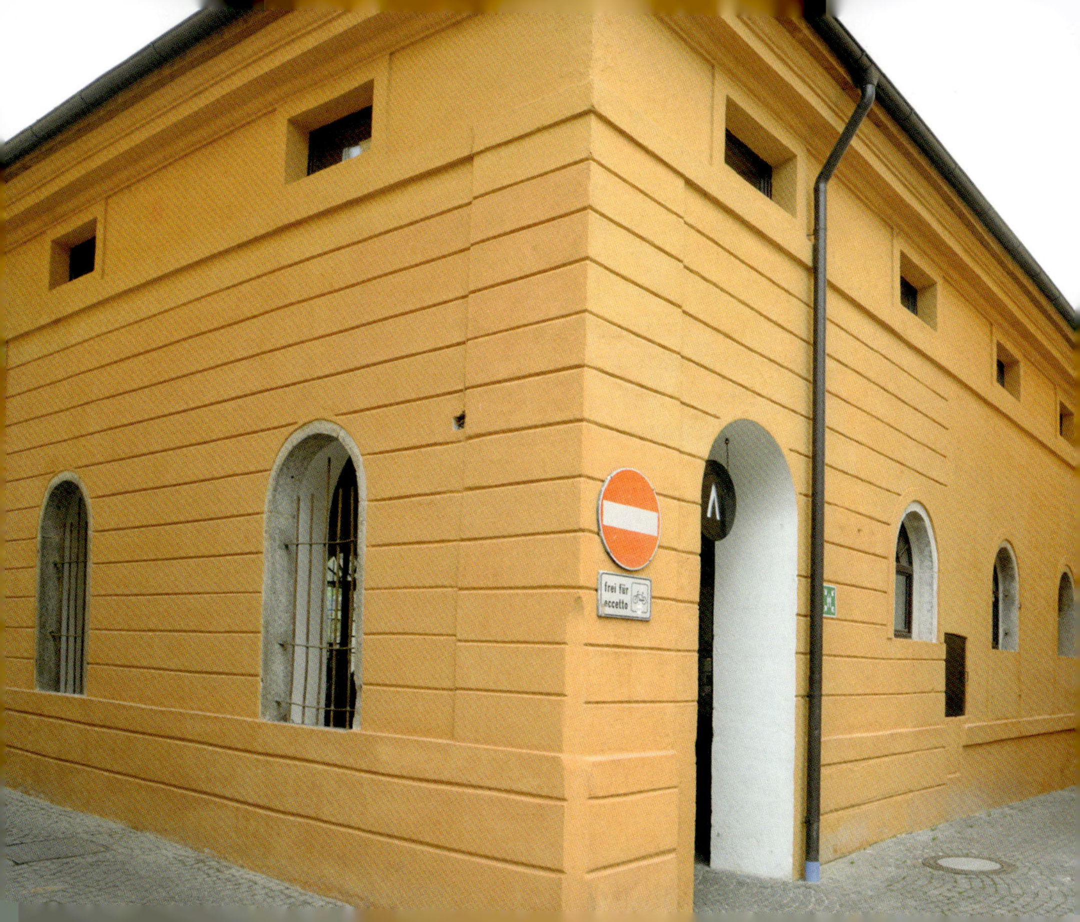
frei für
eccetto

Die Weißenturmgasse

Die Weißenturmgasse ist die Verlängerung der Albuingasse nach Norden und hat ihren Namen vom Weißen Turm. An der Ostseite war die bekannte Familie Waitz ansässig. Sie bewohnte seit 1822 das Eckhaus Weißenturmgasse - Adlerbrückengasse und führte dort ein Geschäft. Im Jahre 1925 erwarb Blasius Erler das Haus und baute es um. Der gesamte Häuserblock an der Westseite der Gasse zwischen Turm und Großem Graben wurde einst von der Michaelsburg eingenommen. An den Ecken der ältesten Stadtanlage befanden sich mächtige Bauten, die dem Schutz der Stadt dienten. Hier saßen die bischöflichen Ministerialen vom Michaelstor oder de Porta, so genannt nach dem Tor bei der St. Michaels-Pfarrkirche.[130] Das St. Michaelstor mit seinem Spitzbogen und dem darüber sich befindenden polygonalen Erker ist eines der vier Brixner Tore, die heute noch alle erhalten sind. Es war das wichtigste Stadttor, zumal es sowohl den Verkehr vom Brenner als auch jenen vom bzw. ins Pustertal aufnahm.[131] Gegenüber der Buchhandlung Athesia befindet sich ein interessanter Figurenfries, den man von der Straße aus kaum sieht. Er schmückt den Giebel des Hauses Nr. 4 in der Weißenturmgasse. Die Figuren am Giebel sind allegorische Gestalten, die die schöpferische Leistung des Landes darstellen.[132]

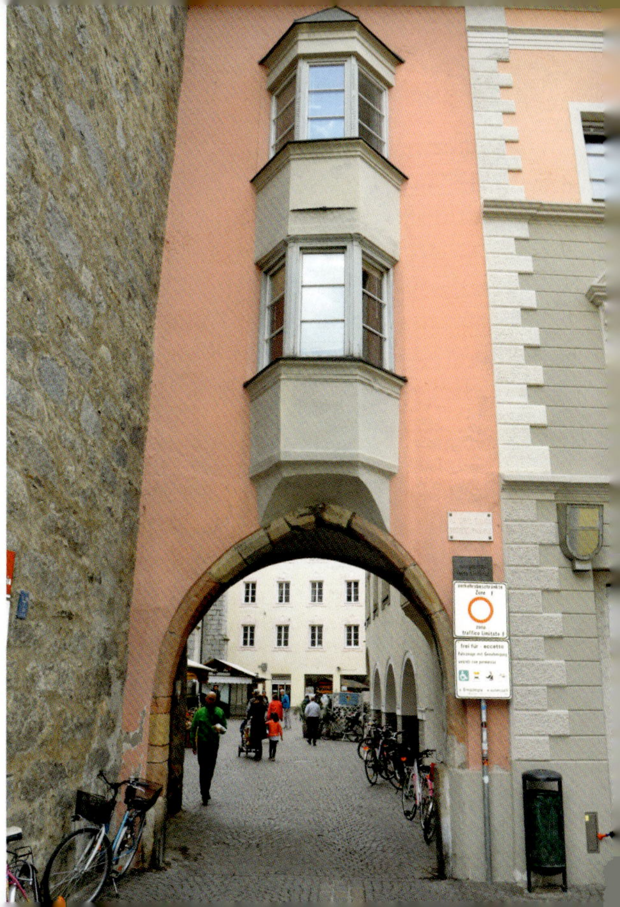

Abb. 102: Das Michaelstor in der Weißenturmgasse.

Das Druckereiwesen in Brixen

Etwa 20 Jahre nachdem Johann Gutenberg um 1455 das Druckergewerbe revolutioniert hat, fasste der Buchdruck auch in Tirol Fuß. Die Drucker waren vorwiegend Zugereiste und kamen aus dem schweizerischen und süddeutschen Raum.[133] In Brixen befindet sich an der Ecke, wo der Große Graben auf die Weißenturmgasse stößt, die bekannte Buchhandlung Weger, die Mediengeschichte geschrieben hat. Wenn man von dieser Geschichte spricht, muss man den Kanonikus des Kollegiatkapitels Unserer Lieben Frau im Kreuzgang, Donatus Faetius († 1597), nennen, der sowohl durch seine Tüchtigkeit als auch durch sein unsittliches Leben von sich reden machte. Der aus Termenago am Sulzberg stammende Kanonikus gründete zwischen 1560 und 1564 in Brixen eine kleine Druckerei. Es war die dritte Druckerei in Tirol, nachdem solche 1521 in Schwaz und 1548 in Innsbruck entstanden waren. Das älteste Druckwerk aus Brixen geht auf das Jahr 1564 zurück. Nach dem Tode des Faetius 1597 führte sein Bruder Daniel die Druckerei weiter.[134]

Abb. 103: Die Buchhandlung Weger, um 1900.

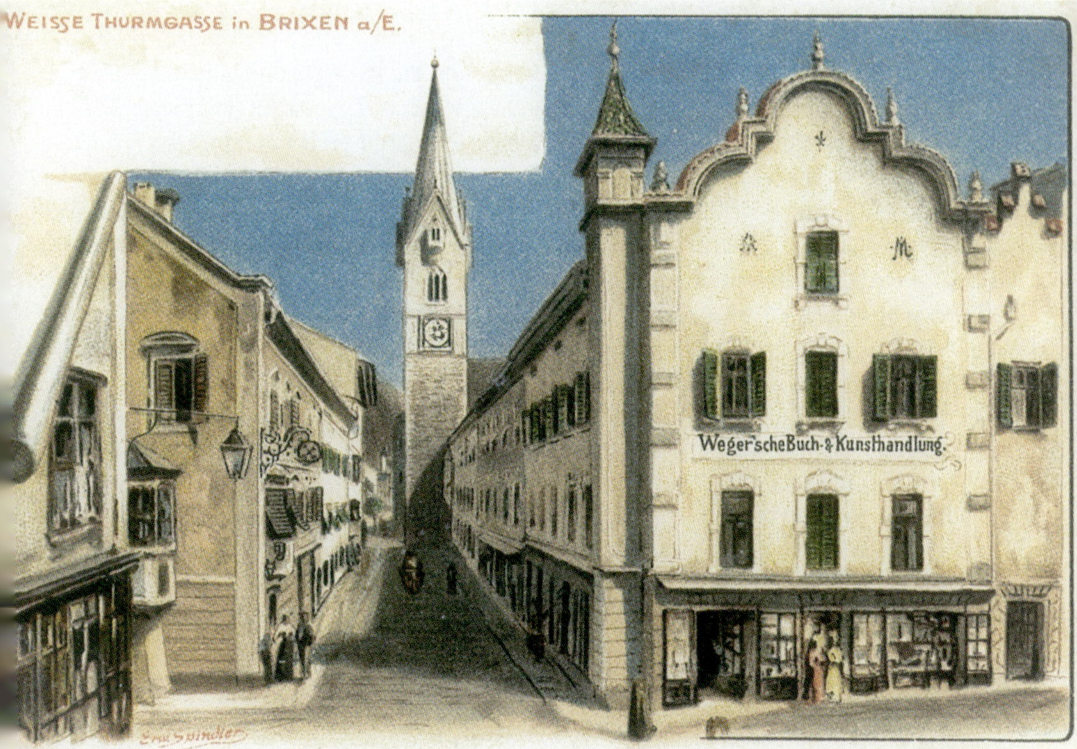
WEISSE THURMGASSE in BRIXEN a/E.
Weger'scheBuch- & Kunsthandlung.

Die Buchhandlung Weger

Aus der Druckerei des Donatus Faetius, von dem oben die Rede war, ging die fürstbischöfliche Hofdruckerei hervor, die 1773 durch Heirat an Thomas Weger kam. Er erwarb 1779 das Haus an der Ecke Altenmarktgasse-Maria-Hueber-Platz und errichtete dort die Druckerei. Seit dem Jahre 1853 wurde neben dem Druckereibetrieb auch eine Buchhandlung geführt. Im Jahre 1880 gelangte der Betrieb durch Maria Weger an deren Mann Anton von Mörl (1841-1912). Seitdem ist der Betrieb im Besitz der Familie von Mörl. Anton von Mörl verlegte Druckerei und Buchhandlung in das gegenüberliegende Gebäude, das nach dem Abbruch des Altenmarkttores 1779 entstanden ist. Um die Jahrhundertwende bekam das Haus eine neue Fassade mit geschwungenem Giebel und einem Türmchen. Im Bild links ist noch eine bis zur Einführung des elektrischen Lichtes im Jahre 1903 verwendete Petroleumlaterne zu sehen. Da der Verlag wegen seiner theologischen Werke über die Grenzen der Monarchie hinaus bekannt war, wurde der Name Weger auch von der Familie v. Mörl beibehalten.[135]

Abb. 104: Die Buchhandlung Weger im Jahre 2017.

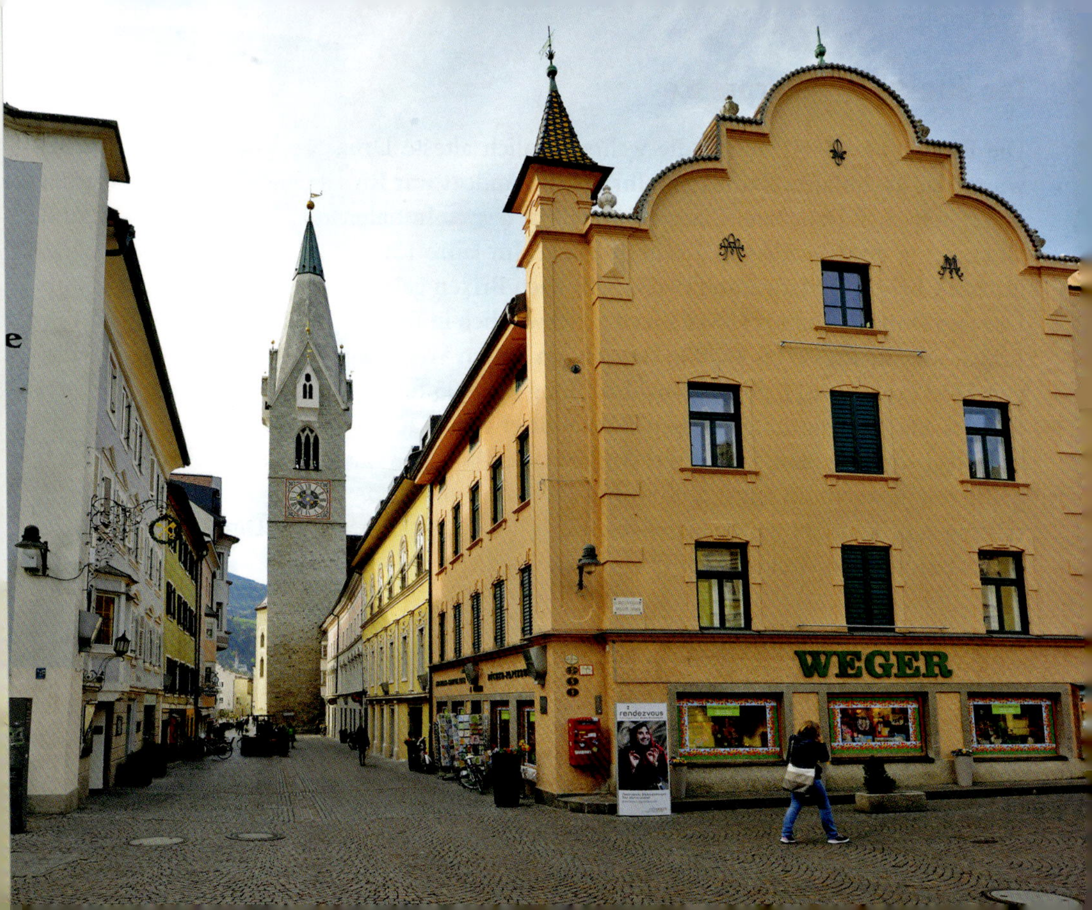
WEGER
rendezvous

Die Buchhandlung Athesia

Wenn man von der Buchhandlung Weger weiter nach Süden geht, trifft man auf der rechten Seite auf die Buchhandlung Athesia. Das Gebäude diente 1798 als Residenz für den Dompropst. Im Jahre 1907 übernahm die Verlagsanstalt Tyrolia das Haus, die zur Zeit des Faschismus den Namen Athesia annahm. Bei der Erneuerung der Buchhandlung im Jahre 1956 hat Architekt Othmar Barth auch den Laubengang sozusagen in das Geschäft einbezogen, so dass beides eine Einheit wurde. Das fand vor allem in der geraden Weiterführung der Decke des Geschäftes bis einschließlich der Lauben ihren Ausdruck.[137] Bei der Restaurierung 1977/78 wurden die alten Fresken am Michaelstor freigelegt, die die hll. Christophorus, Sebastian, Martin, Anna und Maria mit Kind sowie das Wappen des Fürstbischofs Christoph von Schroffenstein (1509-1521) zeigen. Nach weiteren Erneuerungen 1998 und 2017 erstrahlt das Geschäft in neuem Glanz. Am Michaelstor erinnert eine Gedenktafel von Harald Kastlunger an den Aufenthalt Reimmichls (1867-1953) in Brixen. Der beliebte Priester, Schriftsteller und Kalendermann, der eigentlich Sebastian Rieger hieß und an die 60 Bücher geschrieben hat, hat in Brixen studiert und in der Bischofsstadt eine Zeit lang die „Brixener Chronik“ redigiert.[138]

Abb. 106: Die Buchhandlung Athesia.

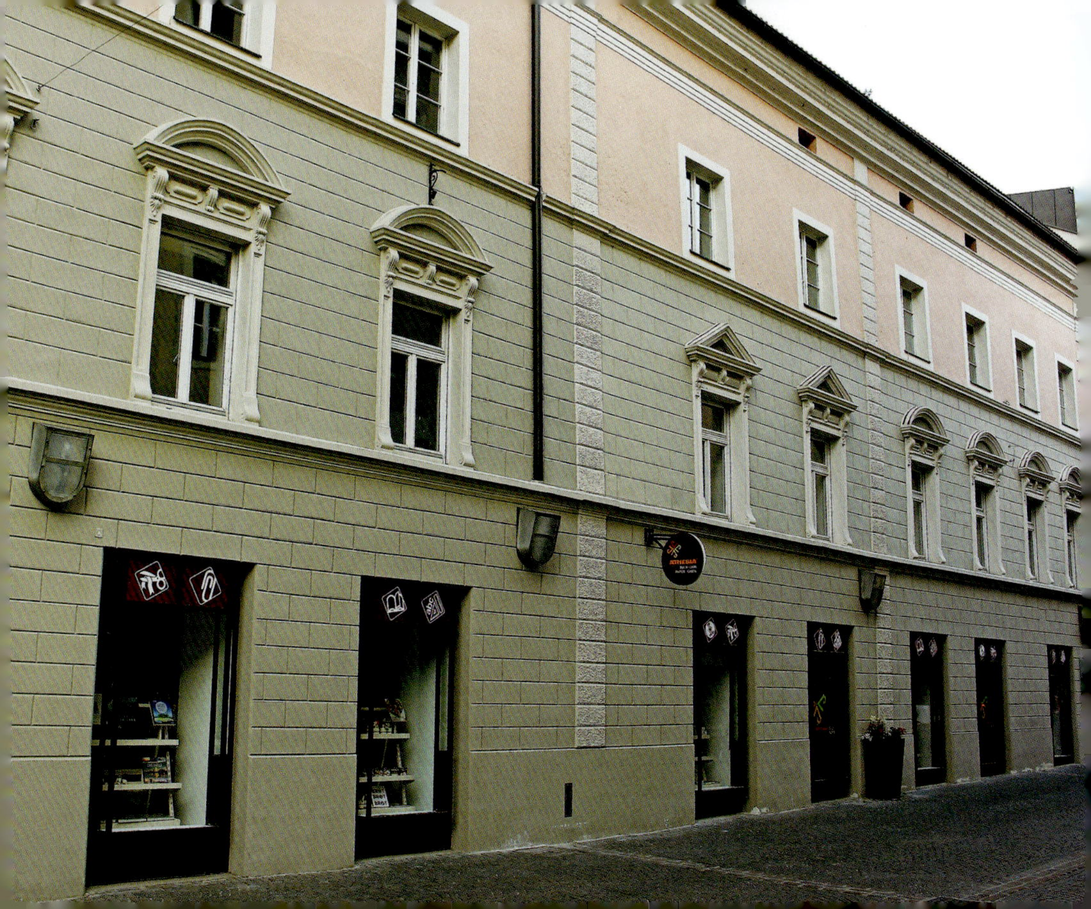

Die Albuingasse und das Domkapitelhaus

Die Albuingasse ist die Verlängerung der Hartwiggasse nach Norden und führt zur Weißenturmgasse. Die Häuser an der Ostseite der Weißenturm-, Albuin- und des oberen Teiles der Hartwiggasse sowie des Seminarplatzes und der Griesgasse gehören zum alten Viertel Gries. Der Name hat damit zu tun, dass dieses Viertel ursprünglich eine Insel war, die durch einen Eisackarm (Wiere) gebildet wurde. Erst im Jahre 1938 kam es zur Eindeckung der Wiere. Zu Beginn der Albuingasse liegt das heute noch bestehende Kreuzgangtor, das den Hauptzugang zum Kreuzgang darstellt. Das heutige Rundbogentor mit dem Mannsloch geht auf das 14. Jahrhundert zurück. Der Torturm wurde 1925 errichtet. An das Kreuzgangtor schließt sich das Domkapitelhaus an. Dieses Haus war ursprünglich der so genannte Bruderhof, wo die Kanoniker bis zum Ende des 10. Jahrhunderts ein gemeinschaftliches Leben führten. Später kamen sie hier im Kapitelsaal zu den gemeinsamen Sitzungen zusammen. Im Erdgeschoss befanden sich früher Räume für die Domschule. Von 1908 bis 1976 fand im Obergeschoss das Diözesanmuseum seinen Platz. Seit 1978 werden mehrere dieser Räumlichkeiten als Musikschule benützt.[139]

Abb. 107: a) Die Albuingasse im Jahre 1938.
b) Das Kreuzgangtor in der Albuingasse.

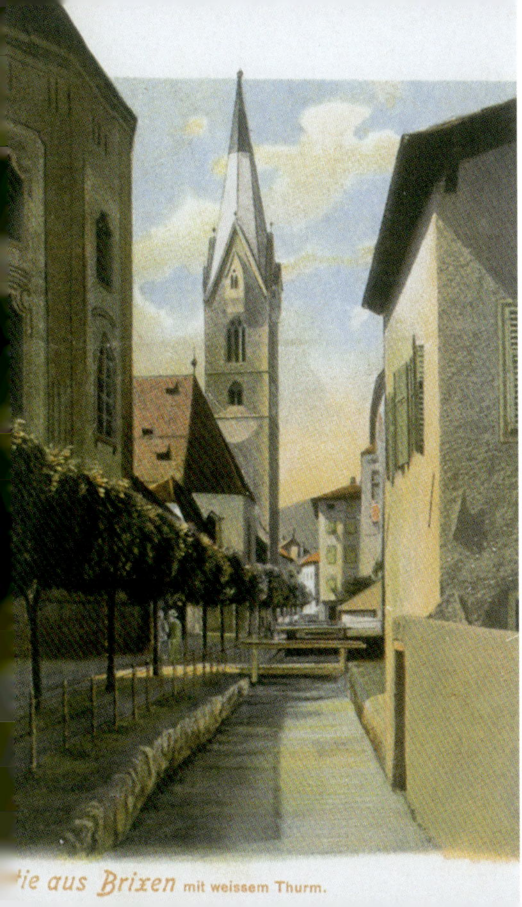
tie aus Brixen mit weissem Thurm.

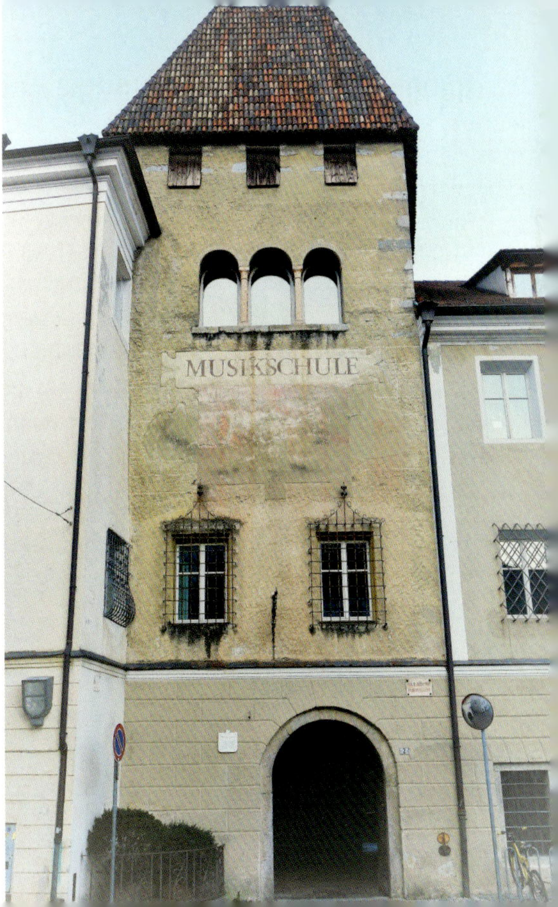
MUSIKSCHULE

Dommesnerhaus und Domdechantei

Etwas weiter nach Norden in der Albuingasse haben wird auf der rechten Seite ein interessantes Haus, das die Eigenart des ausgehenden Mittelalters bis heute bewahrt hat. Früher diente es als Domherrenhaus und später als Wohnung für den Dommesner. Heute ist dort ein beliebtes Cafe untergebracht. Am Eingang sieht man am Gewölbe den Reichsadler, der um 1530 gemalt worden sein dürfte. Die Inschrift bezieht sich auf den Adler und Kaiser Karl d. Großen (siehe Rückseite des Umschlages). Wenn wir weitergehen, sehen wir auf der rechten Seite einen stattlichen Bau mit hohem Giebeldach und polygonalen Erkern. Durch den Bau der Domdechantei im Jahre 1446 wurde das ganze Viertel aufgewertet. Im 19. Jahrhundert wurde das Gebäude umgebaut und es entstanden mehrere Wohnungen für Domherren. Dadurch verlor das Gebäude seinen ursprünglichen Charakter.[140]

Abb. 108: Das Dommesnerhaus und die Domdechantei in der Albuingasse.

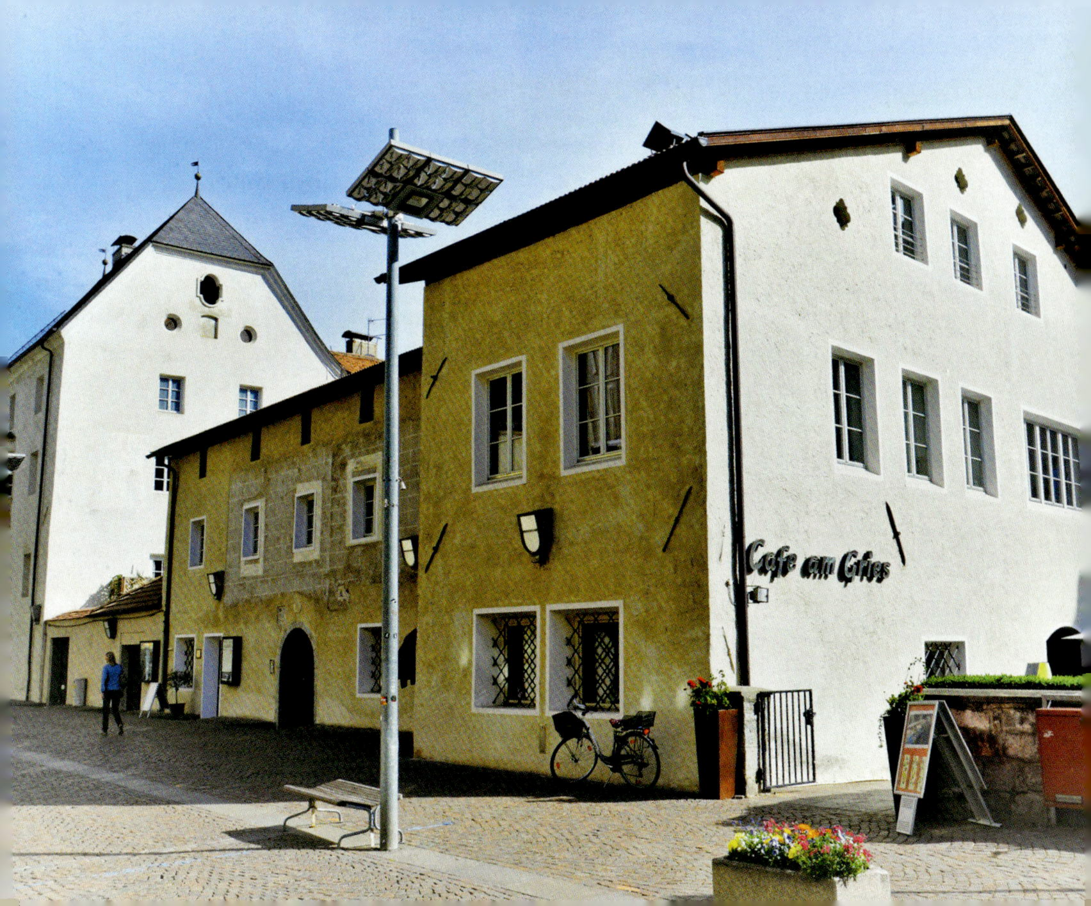
Cafe am Gries

Das Denkmal für Kardinal Nikolaus Cusanus

Am Ostchor des Domes in der Albuingasse befindet sich ein Denkmal, das an den berühmtesten Bischof von Brixen erinnert. Es handelt sich um Kardinal Nikolaus Cusanus, der von 1450 bis 1464 Oberhirte von Brixen war. Das Denkmal ist dort angebracht worden, weil Cusanus den Ostchor erbauen ließ. Was aber noch wichtiger ist, es befindet sich an der Stätte, wo Cusanus an die 140 Mal gepredigt hat. Das vom Künstler Werner Kofler aus Neumarkt 2001 geschaffene Bronzedenkmal, gegossen bei Grassmayr in Innsbruck, zeigt den Kardinal, wie er als treuer Papstanhänger nach Süden schaut, auf Eingebungen von oben hört und seine Gedanken niederschreibt. An den vier Ecken des Denkmals befinden sich vier Wappen: Der Krebs (das Familienwappen des Cusanus), das Lamm (das Wappen des Bistums und der Stadt Brixen), der Adler (das Wappen des Fürstentums) und das Franziskuskreuz auf den drei Hügeln, die auf die drei Sprachgruppen in unserem Lande hinweisen und an den Kapuzinerbischof Wilhelm Egger (1986-2008) erinnern.[141]

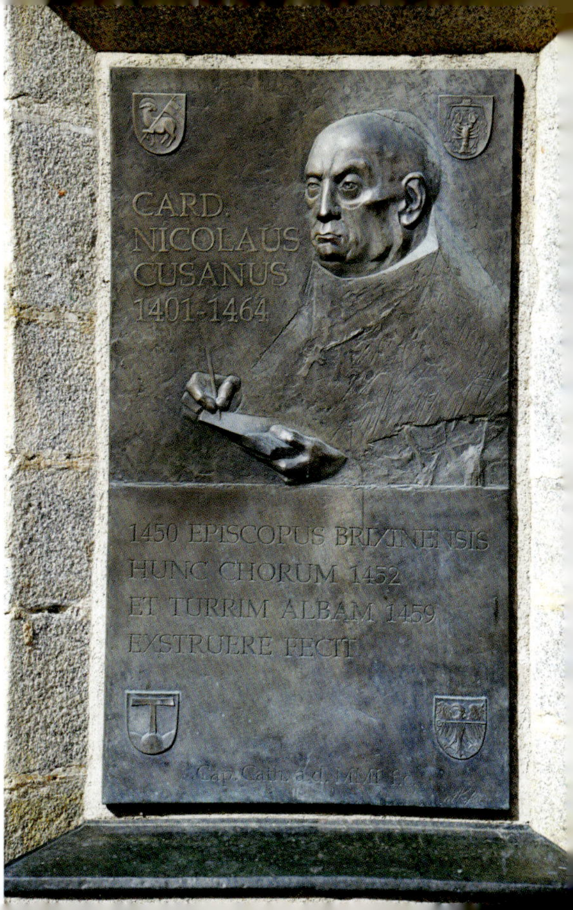

Abb. 109: Das Denkmal für Kardinal Nikolaus Cusanus (1450-1464).

Das Priesterseminar

Am Ende der Albuingasse findet sich auf der östlichen Seite die Seminargasse. Um dorthin zu kommen, musste man eine Wiere überqueren und dann gelangte man zum Priesterseminar. Josef Weingartner hat 1929 einen Roman mit dem Titel „Über die Brücke" herausgebracht. Darin schreibt er: „Jenseits des Kreuzganges floss die Wier vorüber. Rechts war sie von Häusern überdeckt, links aber trieben die dunkelgrünen Wellen sichtbar heran und verschwanden dann unter einer kleinen Brücke, die auf den Platz vor dem Priesterseminar führte. Wer in der Diözese Brixen Theologe wurde, von dem hieß es daher im Volke, er gehe ‚übers Brüggele'".[142] Fürstbischof Christoph Andreas von Spaur errichtete im Jahre 1607 dort, wo heute das Kassianeum steht, ein Priesterseminar für ganz wenige Alumnen. Im Jahre 1721 erwarb Fürstbischof Kaspar Ignaz von Künigl vom Domkapitel das 1157 gegründete Pilgerhospiz auf der Insel zum Heiligen Kreuz. Sein Nachfolger Leopold von Spaur ließ dort nach Plänen Georg Tangls in den Jahren 1764 bis 1771 einen barocken Neubau mit Kirche und Bibliothek errichten und stellte das Gebäude in den Dienst der Priesterausbildung. Die steigende Zahl der Seminaristen führte im Jahre 1890 zur Erhöhung des Gebäudes um ein Stockwerk. In den Jahren 1957/58 ließ Bischof Joseph Gargitter das Priesterseminar gründlich erneuern. Erhalten blieben vom alten Gebäude die Kirche, die Bibliothek und die Fassade. Im Jahre 1990 kam es an der Ostseite zu einem Erweiterungsbau der Philosophisch-Theologischen Hochschule. Seit 1991 hat die Hochschule den Status einer akademischen Institution päpstlichen Rechts.[143]

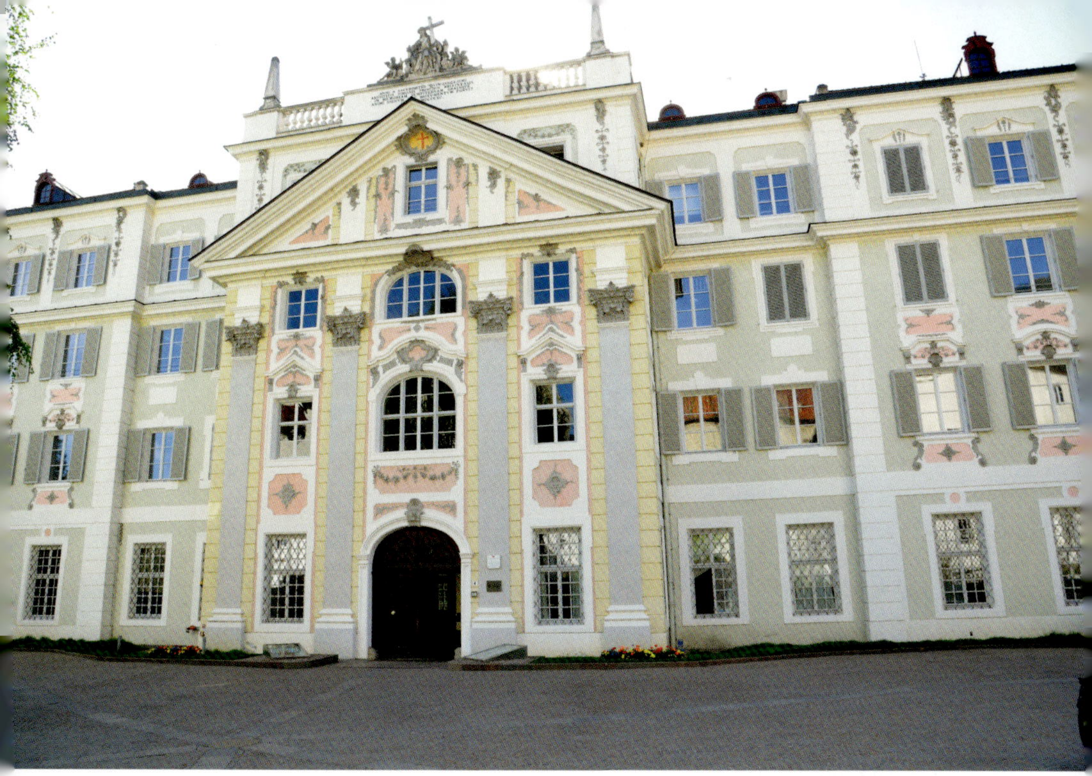

Abb. 110: Das Priesterseminar.

Die Seminarkirche

Ein kleines Juwel des Priesterseminars stellt die Kirche dar. Die Fassade im Innenhof besticht durch die Riesenpilasterordnung mit Dreieckgiebel und dem Turm mit einer schönen Kuppelhaube. Die herrlichen Stuckarbeiten im Inneren des Gotteshauses stammen von Franz Singer und seinen Söhnen. Diese Stuckarbeiten fügen sich als Rahmung um die Fenster und die Malflächen wunderbar in das Gesamtkunstwerk ein. Mitunter weiß man nicht genau, wo die Malerei aufhört und der Stuck beginnt. Der berühmte Barockmaler Franz Anton Zeiller aus Reutte in Außerfern schmückte die Kirche mit vorzüglichen Fresken, welche die Geschichte des hl. Kreuzes erzählen. Besonders beeindruckend ist das Fresko in der Hauptkuppel aus dem Jahre 1764. Es stellt die Auffindung des wahren Kreuzes in Gegenwart der Kaiserin Helena, des Bischofs von Jerusalem und vieler Zuschauer dar. Arbeiter haben drei Kreuze gefunden, die nacheinander einer kranken Frau aufgelegt werden. Das wahre Kreuz führt zur sofortigen Heilung der Kranken. In den Ecken sieht man die vier Evangelisten und Kirchenväter. Die Seminarkirche wurde in den folgenden Jahrzehnten das Vorbild für viele Landkirchen in der Diözese Brixen. Leider wurden 1869 die Rokoko-Altarbilder von Franz Anton Zeiller durch jene von Caspar Jele ersetzt.[144]

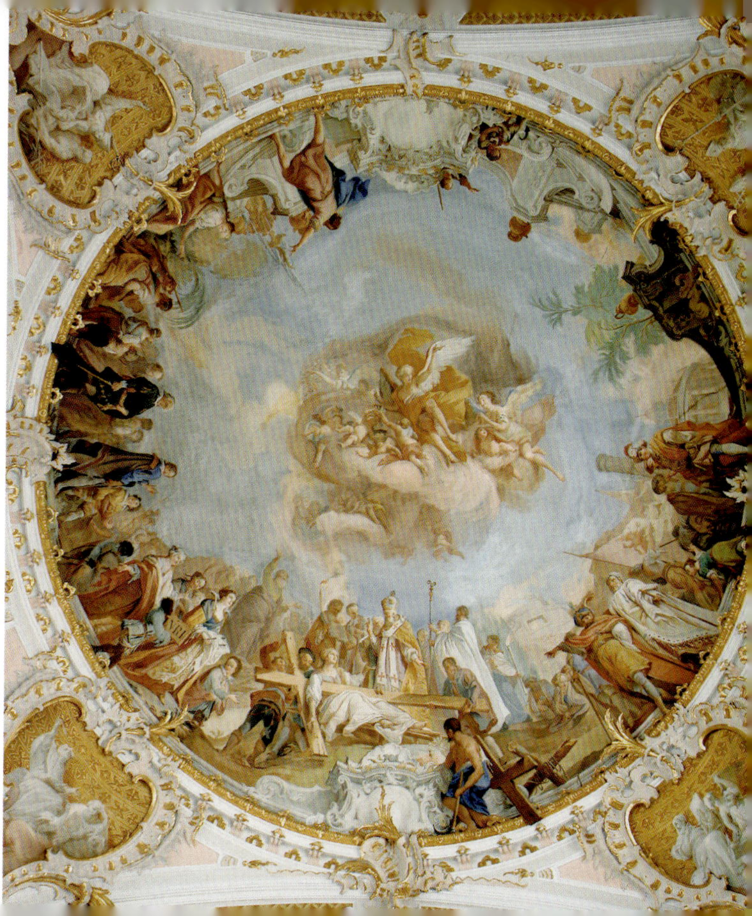

Abb. 111: Auffindung des Hl. Kreuzes durch die Kaiserin Helena. Flachkuppelfresko v. F. A. Zeiller in der Kirche des Priesterseminars.

Die Bibliothek im Priesterseminar

Besonders sehenswert ist die Bibliothek des Priesterseminars, die leider nicht öffentlich zugänglich ist. Sie stellt mit der Seminarkirche wohl das Hauptwerk des Rokoko in Brixen dar. Wie in den Klöstern sollte auch im Brixner Priesterseminar die Bibliothek nach der Kirche der schönste Raum sein. Im Jahre 1772 wurde unter der Leitung von Franz Singer über dem Haupteingang der prächtige Saal, der sich über zwei Stockwerke erstreckt, ausgebaut und eingewölbt. Franz Anton Zeiller malte die Fresken in den sechs Scheinkuppeln und stellte die verschiedenen theologischen Fächer und in den Zwickeln ihre berühmten Vertreter dar. Die marmorierten Holzregale sind an allen Wänden bis oben mit alten Büchern gefüllt. Eine Wendeltreppe mit Holzstufen ermöglicht den Zugang zum umgehenden Balkon, dessen Balustrade mit vergoldeten Gittern dekoriert ist. Die zwei Marmorsäulen symbolisieren Schrift und Tradition als Fundament der theologischen Wissenschaft.[145]

Abb. 112: Die Barockbibliothek im Priesterseminar.

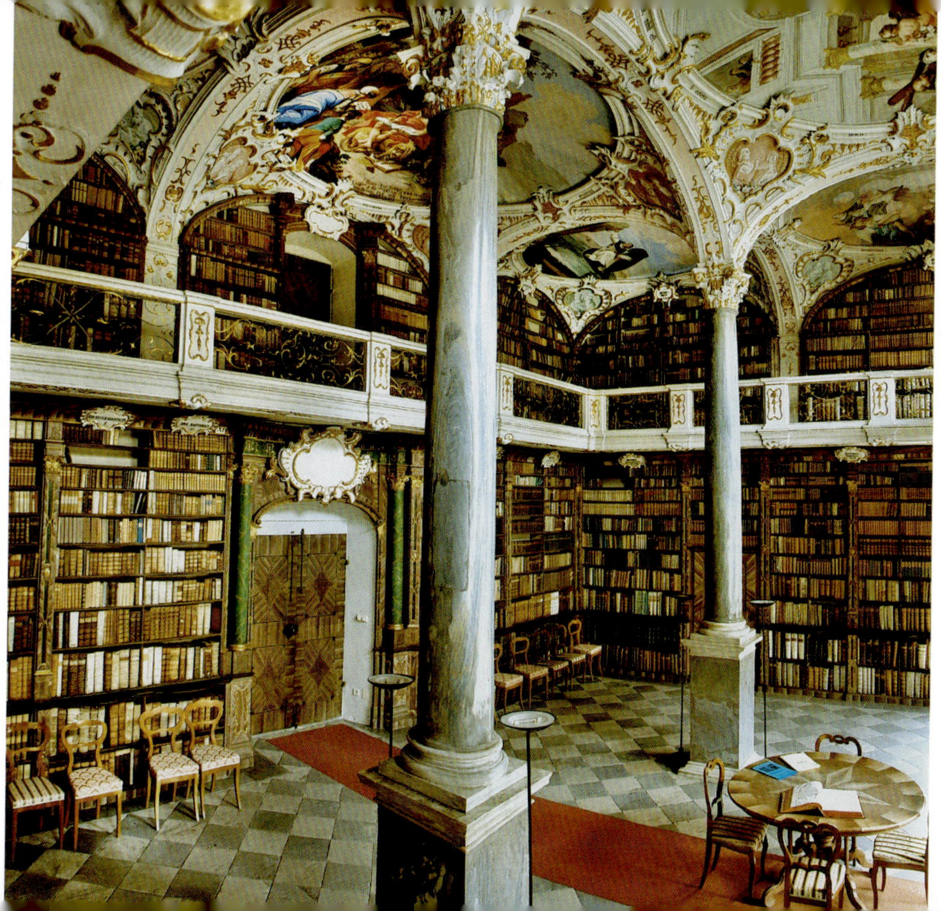

Die Fresken in der Bibliothek des Priesterseminars

Die sechs Kuppeln in der Bibliothek des Priesterseminars stellen die theologischen Fächer dar. Die erste Kuppel zeigt die Rhetorik, die zweite die Bibelwissenschaften, die dritte die Jurisprudenz, die vierte die Dogmatik und die Moral, die fünfte die Asketik und die Mystik und die sechste die Apologetik. Besonders interessant ist das Fresko der Bibelwissenschaften, das den hl. Hieronymus auf einem Löwen vor seiner Grotte in Bethlehem zeigt. Der Kopf des Löwen (Leo) weist eine verblüffende Ähnlichkeit mit dem Fürstbischof Leopold von Spaur (17471-1778) auf. Das Fresko ist signiert und die Umschrift bezieht sich auf die Exegese. Das wichtigste Fresko dürfte jenes sein, das sich auf die Asketik und Mystik bezieht. In einem wunderschön gestalteten Raum sieht man das Kreuz über einem Altar. Zu beiden Seiten am Bildrand bemerkt man links vom Gekreuzigten zwei asketische Mönche auf der Himmelstreppe, rechts die hll. Johannes vom Kreuz und Theresia von Avila als die bedeutendsten Mystiker. Vor dem Altar sieht man den meditierenden hl. Ignatius von Lojola, hinter ihm den hl. Bernhard mit zwei Priestern, auf der anderen Seite des Kreuzes die hll. Anselm, Thomas von Kempen und einen weiteren Asketen. In der Rahmenschrift kommt zum Ausdruck, dass das ganze Wissen dieser Welt nichts nützt, wenn man Christus nicht kennt.[146]

Abb. 113: Die Asketik und die Mystik.
Rundkuppelfresko v. F. A. Zeiller, 1772, in der Barockbibliothek des Priesterseminars.

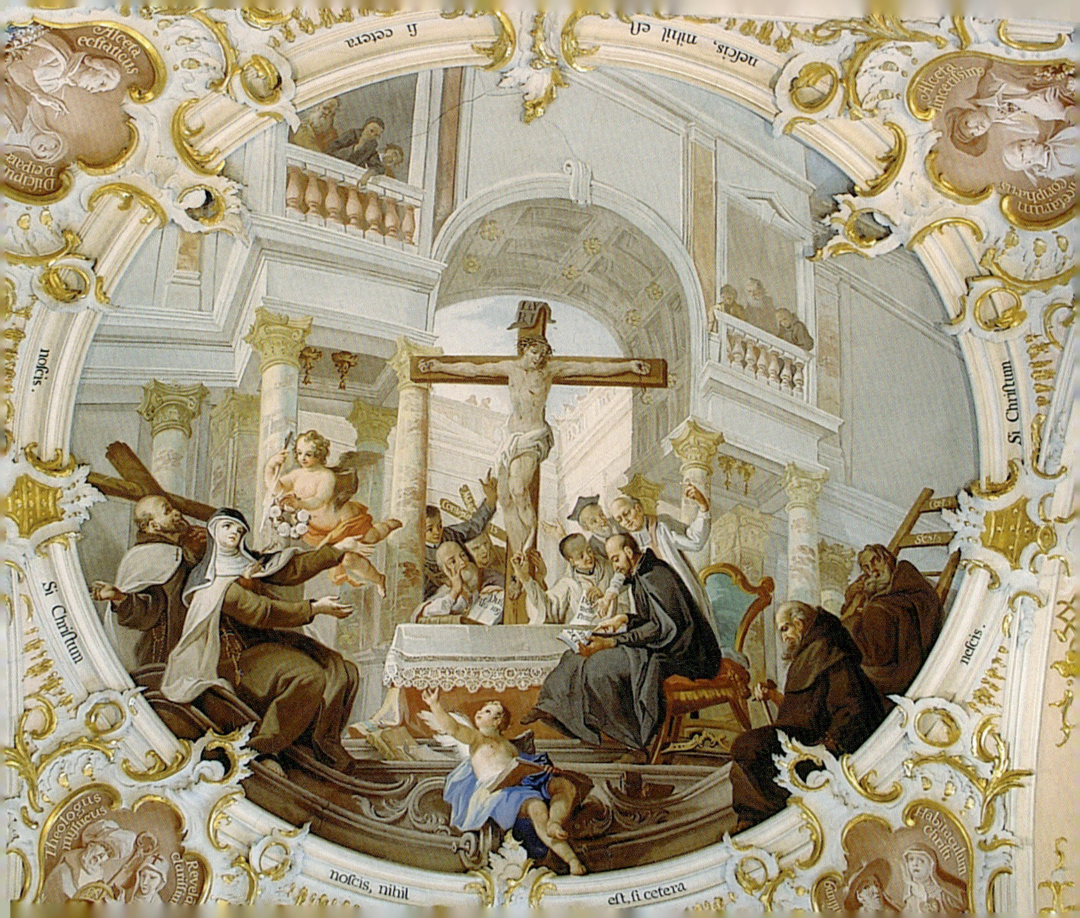
fi cetera
nefcis, nihil eft
nofcis.
Si Chriftum
Si Chriftum
Si Chriftum
nefcis.
nofcis, nihil
eft, fi cetera
Theologus
Habitaculum

Kostbare Schätze der Bibliothek

Zu den kostbarsten Schätzen der Bibliothek zählen vor allem das Karnoler Missale aus dem 12. Jahrhundert und das Lavanter Missale, ebenfalls aus dem 12. Jahrhundert. Viele der wertvollen Werke, die sich in der Bibliothek befinden, stammen aus der fürstbischöflichen Hofbibliothek. Dazu gehört das Missale des Zweder van Culenborch. Mit diesem Missale aus der ersten Hälfte des 15. Jahrhunderts besitzt die Bibliothek des Priesterseminars einen Prachtkodex aus Pergament von internationaler Bedeutung. Dieses Meisterwerk niederländischer Buchmalerei besticht vor allem durch die Vielfalt seiner künstlerisch hochstehenden Miniaturen. Aus der Hofbibliothek kamen auch die Codices und die Missalia aus dem Besitz einer Reihe von Bischöfen aus dem 15. und 16. Jahrhundert, wie jene der Oberhirten Ulrich Putsch (1427–1437), Johann Röttel (1444–1450), Melchior von Meckau (1488–1509), Christoph von Schroffenstein (1509–1521) und Andreas von Österreich (1591–1600). Von Melchior von Meckau befindet sich in der Bibliothek ein kostbares Missale, das 1493 in Augsburg erschienen ist.[147]

Abb. 114: a) Das Kanonblatt aus dem Karnoler Missale, 12. Jh.
b) Die Miniatur zum Messformular des Osterfestes im Missale des Bischofs Zweder van Culenborch, 15. Jh.

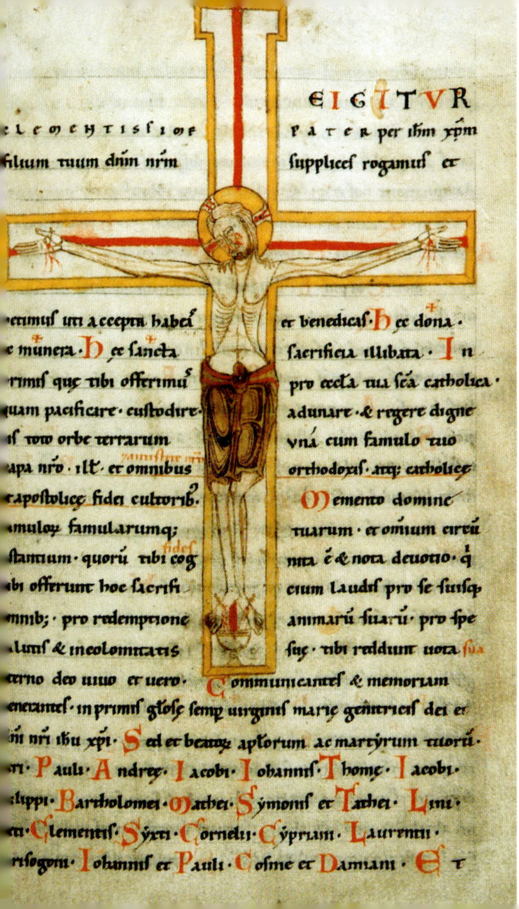

TE IGITUR

clementissime pater per ihm xpm
filium tuum dnm nrm supplices rogamus et
petimus uti accepta habeas et benedicas. Hec dona.
munera. Hec sancta sacrificia illibata. In
primis que tibi offerimus pro eccla tua sca catholica
quam pacificare custodire adunare & regere digne
toto orbe terrarum una cum famulo tuo
papa nro ill et omnibus orthodoxis atque catholice
apostolice fidei cultoribus. Memento domine
famulorum famularumque tuarum et omnium circu
stantium quorum tibi cog nita est & nota deuotio. qui
tibi offerunt hoc sacrifi cium laudis pro se suisque
omnibus pro redemptione animarum suarum pro spe
salutis & incolomitatis sue tibi reddunt uota sua
eterno deo uiuo et uero. Communicantes & memoriam
uenerantes in primis glose semp uirginis marie genitricis dei et
dni nri ihu xpi. Sed et beatorum aplorum ac martyrum tuorum
Petri. Pauli. Andree. Iacobi. Iohannis. Thome. Iacobi.
Philippi. Bartholomei. Mathei. Symonis et Tathei. Lini.
Cleti. Clementis. Syxti. Cornelii. Cypriani. Laurentii.
Chrisogoni. Iohannis et Pauli. Cosme et Damiani. Et

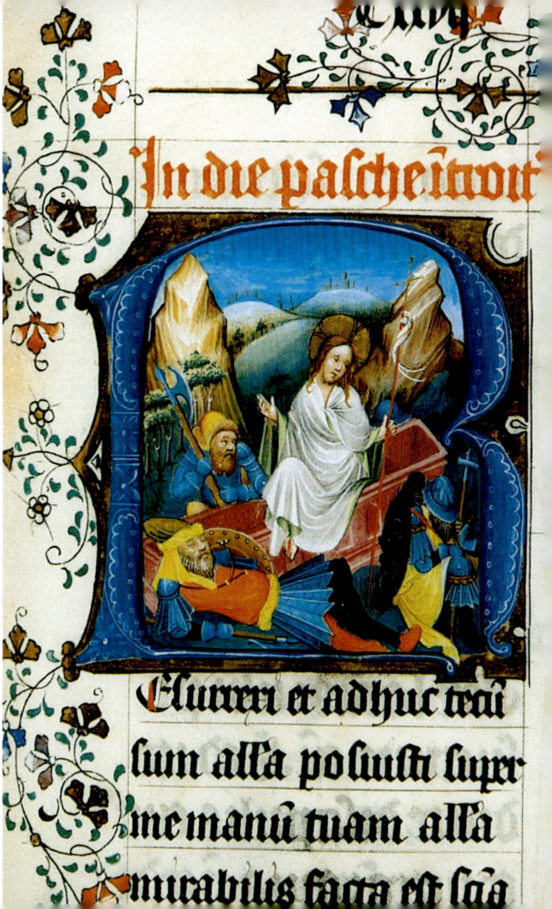

In die pasche introit

Resurrexi et adhuc tecu
sum alla posuisti super
me manu tuam alla
mirabilis facta est scia

Die Cusanus-Akademie

Auf der westlichen Seite des Priesterseminars befindet sich die Cusanus-Akademie. Mit diesem Bau aus dem Jahre 1962 hielt in Brixen die moderne Architektur Einzug. Den Auftrag zum Bau bekam Architekt Othmar Barth († 2010), der sich schon 1956 beim Umbau des Geschäftslokals der Buchhandlung Athesia, in den Jahren 1957/58 beim Umbau des Priesterseminars und bei der Errichtung des SOS Kinderdorfes bewährt hatte. Mitten in den jahrhundertealten Seminarbezirk stellte Barth einen 70 Meter langen „Riegel" hinein, „mit Klinkern verkleidet wie ein Industriegebäude." Das Gebäude ordnete sich dem barocken Priesterseminar unter, behauptete sich aber durch eine völlig andere Materialwahl. Dazu brauchte es ungeheuren Mut. Aber Bischof Joseph Gargitter, mit Rückendeckung von Kanonikus Karl Wolfsgruber, fand den Bau zeitgemäß und gab sein nihil obstat.[148] Der Künstler Martin Rainer schuf 1962 im Treppenaufgang ein Relief, das Cusanus darstellt. Es weist aber auch eine gewisse Ähnlichkeit mit Bischof Gargitter auf, der ja das Kongresszentrum errichten ließ. Auf Max Spielmann aus Innsbruck geht der kunstvolle Altarschmuck in der Kapelle zurück.[149] Die Cusanus-Akademie ist neben ihrer vielfältigen Bildungstätigkeit für alle Schichten unserer Heimat auch zu einem beliebten Austragungsort internationaler Kongresse geworden.[150]

Abb. 115: Die Cusanus-Akademie.

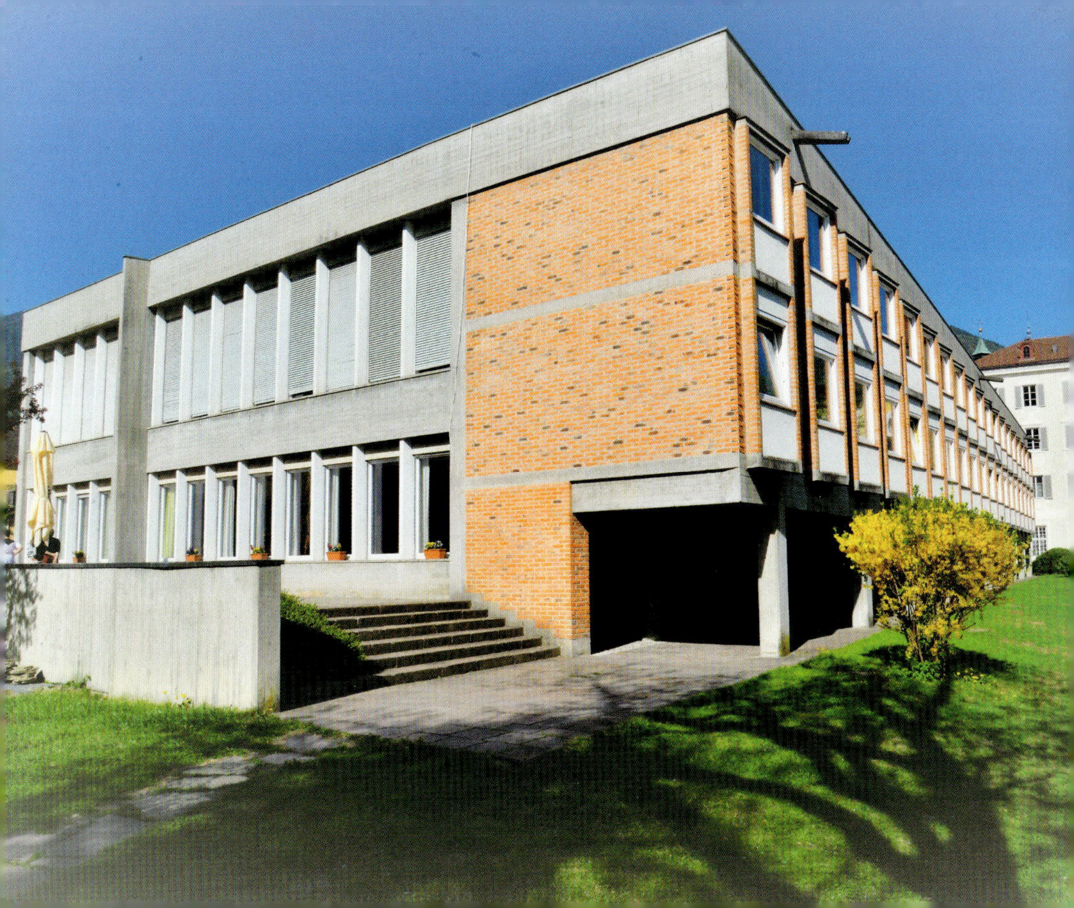

Die Adlerbrückengasse

Die Adlerbrückengasse besticht durch ihre vielen Erker und malerischen Ausblicke auf Stufels und auf den Weißen Turm. Dort, wo die Adlerbrücken- und die Weißenturmgasse in die Albuingasse einmünden und sich am Weißen Turm treffen, befindet sich ein Brunnen, auf dessen Säule der Erzengel Michael steht, der den Drachen tötet. Die Bronzefigur ist eine Arbeit des aus Laas stammenden Hans Plangger (1899-1971) aus dem Jahre 1951, als Natale Dander kommissarischer Bürgermeister war. Weil Dander auch den Brunnen vor dem Hotel Elephant errichten ließ, wurde er scherzhaft als „Sindaco delle Fontane" bezeichnet. Der hl. Michael hat die Aufgabe, die ihm geweihte Pfarrkirche und das nahe Michaelstor zu schützen sowie Sterbende auf ihrem Weg zu begleiten. An der Nordseite der Gasse befinden sich einige Laubenbögen, die eine Verbindung mit den Großen Lauben herstellen.[151]

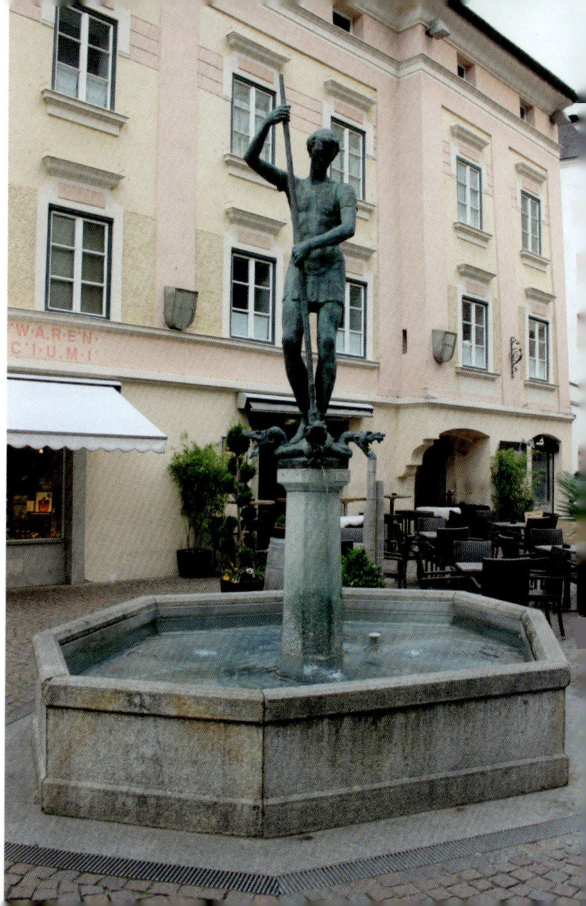

Abb. 116: Der Brunnen mit dem hl. Michael als Drachentöter, 1951.

Die Stadtapotheke

An der Südseite der Adlerbrückengasse befindet sich die Stadtapotheke Peer. Sie zählt ohne Zweifel zu den traditionsreichsten Unternehmen der Stadt. Nach alten Vorgaben sollte es in Brixen immer zwei Apotheken geben. Die Hofapotheke diente dem Bischof, dem Adel und der Geistlichkeit, die Stadtapotheke der Bürgerschaft. Sie wurde im Jahre 1602 gegründet und war bis 1983 neben der Hofapotheke die einzige in der Stadt. Ab 1663 betrieb die Familie Purwalder die Stadtapotheke. Auf sie folgte im Jahre 1787 die aus dem Unterland stammende Familie Peer. Diese hat die Apotheke bis zum heutigen Tag inne. Damit wird der pharmazeutische Betrieb seit 200 Jahren von der gleichen Familie geführt und befindet sich seit 300 Jahren immer in den selben Räumen. Das sind ohne Zweifel beneidenswerte Rekorde.[152]

Abb. 117: Die Stadtapotheke der Familie Peer.

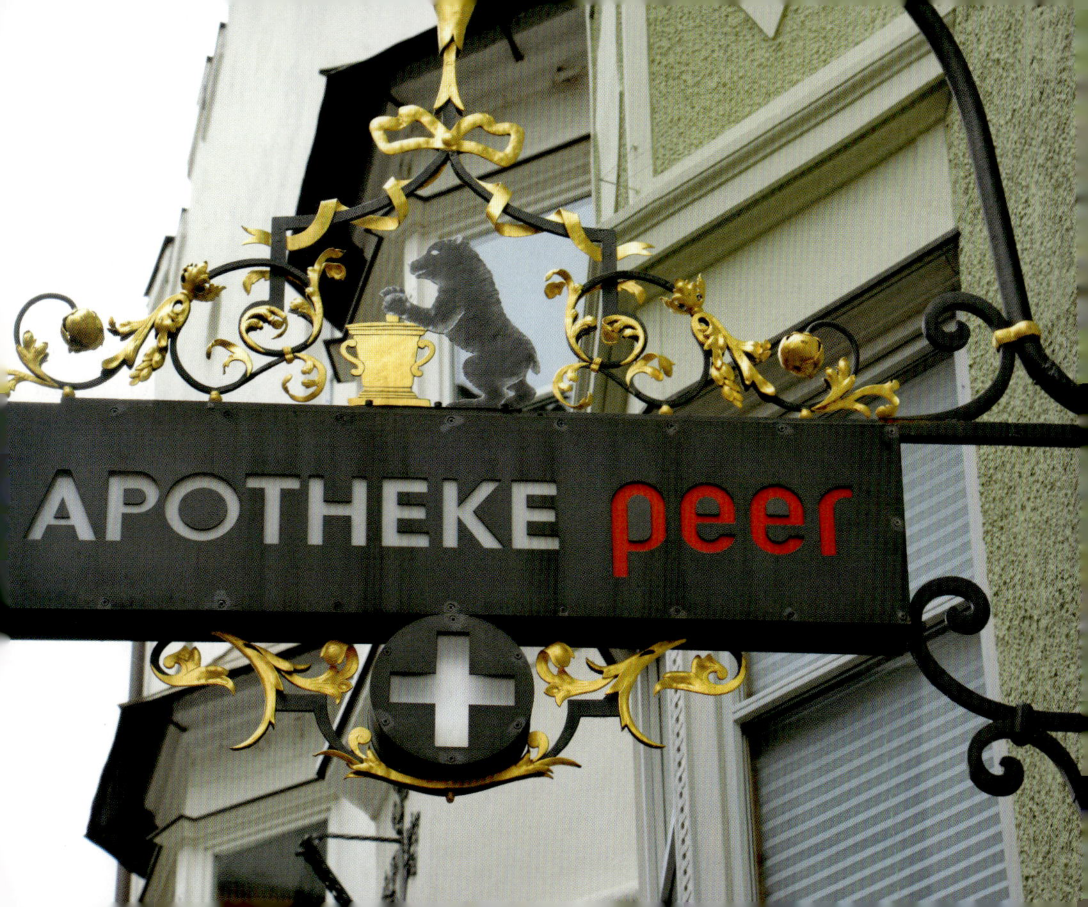
APOTHEKE peer

Pharmaziemuseum

Im Obergeschoss der Stadtapotheke befindet sich das 2002 gegründete äußerst interessante Pharmaziemuseum, das vor allem zeigt, was im Laufe der Jahrhunderte in der Apotheke verkauft wurde. Der Besucher erfährt aber auch viel über den großen Bereich der Produktion und der Dienstleistung der Apotheke für die Gesundheit der Bürger. Das Museum gibt ganz allgemein einen guten Einblick in die Geschichte der Pharmazie und auch in die Brixner Stadtgeschichte. Für Führungen, die auch von ausgesprochenem Fachpublikum in Anspruch genommen werden, stehen ausgebildete Apotheker in beiden Landessprachen zur Verfügung. Die Kuratorin des Museums ist Elisabeth Peer, die immer wieder faszinierende Sonderausstellungen organisiert.[153]

Abb. 118: Schauraum des Pharmaziemuseums.

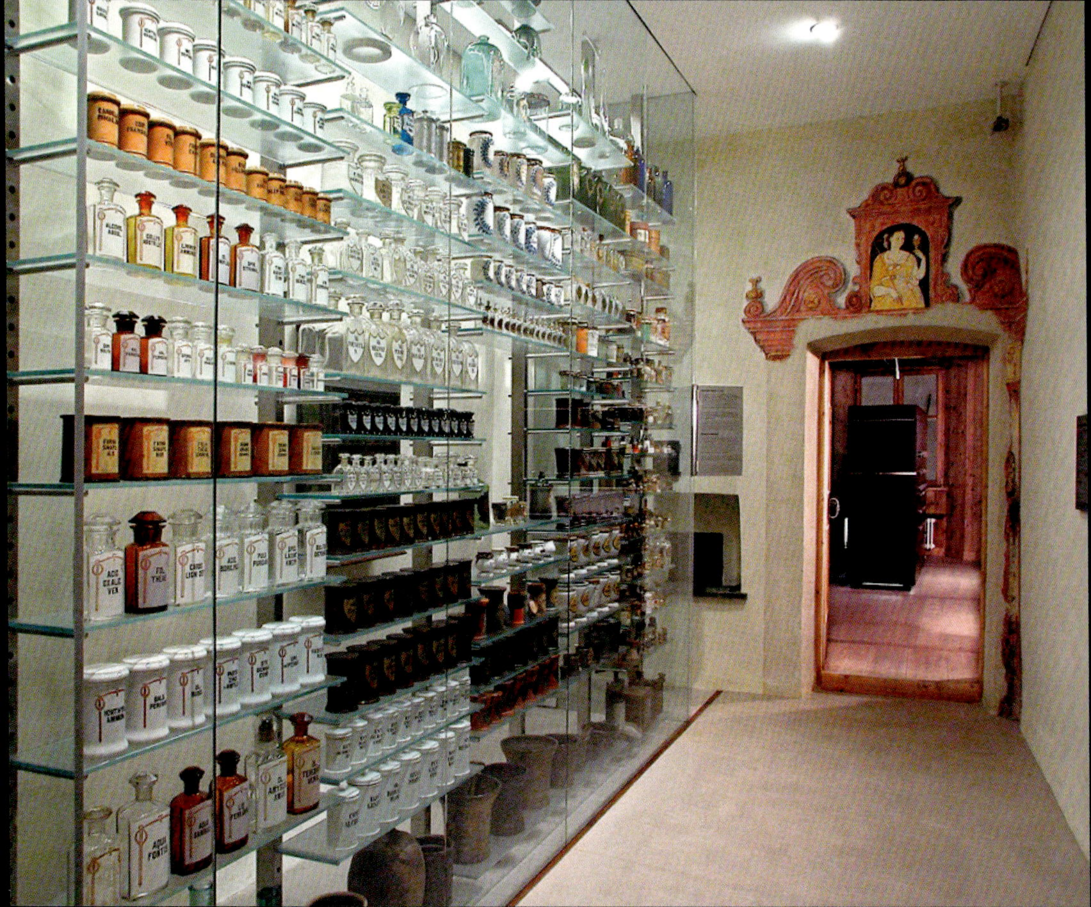

Das Hotel „Goldener Adler“

In der Adlerbrückengasse befindet sich der traditionsreiche Gasthof „Goldener Adler“, der zu den ältesten Gaststätten Brixens zählt. Bereits im Jahre 1500 ist er urkundlich belegt. Viele Abbildungen von Brixen wie z. B. der Kupferstich von Georg Braun um das Jahr 1580 wie auch jener von Matthäus Merian um das Jahr 1640 zeigen den Gasthof „Goldener Adler“ am Ende der Altstadt in unmittelbarer Nähe zum Eisack. Berühmte Persönlichkeiten wie Kaiser Karl V., der französische Schriftsteller Michel de Montaigne und der Wiener Bürgermeister Karl Lueger zählten zu den Gästen dieses Hauses. Im Jahre 1989 erwarb der Besitzer des Restaurants Finsterwirt, Hermann Mayr, das Hotel, das seit 1988 unter Denkmalschutz steht und im Jahre 2000 mustergültig restauriert wurde. Seit dieser Restaurierung fasziniert die Gäste vor allem die Eingangshalle im Erdgeschoss mit dem interessanten Gratgewölbe.[154]

Abb. 119: Das Hotel „Goldener Adler“ in der Adlerbrückengasse.

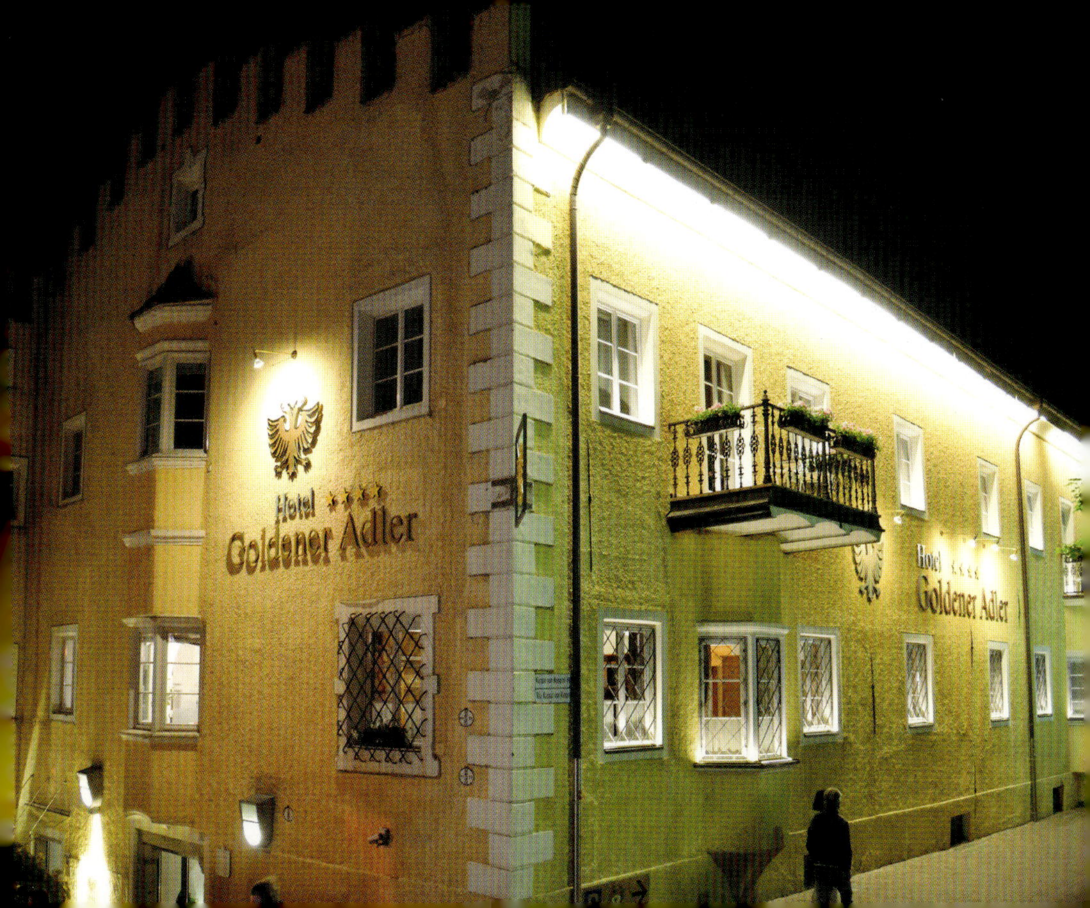
Hotel ★★★★
Goldener Adler
Hotel ★★★★
Goldener Adler

Der hl. Nepomuk an der Adlerbrückengasse

Gegenüber dem Hotel „Goldener Adler" sieht man eine malerisch bewegte Gruppe, die den hl. Johannes von Nepomuk mit einem Engel darstellt.[155] Nach den furchtbaren Überschwemmungen des Eisackflusses vom 31. August 1757, die so verheerend waren, dass sogar die auf den 23. September 1757 angesetzte Domeinweihung auf den 10. September des darauffolgenden Jahres verschoben werden musste, wurde 1760 diese Marmorstatue aufgestellt. Der Brückenheilige hatte nun die Aufgabe, die gefährlichen Fluten in Schach zu halten. Nach der Eisackregulierung im Jahre 1884 wurde der Bachheilige an die heutige Stelle gebracht. Wer sich als Gast ein interessantes Foto als Erinnerung von Brixen machen möchte, stellt sich gerne an die nahegelegene Adlerbrücke. Denn von dort aus kann man den hl. Nepomuk und im Hintergrund den Weißen Turm sowie die stilvollen Erker der mit Zinnen gekrönten Häuser sehen. Sie lassen etwas vom feinsinnigen Leben der gehobenen Schicht früherer Zeiten ahnen.[156]

Abb. 120: Der hl. Nepomuk an der Adlerbrückengasse.

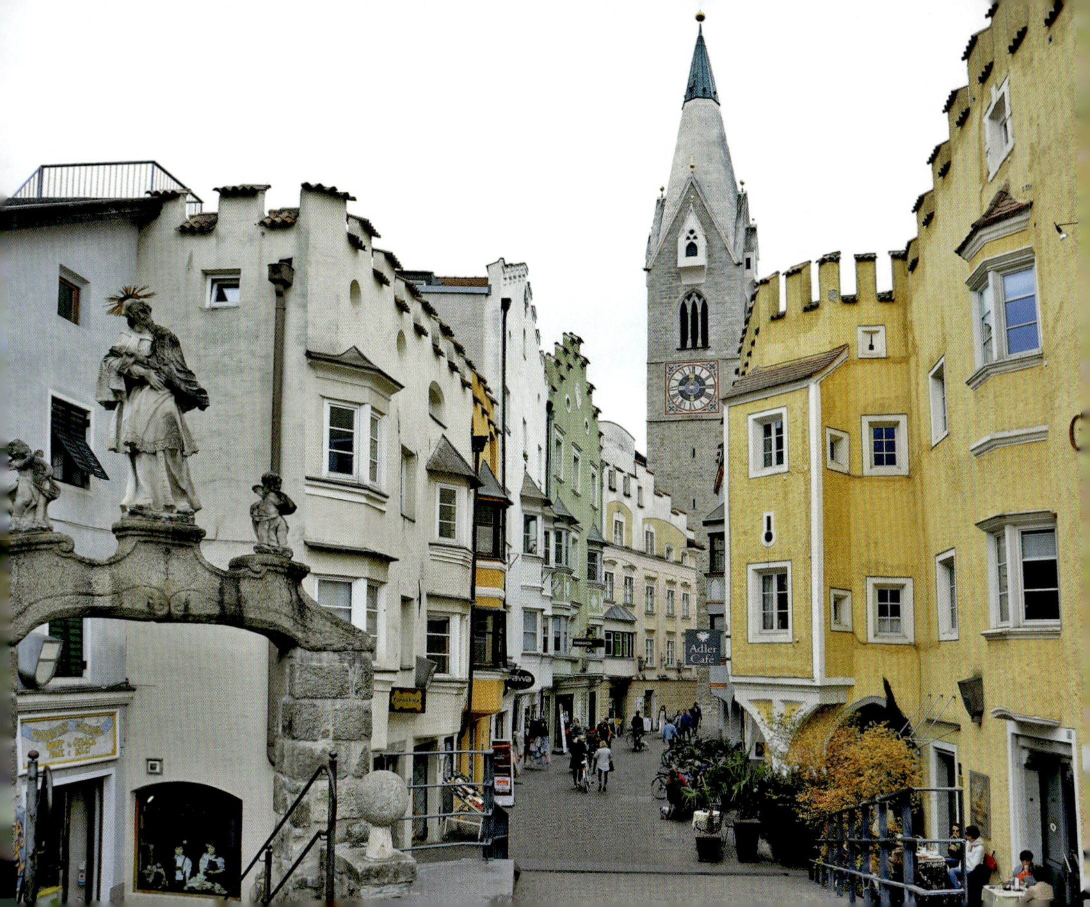
Adler
Café

Die Hartwiggasse und die Domschule

Die Hartwiggasse, die an den Bischof Hartwig (1022-1039) erinnert, verbindet die Albuingasse mit der Runggadgasse. Etwas weiter nach Süden befindet auf der rechten Seite das frühere Gymnasialgebäude. Das Gymnasium ging aus der alten Domschule hervor, die sich bis in die ältesten Zeiten der Münsteranlage zurückverfolgen lässt und der Ausbildung der Kleriker diente. Nach der zeitweiligen Aufhebung durch die bayerische Regierung bekam das Kloster Neustift 1816 den Auftrag, das k. k. Gymnasium Brixen zu führen. Das Gymnasium, das sechs Klassen hatte, wurde 1849 auf acht Klassen erweitert. Da die Diözese damals nicht über ein kleines Seminar verfügte, besuchten auch die Priesteramtskandidaten dieses Gymnasium. Viele Studenten des Gymnasiums wohnten im angrenzenden Knabenkonvikt Kassianeum. Die faschistische Regierung hob 1926 das Gymnasium auf und errichtete das italienische Gymnasium-Lyzeum am Domplatz.[157]

Abb. 121: Die Domschule in der Hartwiggasse.

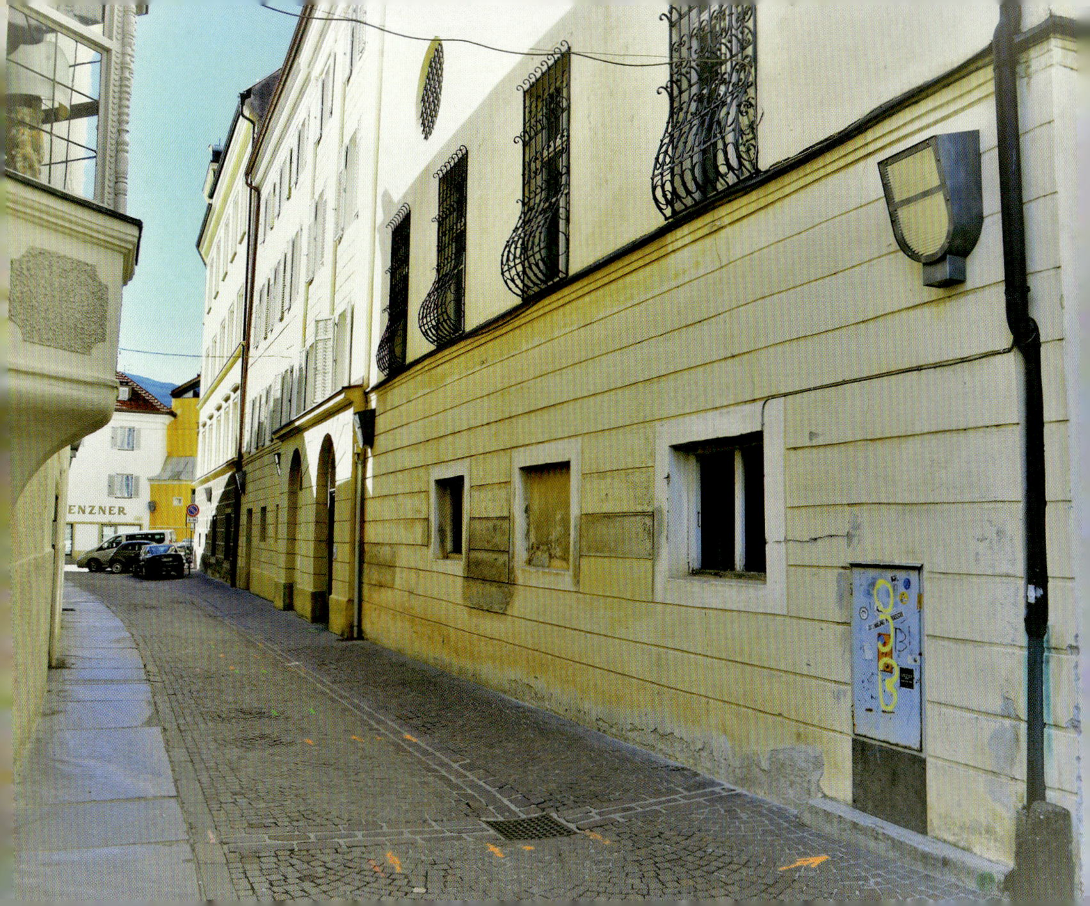
ENZNER

Die Runggadgasse

Die Runggadgasse führt von der Hartwiggasse nach Süden. Sie bildete seit jeher ein Gegenstück zur Altenmarktgasse. Während in der Altenmarktgasse das geschäftliche Leben pulsierte, hatte die Runggadgasse ein geistliches Gesicht. Dort befanden sich und befinden sich auch heute noch mehrere Klöster und Kirchen. Man kann sagen, der Stadtteil Runggad ist Brixens Klosterviertel. Der Name „Runggad" kommt vom rätoromanischen „runcata" und heißt Rodung. Das bedeutet, dass dieser Stadtteil im Frühmittelalter urbar gemacht wurde. Am Ende der Runggadgasse befand sich früher das Siechenhaus, das bereits 1247 erstmals erwähnt wird und in dem Kranke mit ansteckenden Krankheiten aufgenommen wurden. Die Reste dieses alten Siechenhauses wurden 1954 abgerissen, um dem Pfarroratorium Don Bosco Platz zu machen.[158]

Abb. 122: Die Runggadgasse.

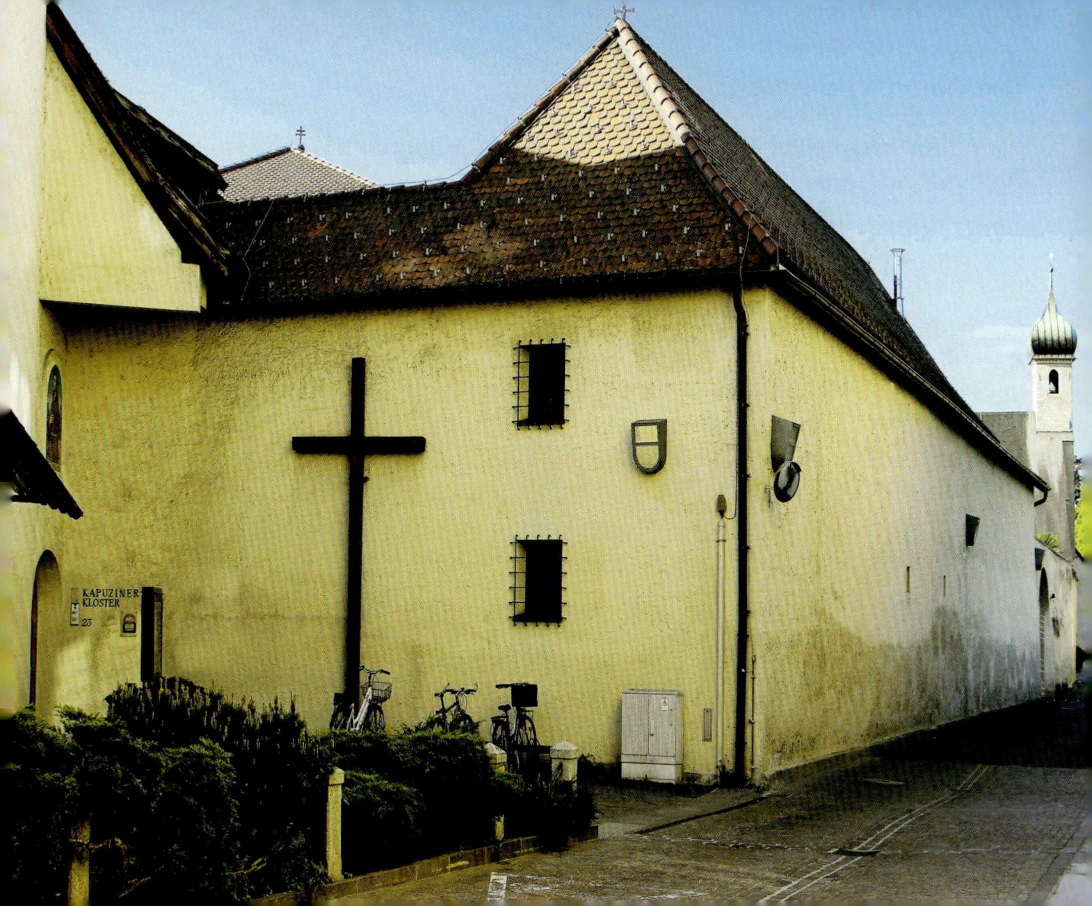
KAPUZINER-
KLOSTER
23

Das Geburtshaus von Eduard Thöny

In der Runggadgasse Nr. 4 wurde im Jahre 1866 der berühmte Karikaturist und Maler Eduard Thöny geboren. Er zählt zu den produktivsten Mitarbeitern der Zeitschrift „Simplicissimus“, für die er in allen Jahren ihres Erscheinens Karikaturen schuf, insgesamt an die dreitausend. Sein Vater Christian stammte aus St. Valentin auf der Haide. Nach einer Lehrzeit beim Bildhauer Franz Xaver Pendl in Meran und in Paris kehrte er nach Südtirol zurück und trat als Bildhauer in den Dienst von Fürstbischof Vinzenz Gasser (1856-1879). Auf Anraten seines Freundes Franz Defregger verließ Christian mit seiner Familie 1873 das konservative Tirol und zog in die Kunstmetropole München, wo Eduard Thöny die liberale Simultanschule in Schwabing besuchte. Zunächst entpuppte sich Eduard Thöny als ein scharfer Verspotter der Wilhelminischen Gesellschaft. Während der Nazizeit ließ er sich weitgehend gleichschalten. Nach dem Krieg kehrte er zu seinen Wurzeln zurück und malte andächtige Bauern und Marterln am Wegrand. Im Jahre 1950 verstarb Eduard Thöny in Holzhausen am Ammersee und wurde dort unter einem „Tiroler Kreuz“ begraben.[159]

Abb. 123: a) Das Geburtshaus von E. Thöny.
b) „Ein schrecklicher Krieg, Reverend!“ – „Yes, grauenvoll – in den Schützengräben wird am Sonntag gearbeitet!“
Bild v. E. Thöny, 1917.

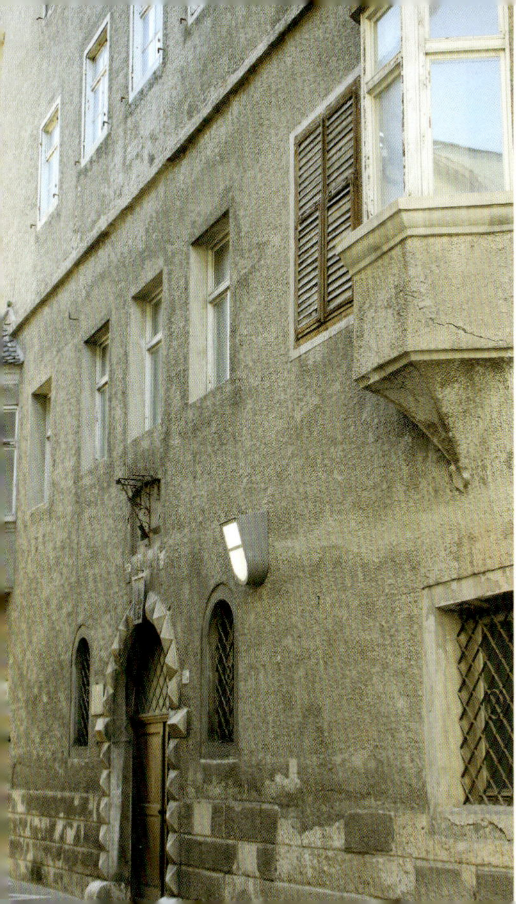

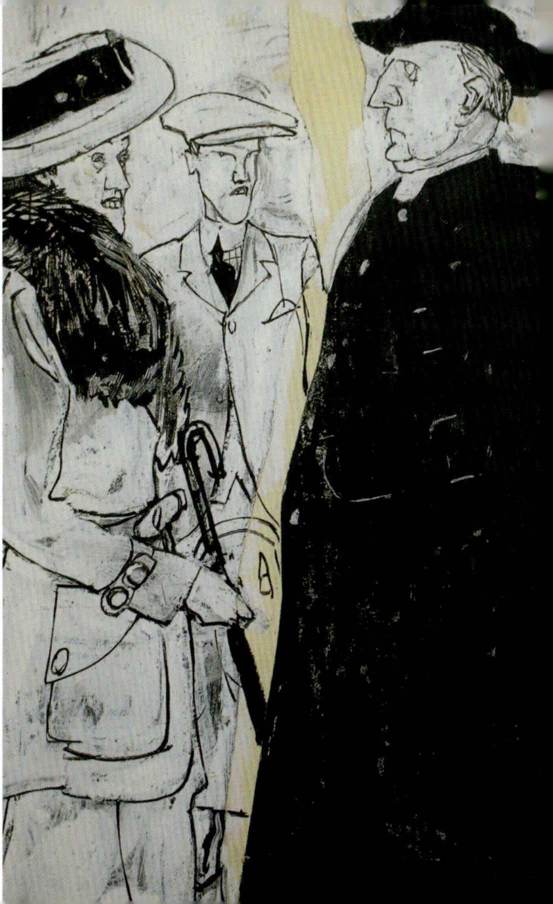

Die Tertiarschwestern

Zu den Klöstern in der Runggadgasse zählt das Kloster der Tertiarschwestern, das auf Maria Hueber zurückgeht. Maria Hueber, die zu den bedeutendsten Frauen Tirols zählt, wurde 1653 als Kind armer Eltern in der Bischofsstadt geboren. Nachdem sie als Dienstmädchen in Bozen, Brixen, Innsbruck und Salzburg gedient hatte, eröffnete sie in ihrer Heimatstadt im Jahre 1700 lange vor der theresianischen Schulreform die erste gebührenfreie Mädchenschule. Damit hat sie eine wichtige Vorreiterrolle gespielt. Mit Regina Pfurner begann sie ein Jahr später auf Anregung von Franziskanerpater Isidor Kirnigl ein klösterliches Leben nach der Regel des Dritten Ordens des hl. Franziskus zu führen und kaufte ein Haus in der Runggad, das der Ursprung des später vergrößerten Klosters wurde. Nach langem und schwerem Leiden verstarb Maria Hueber am 31. Juli 1705 im Rufe der Heiligkeit und wurde am Seiteneingang der Klarissenkirche beigesetzt. Seit 1996 läuft ein Seligsprechungsverfahren. [160]

Abb. 124: Kloster der Tertiarschwestern des hl. Franziskus.

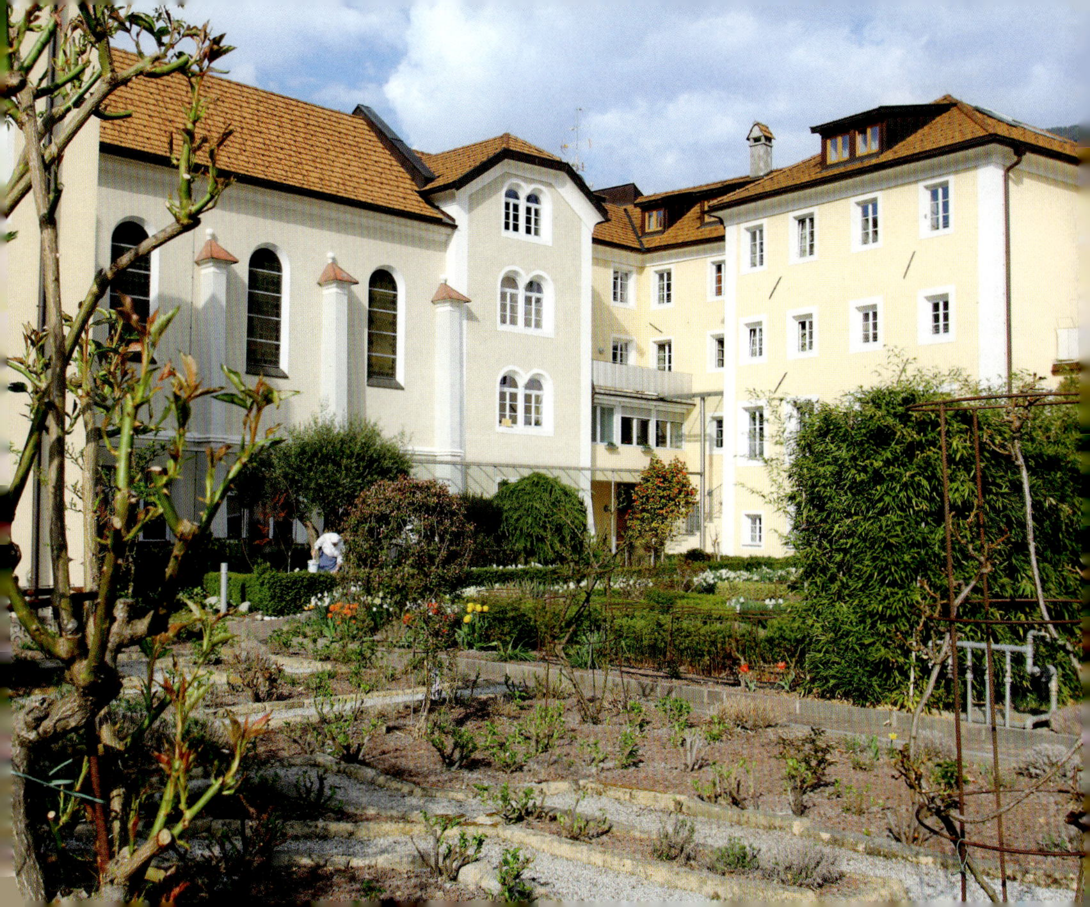

Christkindl-Werkstatt und Maria-Hueber-Haus

Eine Besonderheit im Kloster der Tertiarschwestern ist die Christkindl-Werkstatt. Dort werden seit über 100 Jahren mit großer Kunstfertigkeit Christkindlein aus Wachs hergestellt. Lieblich anzusehen liegen die Jesuleins in verschiedenen Größen in ihren Krippen. Die Werkstatt ist wohl die einzige dieser Art in ganz Südtirol.[161] Mit der Errichtung des Maria-Hueber-Hauses im Jahre 2001 haben die Tertiarschwestern eine Anlaufstelle für Menschen geschaffen, die sich in schwierigen Situationen befinden und Hilfe brauchen. In ihrem Auftrag führt dort die Caritas mehrere Wohnungen und eine Essensausgabe für Bedürftige. Angesichts der vielen Verdienste von Maria Hueber wurde 2002 der Platz vor dem ehemaligen Postgebäude am Großen Graben Maria-Hueber-Platz genannt.[162]

Abb. 125: Maria-Hueber-Haus.

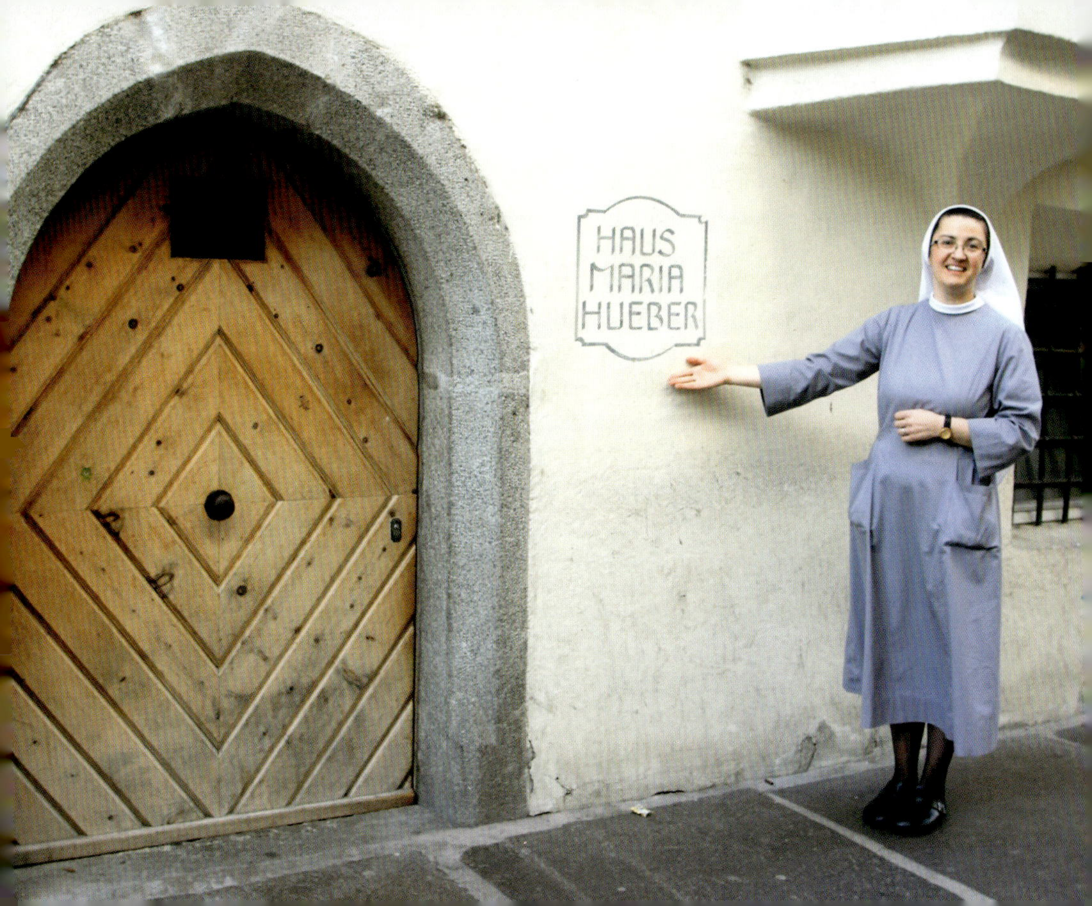
HAUS
MARIA
HUEBER

Die Kapuzinerkirche

Nachdem Fürstbischof Christoph Andreas von Spaur (1601-1613) im Jahre 1602 dem Kapuzinerorden die Katharinenkapelle in der Runggad samt einem kleinen Haus und Garten übergeben hatte, ließen sich die Kapuziner 1604 dort nieder und bauten in den Jahren 1630 bis 1631 die heutige Kirche und weihten sie der hl. Katharina, um an die alte Katharina-Kapelle zu erinnern, die dort stand. Das Gotteshaus ist ein typischer Kapuzinerbau mit Fassadentürmchen, geradem Chorabschluss und Tonnengewölbe. Das Hochaltarbild von Franz Sebald Unterberger aus dem Jahre 1758 im Inneren der Kirche zeigt die mystische Vermählung der hl. Katharina von Alexandrien mit dem Christkind. Der Legende nach soll ihr das Christkind, nachdem Katharina sich hatte taufen lassen, den Verlobungsring an den Finger gesteckt haben. In der Kirche befindet sich das Grab des Tiroler Kirchenhistorikers Joseph Resch. Das Kapuzinerkloster besitzt auch eine herausragende Bibliothek, die eine Waffenkammer des Geistes ist. Die Kapuziner versorgen an ihrer Klosterpforte jeden Morgen besonders bedürftige Menschen mit einem Frühstück.[163]

Abb. 126: Kapuzinerkirche und Kapuzinerkloster.

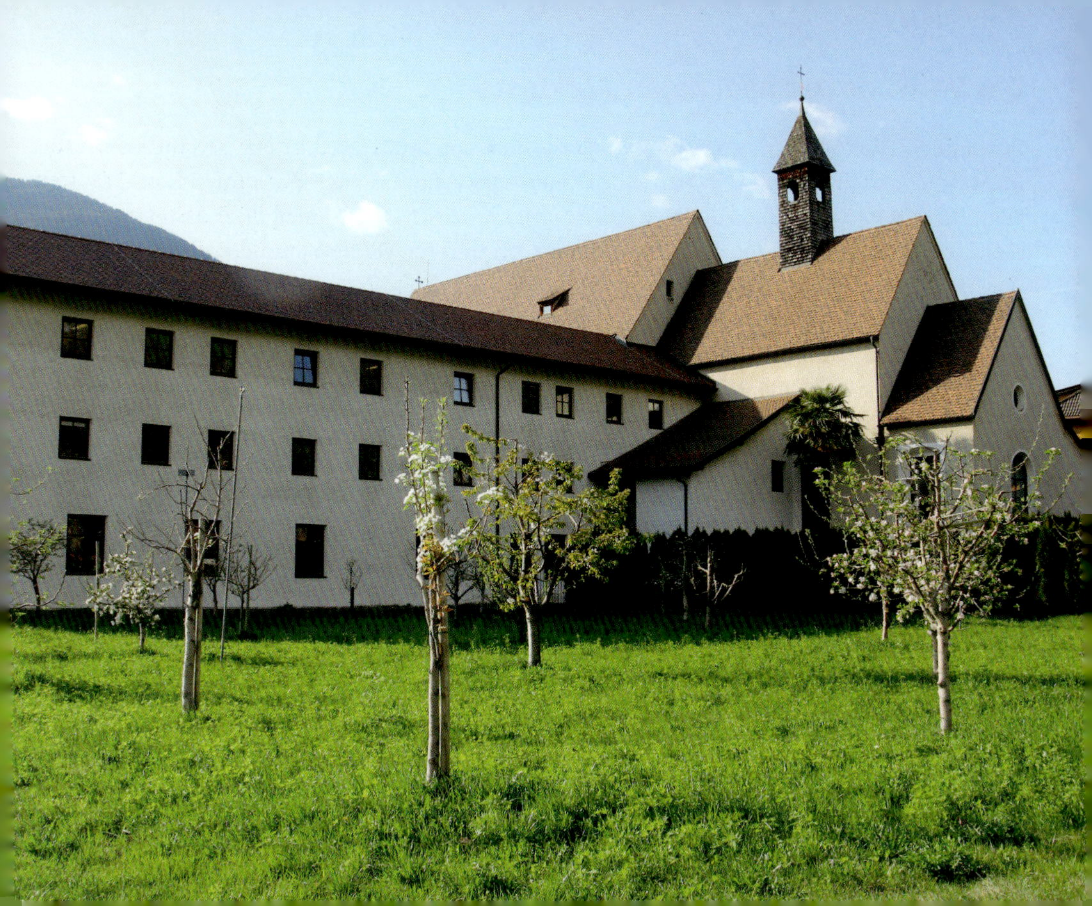

Das Votivbild mit dem Kapuzinerkloster

Besonders sehenswert im Kapuzinerkloster ist das Votivbild, das die neue Kirche des Ordens in Brixen darstellt. Es zeigt Fürstbischof Christoph Andreas von Spaur im vollen Ornat als Gründer des Klosters, der in Begleitung des hl. Franziskus das Modell des Klosters der Muttergottes auf einem Kredenzteller präsentiert. Im unteren Bildteil wird dem Betrachter eine Ansicht der Stadt Brixen geboten, welche die Pfarrkirche mit dem Weißem Turm, den Dom und die Hofburg zeigt. Der Nordturm trägt bereits den barocken Helm. Außer dem Wappen des Fürstbischofs Spaur, das sich unten befindet, sieht man rechts oben auch das Wappen des Fürstbischofs Johann Platzgummer (1641-1647). Unten in der Mitte des Bildes sieht man die Jahreszahl 1645. Daraus kann man entnehmen, dass Fürstbischof Platzgummer in Erinnerung an Christoph Andreas von Spaur das Bild in Auftrag gegeben hat. Platzgummer kannte nämlich aus der Zeit, als er Domherr in Brixen und Generalvikar des Fürstbischofs Spaur in Gurk gewesen war, die Entstehungsgeschichte des Klosters und die dabei aufgetretenen Schwierigkeiten. Da das Bild im Laufe der Zeit ziemlich gelitten hat, wurde es 1845 leider schlecht restauriert.[164]

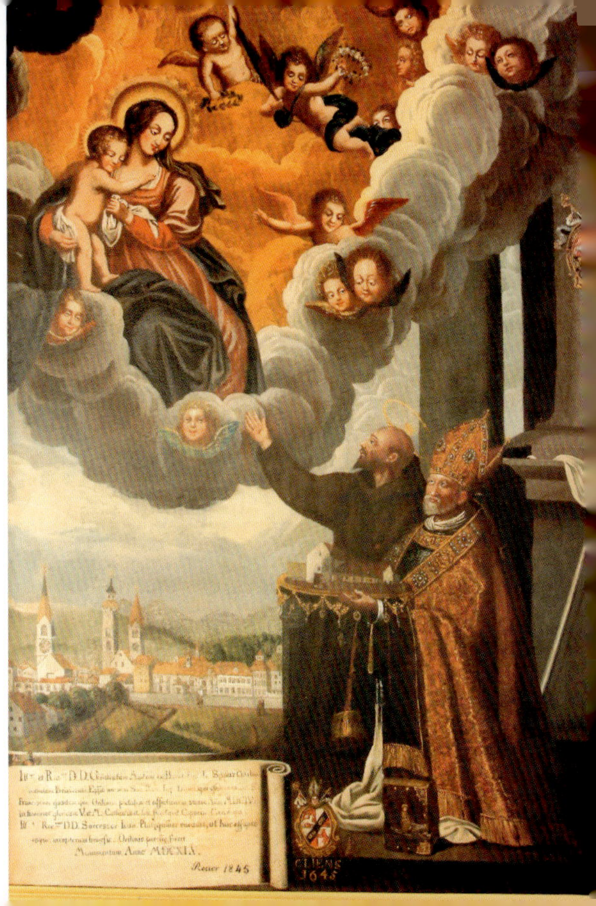

Abb. 127: Das Votivbild mit dem Kapuzinerkloster, 1645.

Die Franziskaner und die Klarissen

Etwas weiter im Süden der Runggadgasse trifft man auf die Klarissenkirche mit Klarissen- und Franziskanerkloster. Schon 1235 wird die Niederlassung der Klarissen in Brixen urkundlich erwähnt. Es handelt sich dabei um eine Urkunde, mit der Bischof Heinrich von Taufers (1224-1239) das Kloster von jedem weltlichen und geistlichen Gerichtszwang ausnahm. Damit ist die Brixner Niederlassung der in strenger Klausur lebenden Nonnen die älteste auf deutschem Boden. Sie wurde also noch zu Lebzeiten der hl. Klara von Assisi (1193-1253) gegründet. Man kann annehmen, dass gleichzeitig mit den Nonnen auch einige Franziskaner nach Brixen kamen, um die Schwestern geistlich zu betreuen. 1252 sind dann die ersten Franziskaner in Brixen auch urkundlich nachweisbar. Klarissenkloster, Franziskanerkloster und Kirche bekamen um 1680 durch den erfahrenen Baumeister Pater Rufin Laxner[165] die heutige Form. Bemerkenswert sind im Inneren der Kirche die Kreuzwegbilder des aus Cavalese stammenden Malers Franz Sebald Unterberger und die Bildtafeln im Kreuzgang von Frater Josaphat Leitner.[166] Zu den herausragenden Kostbarkeiten des Klarissenklosters zählt ein Klarazyklus, der aus 25 Bildern besteht. Es ist wohl der umfangreichste Bilderzyklus zum Leben der hl. Klara aus der Zeit des Barocks. Franz Sebald Unterberger hat ihn in den Jahren 1731 bis 1733 gemalt. Er war der Bruder von Michelangelo Unterberger, der Akademiedirektor in Wien war.[167]

Abb. 128: Das Kloster der Klarissen und der Franziskaner in Brixen.

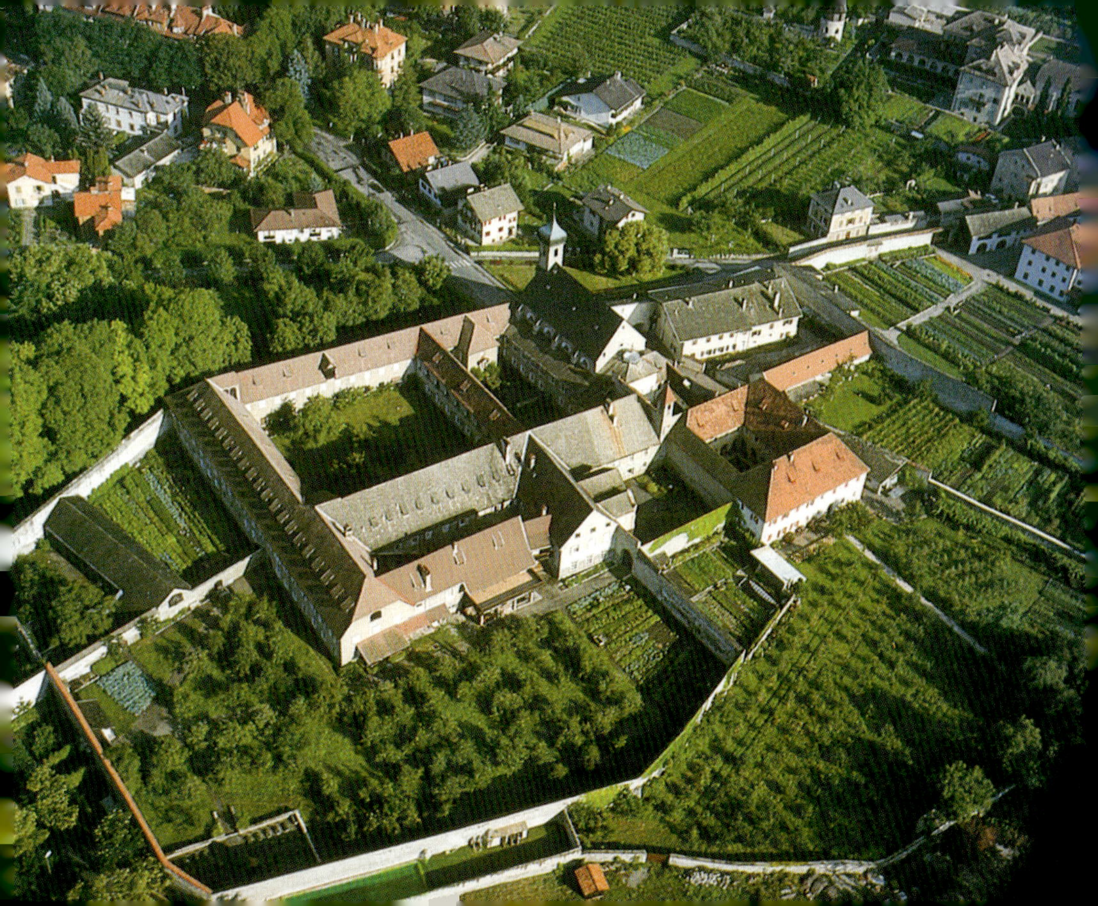

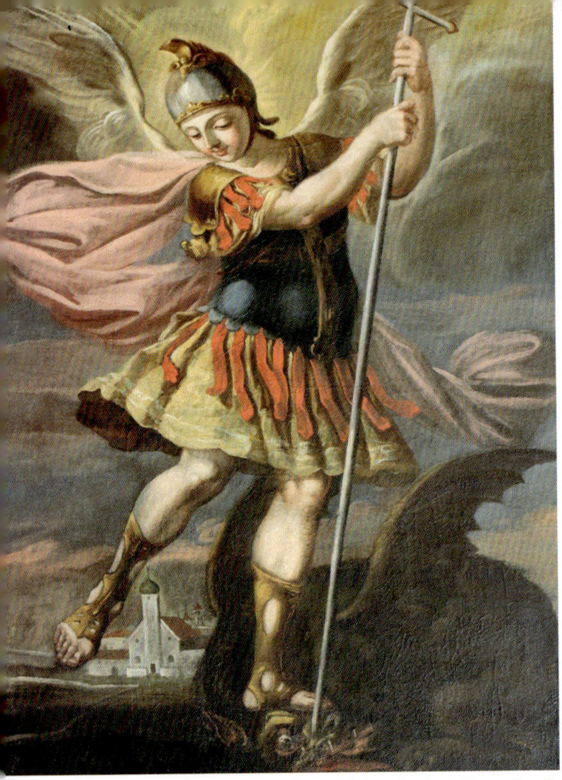

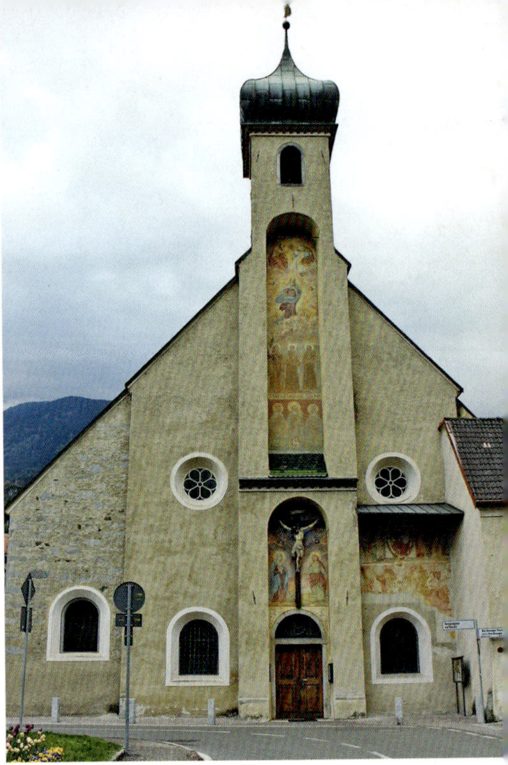

Abb. 129: a) Der Drachentöter Michael mit Vedute der Franziskanerkirche. Gemälde im Klarissenkloster, um 1700.
b) Die Fassade der Franziskanerkirche.

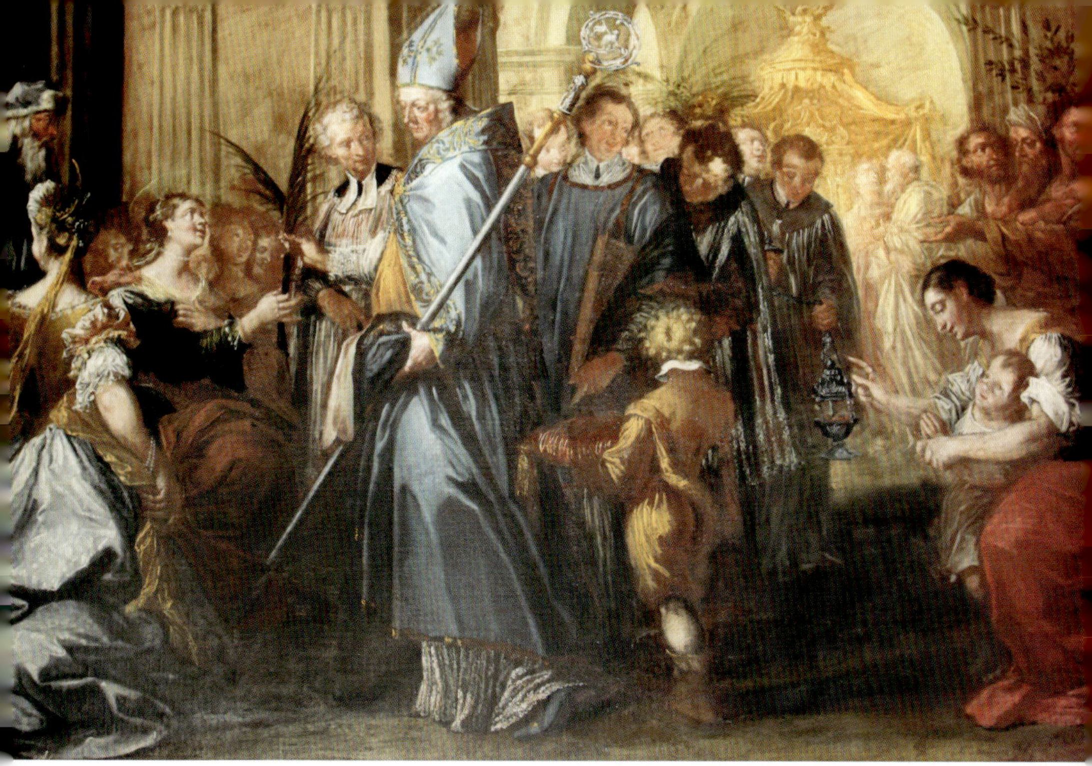

Abb. 130 : Bischof Guido (Gesicht von Fürstbischof Kaspar Ignaz v. Künigl) überreicht der hl. Klara einen Palmzweig. Gemälde v. F. S. Unterberger, 1731-1733, Gemälde im Klarissenkloster.

Die Widmannbrückengasse

Die Widmannbrückengasse führt von der Runggadgasse über die Widmannbrücke nach Osten. Nach der Überschwemmung von 1882, bei der der Kapuzinersteg über den Eisack weggerissen wurde, wurde 1884 die neue Widmann-Doppelbrücke über Eisack und Rienz errichtet. Sie stellt ein Meisterwerk österreichischer Brückenbaukunst dar. Im Jahre 2001 wurde die Brücke gründlich saniert.[168] Zum Jubiläum Brixens im Jahre 2001 haben die Stadtwerke der Stadt ein besonderes Geschenk gemacht. Es handelt sich um die Installation in Form eines Bogens, der den Übergang von der fossilen Energienutzung in das Solarzeitalter darstellen soll.[169] Vor der Brücke befinden sich heute italienische Schulen und ein italienisches Jugendzentrum, „Centro giovani". Das große Gebäude an der Ecke Runggadgasse/ Widmannbrückengasse ist die ehemalige Jesuitenkaserne. Im Jahre 1866 kauften die aus Padua vertriebenen Jesuiten das Haus, um dort ein Institut zu errichten. Aber schon 1876 erwarb die Gemeinde das Gebäude und verwendete es als Kaserne. Nach dem Ersten Weltkrieg war es Sitz des städtischen Elektrizitätswerkes.[170]

Abb. 131: Widmannbrücke mit einer Installation aus dem Jahre 2001.

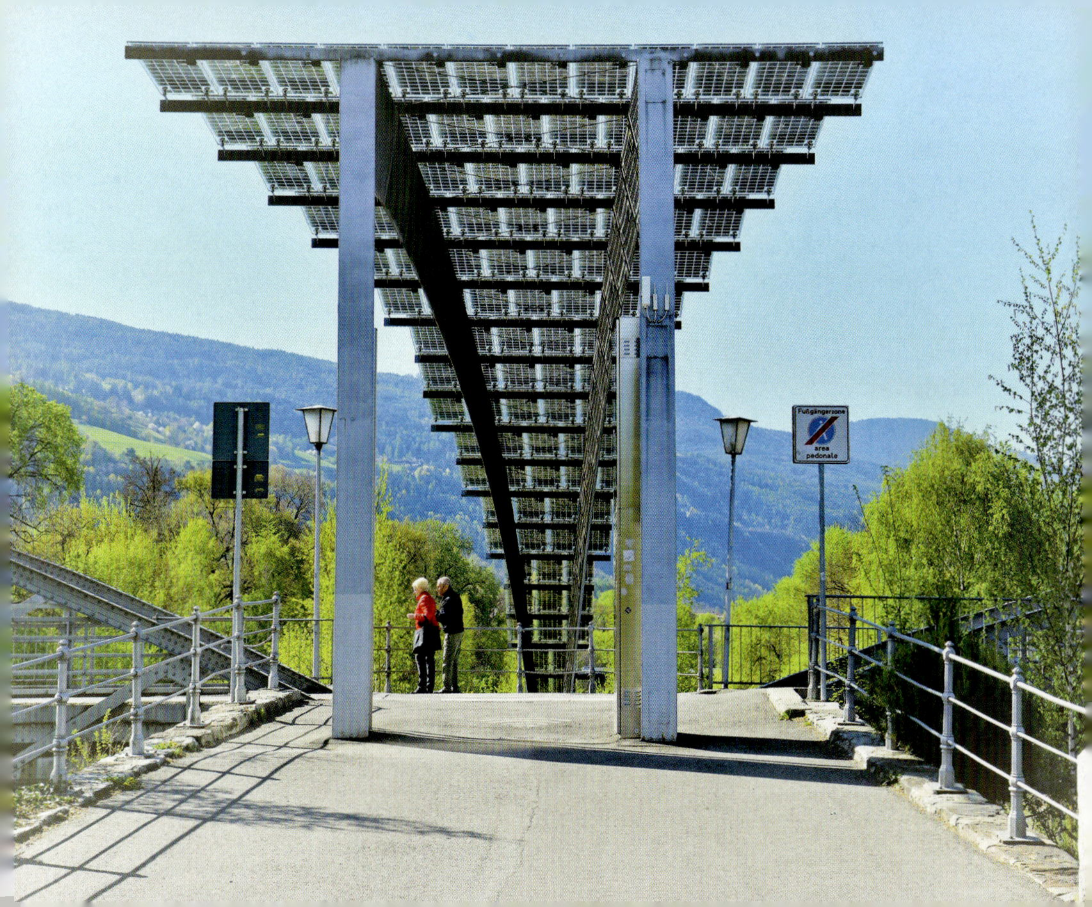
Fußgängerzone
area
pedonale

Das Lido

Wenn man die Eisackuferpromenade weiter nach Süden geht, gelangt man zum sogenannten Brixner Lido. Dabei handelt es sich um einen kleinen romantischen Teich, der durch die Begradigung des Eisacks 1884 entstanden ist. Da man dort auch Anfang der 50-er Jahre bis zur Errichtung des neuen Freibades in Priel im Jahre 1958 baden konnte, erhielt der Teich den italienischen Namen „lido". Da sich dort aber auch ein Fischzuchtteich befand, kam der Name „Fischzucht" auf. Das ganze Areal war für die Brixner Bevölkerung eine beliebte Naherholungszone, eine kleine Oase jenseits von Lärm und Hektik. Später verfiel das Areal, der Restaurantbetrieb wurde geschlossen und wirkte immer mehr verwahrlost. Erst 2015 kam es zu einer Wiederbelebung. Ein neues Restaurant mit neuer und attraktiver Architektur sowie mit einer großzügigen Terrasse verwöhnt nun die Gäste mit einer ambitionierten Küche. In der Nähe gibt es auch einen kleinen Streichelzoo, der besonders bei den Kindern beliebt ist.[171]

Abb. 132: Das Lido mit dem neuen Restaurant „Brix 0.1".

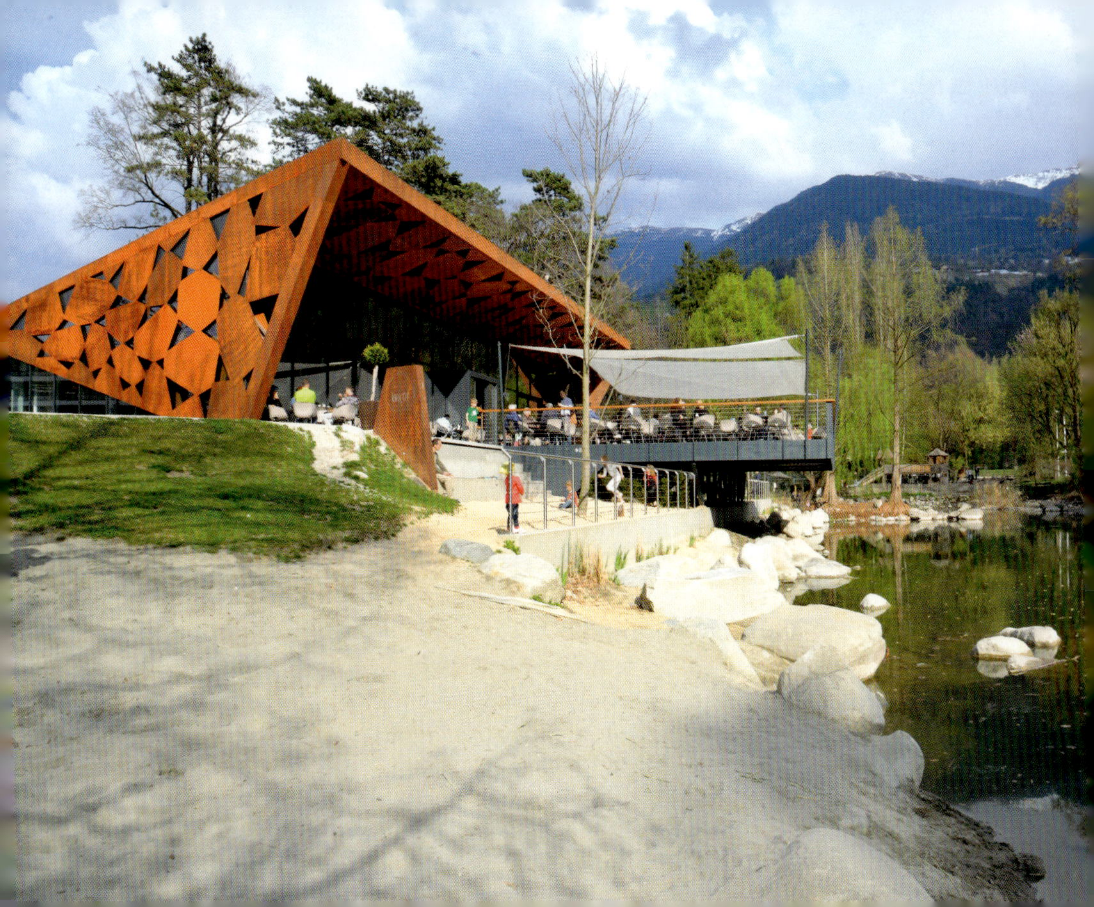

Die Brunogasse und das Kassianeum

Die Brunogasse verbindet den Hofburgplatz mit der Albuin- und der Hartwiggasse. An der Südostecke sieht man heute noch Reste der mächtigen Burg der Herren von Rodank, die eine harte Auseinandersetzung mit Bischof Bruno von Kirchberg (1250-1288) hatten. Nachdem es dem Bischof gelungen war, seine Widersacher zu bezwingen, ließ er die Burg niederreißen und übergab dann Teile dieses Gebietes dem Kloster Neustift. Später bekam das Haus den Namen Scheuchegg. Von der ehemaligen Burganlage hat sich bis heute ein Teil eines runden, massiven Turms auf achteckigem Unterbau erhalten.[172] Gegenüber von Scheuchegg befindet sich das heutige Jugendhaus Kassianeum, das den Namen des hl. Kassian, des Patrons der Diözese Bozen-Brixen, hat. Sowohl das Haus Scheuchegg als auch das Kassianeum sind aus der weitläufigen Stadtburg der Edlen von Rodank hervorgegangen. Im Jahre 1607 errichtete dort Bischof Christoph Andreas von Spaur ein Priesterseminar und 1756 wurde aus dem Haus das Heim der Domschüler, die im Domchor singen mussten. Im Jahre 1809 wandelte die bayerische Regierung das Haus in eine Kaserne um. Durch kaiserliches Dekret von 1826 wurde das Knabenkonvikt Kassianeum wiedererrichtet. Dort wohnten nun viele Studenten, die das angrenzende Stiftsgymnasium besuchten. Im Jahre 1903 wurde das Kassianeum umgebaut und erhielt seine heutige äußere Gestalt. Nachdem es bis 1983 als Schülerheim geführt worden war, wurde es 1985 vom Land Südtirol übernommen und intern großzügig umgebaut. Heute dient es als Jugend-Bildungszentrum und als Jugendherberge.[173]

Abb. 133: Das Kassianeum in der Brunogasse.

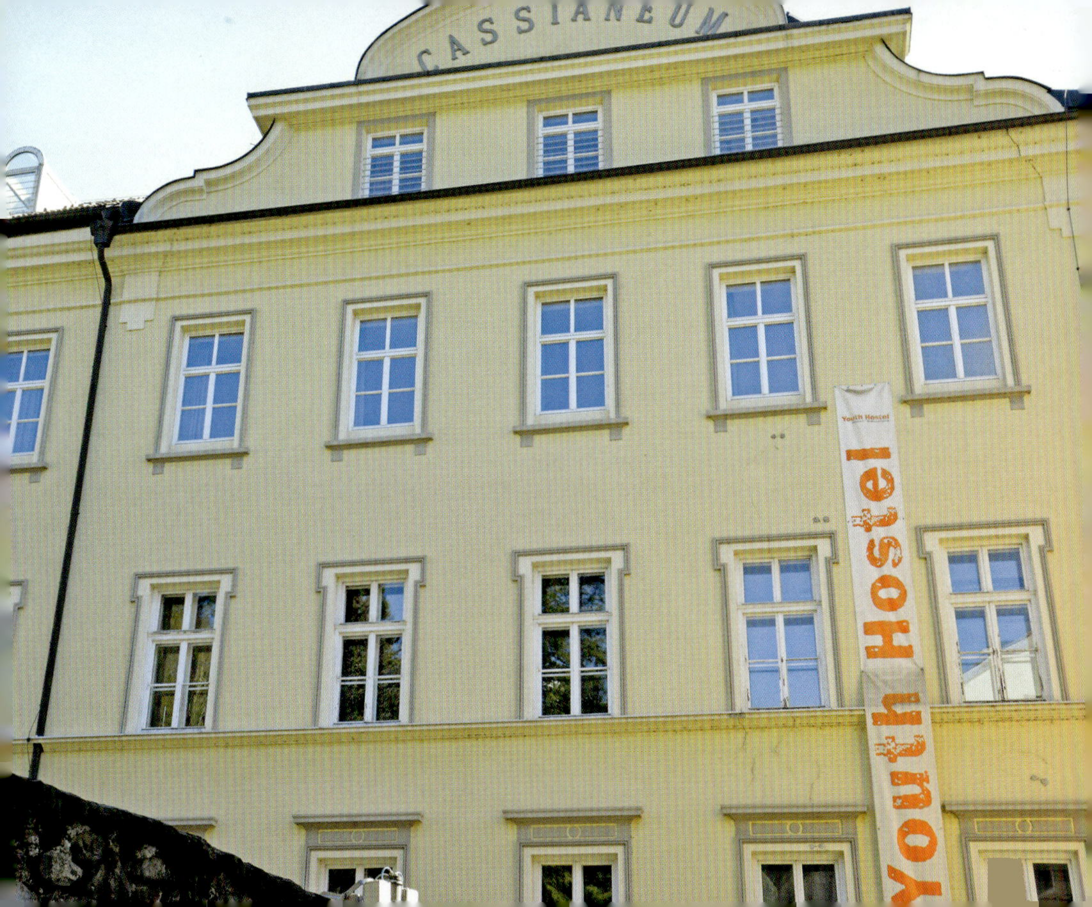
CASSIANEUM
Youth Hostel
Youth Hostel

Die Altenmarktgasse und die Kirche der Englischen Fräulein

Die Altenmarktgasse verbindet die Weißenturmgasse mit der Brennerstraße. Der Name rührt von den Märkten außerhalb der Stadtmauern her, die bereits um 1085 erwähnt wurden. Zu Beginn der Altenmarktgasse steht an der Ecke zum Großen Graben das Waltherhaus, das im 17. Jahrhundert an die Familie von Walther kam und von ihr auch den Namen erhielt.[174] In der Altenmarktgasse befindet sich die Kirche der Englischen Fräulein, die sich heute „Schwestern der Congregatio Jesu" nennen. Im Jahre 1739 haben sie gegen den Widerstand der Stadtväter, aber mit der Hilfe des Fürstbischofs und der Familie Sarnthein in Brixen eine Niederlassung gegründet. Dem Orden gelang es, ein Schulgebäude zwischen Altenmarktgasse und Stadelgasse zu errichten. Im Jahre 1768 wurde auch die Kirche fertiggestellt, die Franz Anton Zeiller mit Fresken schmückte. Ein Großbrand im Jahre 1839 zerstörte Kirche und Kloster. Die Schwestern fanden anschließend in Neustift und im Priesterseminar Unterkunft. Nach dem Wiederaufbau kehrten sie 1841 in die Altenmarktgasse zurück. Die neue Kirche im klassizistischen Stil wurde 1847 eingeweiht. Das Fresko in der Apsis aus dem Jahre 1854 stammt von Josef Mühlmann und stellt die Weihe des Landes Tirol an das Herz Jesu dar. Da die Schwestern kaum mehr Nachwuchs hatten, sahen sie sich 2011 gezwungen, das ganze Areal zwischen Altenmarktgasse und Stadelgasse für Schulzwecke an die Autonome Provinz Bozen zu verkaufen.[175]

Abb. 134: Die Kirche der Englischen Fräulein in der Altenmarktgasse.

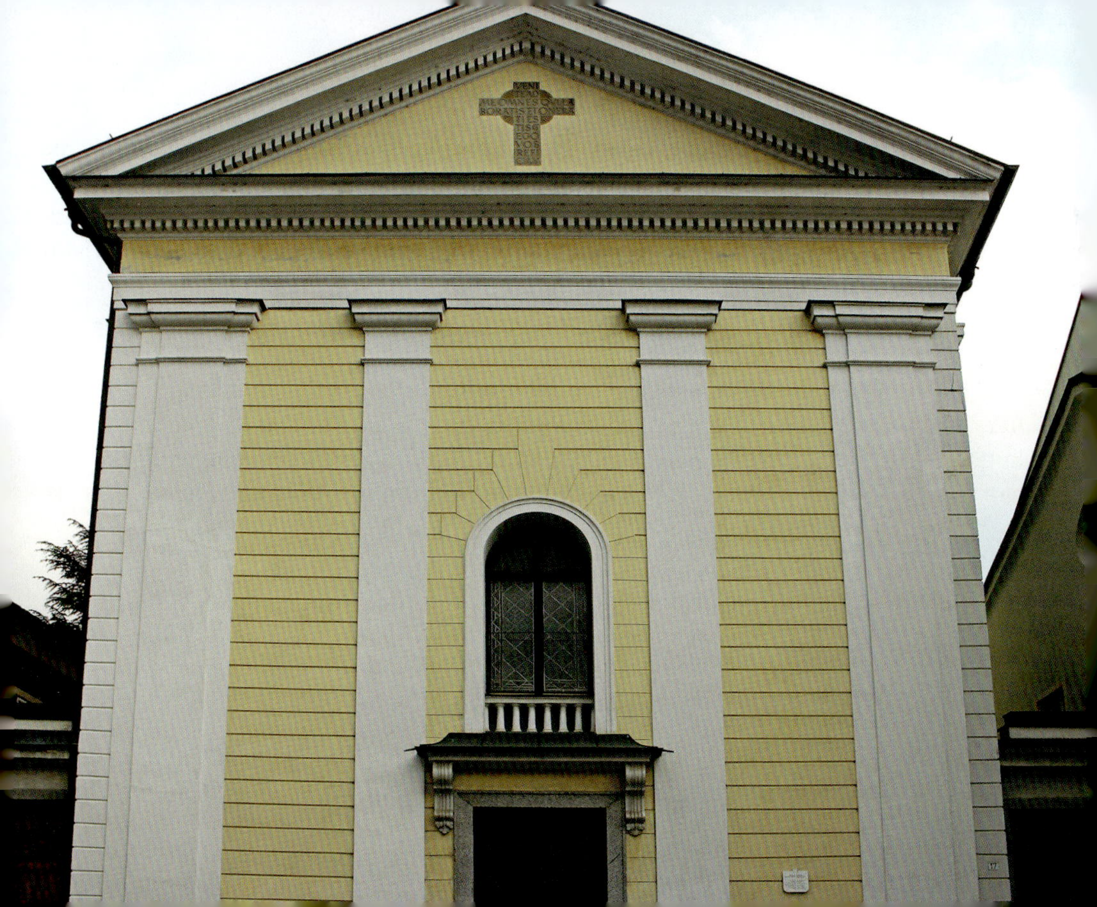

Die Trattengasse

Die Trattengasse verbindet die Altenmarktgasse bzw. die Brennerstraße mit der Stadelgasse bzw. mit der Weißlahnstraße. Sie war, wie der Name besagt, einst ein Feld, auf dem Vieh aufgetrieben wurde. Urkundlich sind aber bereits im 16. Jahrhundert schon viele Häuser erwähnt, die sich dort befanden. Nach dem Zweiten Weltkrieg fanden dort bis in die 50er-Jahre Krämermärkte statt. Zu Beginn der Gasse in Richtung Altenmarktgasse steht ein stattliches Gebäude, das heute die Carabinieristation beherbergt. Zur Zeit des großen Verkehrs über den Brenner war dort eine bedeutende Gaststätte mit eigener Schmiede und weitläufigen Stallungen. Im 17. Jahrhundert führte diese Gaststätte die Familie Peisser, die auch das Gasthaus zum Goldenen Adler innehatte. Der wirtschaftliche Niedergang zu Beginn des 19. Jahrhunderts traf auch dieses Anwesen, weshalb es an die Stadt verkauft wurde. Im Jahre 1899 wurde in dem gründlich sanierten Gebäude die Bezirkshauptmannschaft untergebracht.[176]

Abb. 135: Die Trattengasse.

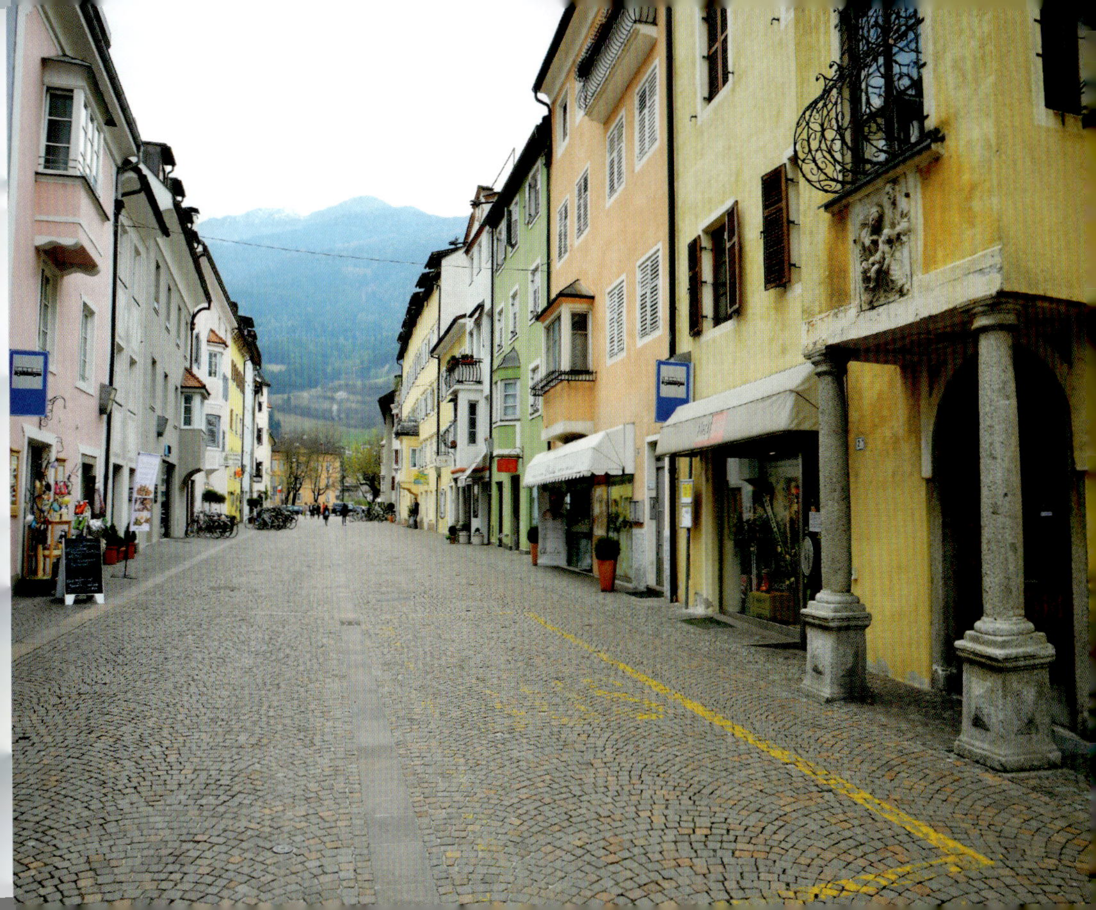

Die Brennerstraße

Die Brennerstraße, die früher Zinggenstraße hieß, entstand, als man 1645 die Straße ins Pustertal baute. Ursprünglich führte die Pustertalerstraße über die Adlerbrücke und über Kranebitt nach Neustift. Die Zinggenerbrücke ist wahrscheinlich auch erst nach dem Bau der Pustertalerstraße entstanden. Die hölzerne Brücke wurde wiederholt vom Eisack zerstört. Nach dem Hochwasser von 1927 wurde sie erst 1934 wiedererrichtet. In diesem Jahr wurde auch die Cesare-Battisti-Straße gebaut. An der Brennerstraße liegen das mit dreiteiligen Rundbogenfenstern gezierte Wirtshaus „Goldenes Rößl" und weiter nördlich das Glockengießerhaus, welches die aus dem Ötztal stammende Familie Graßmayr seit 1590 betrieb. Die letzte Glocke wurde 1866 gegossen. Es handelte sich um eine Glocke für Welschnofen, die heute noch die Menschen zur Kirche ruft. Außen ist das Haus mit Gemälden geschmückt, die von einem Mitglied der Familie Graßmayr stammen. Im Jahre 1895 zog in das ehemalige Glockengießerhaus der katholische Pressverein ein, aus dem 1936 die Verlagsanstalt Athesia hervorging. An der Brennerstraße liegt auch das Vinzentinum.[178]

Abb. 137: Das Glockengießerhaus an der Brennerstraße.

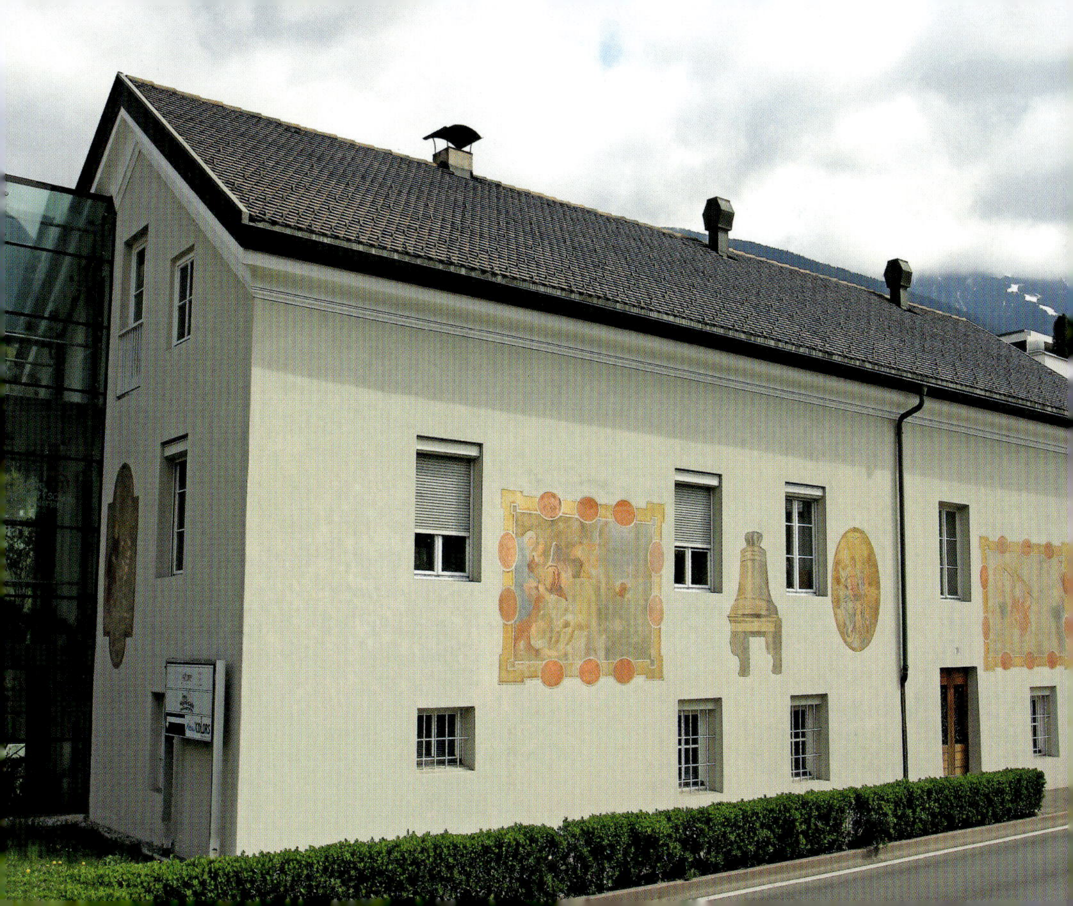
COLORS

Das Vinzentinum

Da die Priester, welche aus dem Stiftsgymnasium hervorgingen, nicht mehr genügten, um dem seit 1850 wachsenden Priestermangel abzuhelfen, entschloss sich Fürstbischof Vinzenz Gasser 1867 zur Gründung eines bischöflichen Knabenseminars, das Schule und Internat miteinander verbinden sollte. So entstand von 1873 bis 1876 der festungsartige Bau, der später nach seinem Gründer „Vinzentinum" genannt wurde. Als Architekt fungierte Josef v. Stadl. Das ganze Innere der Kirche ist bemalt und stellt Szenen aus der Heilsgeschichte dar. Die Skizzen und Kartons stammen von Albrecht Steiner v. Felsburg, dem bei der Ausführung Heinrich Kluibenschedl half. Besonders interessant ist das Bild an der Decke der Josefskapelle. Es zeigt links von der Klosterfrau den Maler Albrecht Steiner v. Felsburg und den Architekten Josef v. Stadl. Der Hochaltar von Josef Blaas stellt eine Kreuzigungsgruppe dar. Er ist eine Kopie der Kreuzigungsgruppe des 13. Jahrhunderts in der Schlosskapelle von Wechselburg in Thüringen. Unter der Kirche befindet sich der Theatersaal mit dem Gemäldezyklus, der die Parzivalsage zum Thema hat. Er stammt von Eduard von Wörndle aus den Jahren 1880/1883. Die Kirche, die als erste Kirche Tirols dem Herzen Jesu geweiht wurde, und der Theatersaal zählen zu den wichtigsten Werken der Romantik und des Nazarenerstils in Südtirol.[179]

Abb. 138: Das Vinzentinum.

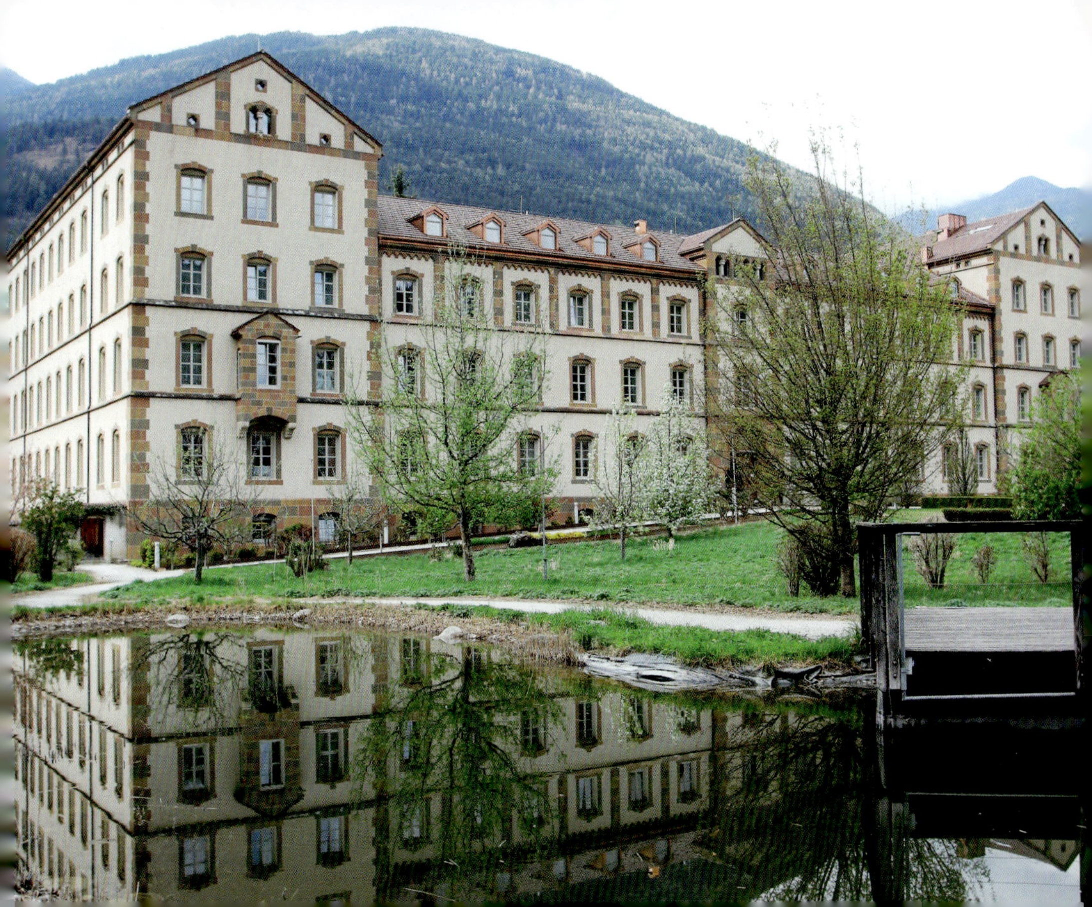

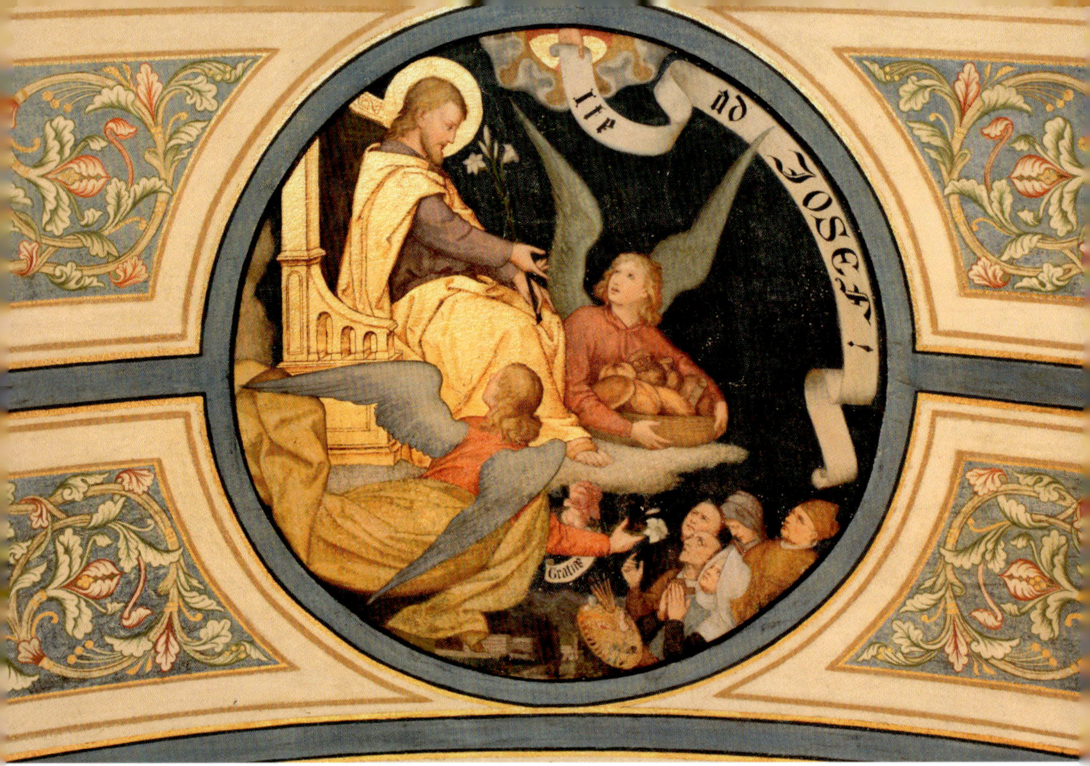

Abb. 139: Der hl. Josef als Helfer in der Not. Im Bild unten eine Vedute des Vinzentinums, neben der Palette rechts der Maler Albrecht Steiner v. Felsburg, links der Architekt Josef v. Stadl, dahinter seine Frau Maria Pfefferer und Fürstbischof Simon Aichner.

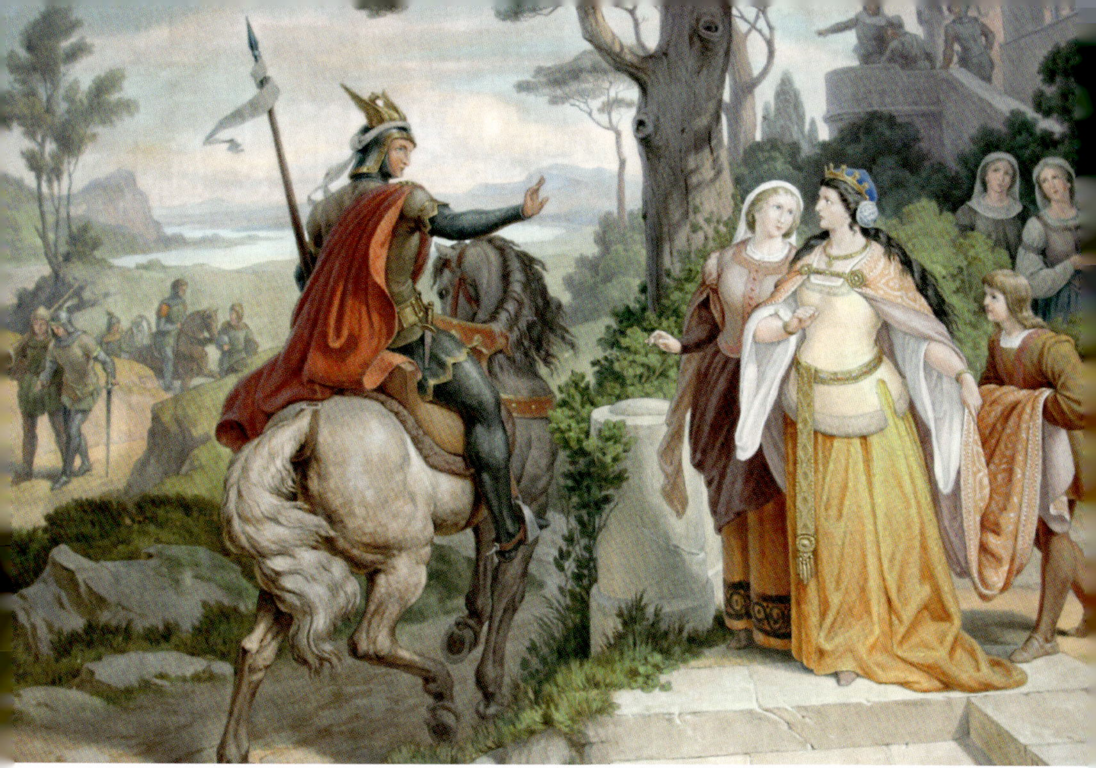

Abb. 140: Parcival widersteht den Verführungskünsten der Orgeluse.
Gemälde v. E. v. Wörndle.

Die Kirche in Zinggen

Der Name Zinggen könnte mit Zinke bzw. Spitze zu tun haben.[180] Die Kirche in Zinggen war zunächst eine kleine hölzerne Kapelle. Nachdem Brixen vom 30-jährigen Krieg verschont geblieben war, ließ Weihbischof Jesse Perkhofer eine Kirche mit einem polygonalen Turm bauen, die er 1658 selbst einweihte.[181] Außen befindet sich ein heute stark verwittertes Fresko aus der zweiten Hälfte des 17. Jahrhunderts, das Maria mit Christkind, Engeln und Heiligen zeigt. Das Zepter dient als Zeiger einer Sonnenuhr. Der bewegte Hauptaltar zeigt das Innsbrucker Mariahilfbild in einem Metallrahmen mit Wolken- und Strahlenkranz. Die einfachen Seitenaltäre haben Bilder, die den hl. Josef und den hl. Antonius von Padua darstellen. Sie sind gute Arbeiten von J. Schoepf aus dem Jahre 1781. Unter den Gewölbezwickeln sieht man sechs Bilder aus dem Marienleben von Josef Erler aus dem Jahre 1837.[182]

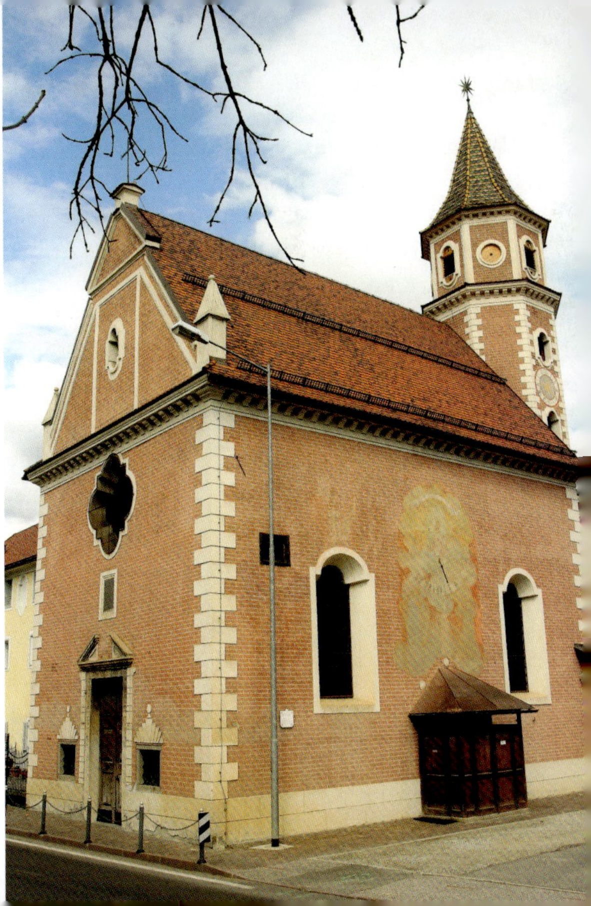

Abb. 141: Die Kirche in Zinggen.

Das Erlebnisbad Acquarena und die Kletterhalle

Nach der Flussregulierung von 1884 entstand am oberen Eisackdamm zwischen Eisack und Prielwiese eine Uferpromenade, die von der Adlerbrücke am neuen Schwimmbad, das 1958 entstand, vorbei nach Zinggen führt.[183] Neben dem Schwimmbad wurde im Jahre 2002 das Erlebnisbad Acquarena errichtet. Dieses Ambiente zum Wohlfühlen bietet zahlreiche Pools und Wasserbecken, einen großzügigen Saunabereich (finnische Sauna, Kräutersauna sowie ein Dampf- und ein Thalasso-Bad), einen umfassenden Wellness- und Fitnessbereich sowie eine Kegelbahn, Liegewiesen und das vorzügliche Restaurant „Grissino“ mit Pizzeria und asiatischen Spezialitäten. Alles in allem handelt es sich hier um ein kleines Paradies für Wasserratten, Sportbegeisterte und Feinschmecker.[184] Für die Kletterfreunde wurde 2012 gleich neben der Acquarena eine Kletterhalle eröffnet, die sich Vertikale nennt. Mit rund 20 m Höhe, 1600 m^2 Kletterfläche und fast 200 verschiedenen Routen entspricht diese Struktur sowohl den Ansprüchen von Anfängern als auch jenen von Fortgeschrittenen.[185]

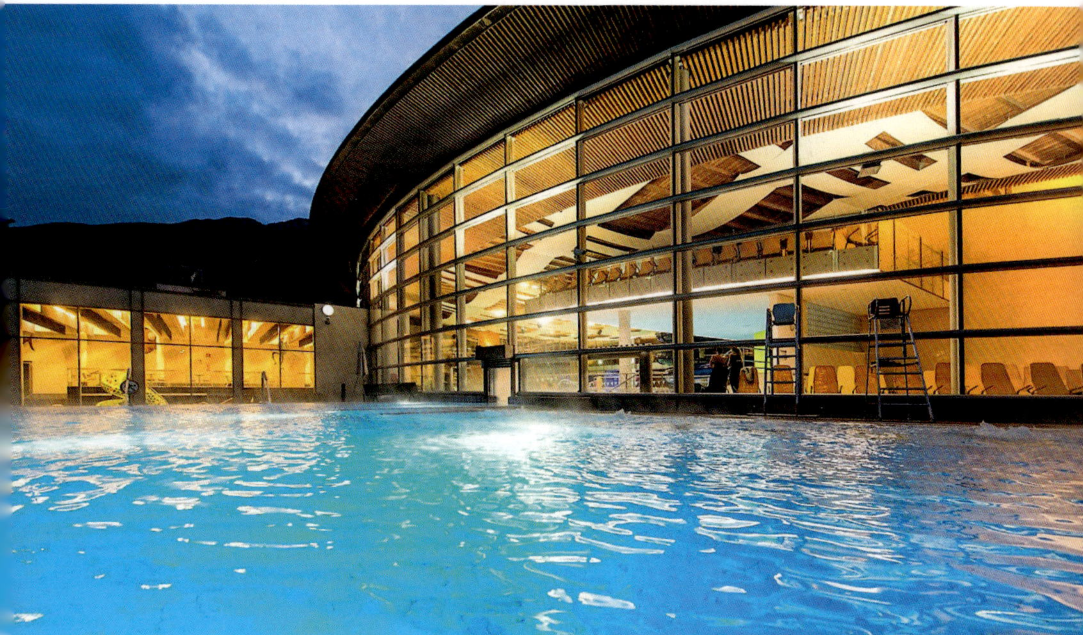

Abb. 142: Das Erlebnisbad Acquarena.

Die Stadelgasse

Die Stadelgasse zählte zu den wichtigen Straßen in Brixen, weil der Verkehr ursprünglich vom Säbenertor zum Bildstock beim Hotel Elephanten und weiter über Vahrn zum Brenner führte. Der Name kommt von den vielen Städeln, die sich früher hier befanden.[186] Im Jahre 1955 entstand dort, wo früher die Mauern des ehemaligen Futterhauses der Englischen Fräulein standen, das neue Mädchenheim Marianum, das 80 Lehrmädchen und Studentinnen Platz bot. In letzter Zeit kam es zu weiteren Neubauten und Sanierungen. So wurde das Hotel „Goldene Krone", das 1717 als Baumwirtschaft erwähnt wird, im Jahre 2003 völlig abgerissen und neu aufgebaut.[187] Zu nennen ist hier auch das fast am Ende der Stadelgasse sich befindende Pruggerhaus, das in den Jahren 2010 bis 2011 mustergültig restauriert wurde und heute als „Haus Paolina" in der Gebäudegeschichte der Stadt Brixen ein Kleinod darstellt.[188]

Abb. 143: Die Stadelgasse mit dem „Haus Paolina".

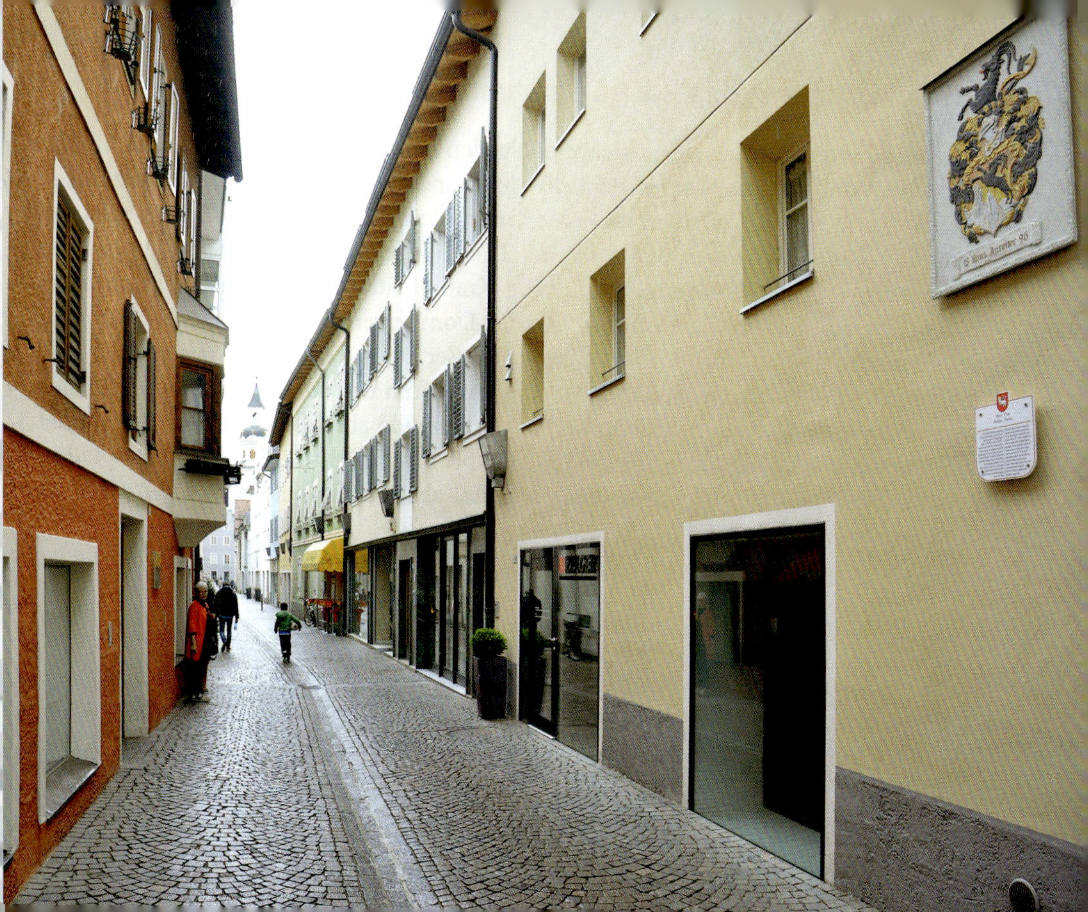

Der Friedhof

Ganz in der Nähe des Hartmannsheimes befindet sich der städtische Friedhof. Ursprünglich befand sich der Friedhof rund um die Pfarrkirche. Dann fand er seinen Platz zwischen Pfarrkirche und Dom. Mit der Zunahme der Bevölkerung reichte der Raum nicht mehr aus, so dass Fürstbischof Karl Franz von Lodron (1791-1828) ihn 1792 dorthin verlegte, wo er sich heute noch befindet. Im Laufe der Jahre wurde der Friedhof wiederholt erweitert. Im Jahre 1880 entstanden nach den Plänen des Architekten Josef v. Stadl die neugotischen Arkaden und in der Mitte des Gottesackers eine neugotische Kapelle.[190] Die letzte Friedhoferweiterung fand in den Jahren 1989 bis 1992 statt.

Abb. 145: Der Friedhof mit der neugotischen Kapelle.

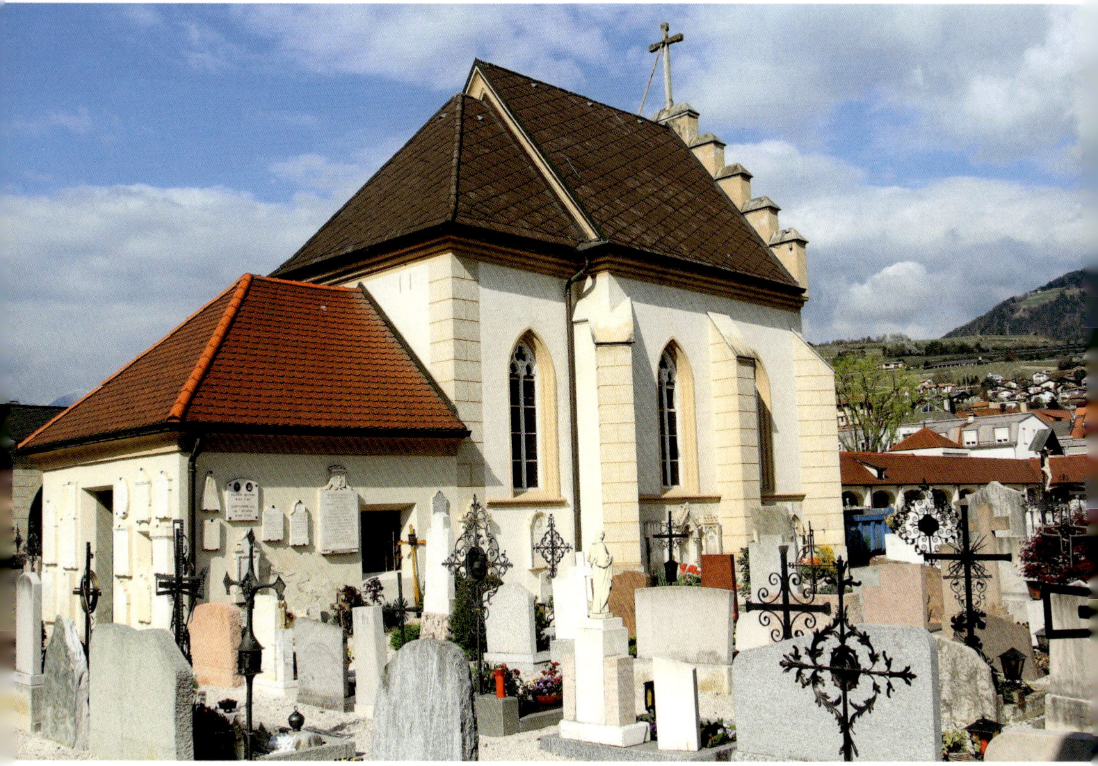

Die Regensburger Allee und die Bahnhofsstraße

Obschon die Brennerbahn bereits im Jahre 1867 in Betrieb genommen wurde, baute die Gemeinde Brixen erst 1907/8 den schmalen Fußweg zum Bahnhof zu einer breiten Straße aus, die vor 1920 Erzherzog-Eugen-Straße hieß. Anschließend bekam sie den Namen Bahnhofstraße.[191] Die Bahnhofstraße wurde auch als erste Straße von Brixen asphaltiert. Anlässlich der Feierlichkeiten des 40-Jahr-Jubiläums der Städtepartnerschaft zwischen Brixen und Regensburg im Jahre 2009 bekam der erste Teil der Straße vom Sonnentor bis zum Kreisverkehr den Namen Regensburger Allee.[192] Zu Beginn der Regensburger Allee befindet sich die im Jugendstil erbaute Villa Adele, die zwei runde Ecktürme, eine doppelgeschossige Loggia und eine überhöhte Lichthaube aufweist. Sie wurde von Eduard Ritter von Angeli-Forstemann im Jahre 1903 errichtet. An der Kreuzung der Straße mit der Reichsstraße befand sich früher der kleine Bildstock zur Schwarzen Mutter Gottes, eine Nachbildung des in Einsiedeln verehrten Bildes. Jetzt steht die Muttergottesstatue in einer kleinen Kapelle an der Südwestecke des Gartens des St. Josefs-Missionshauses. In der Bahnhofstraße befindet sich auch das Hotel „Jarolim", das der aus Böhmen stammende Offiziersadjutant Johann Jarolim 1894 eröffnete.

Abb. 146: Die Regensburger Allee mit der Villa Adele.

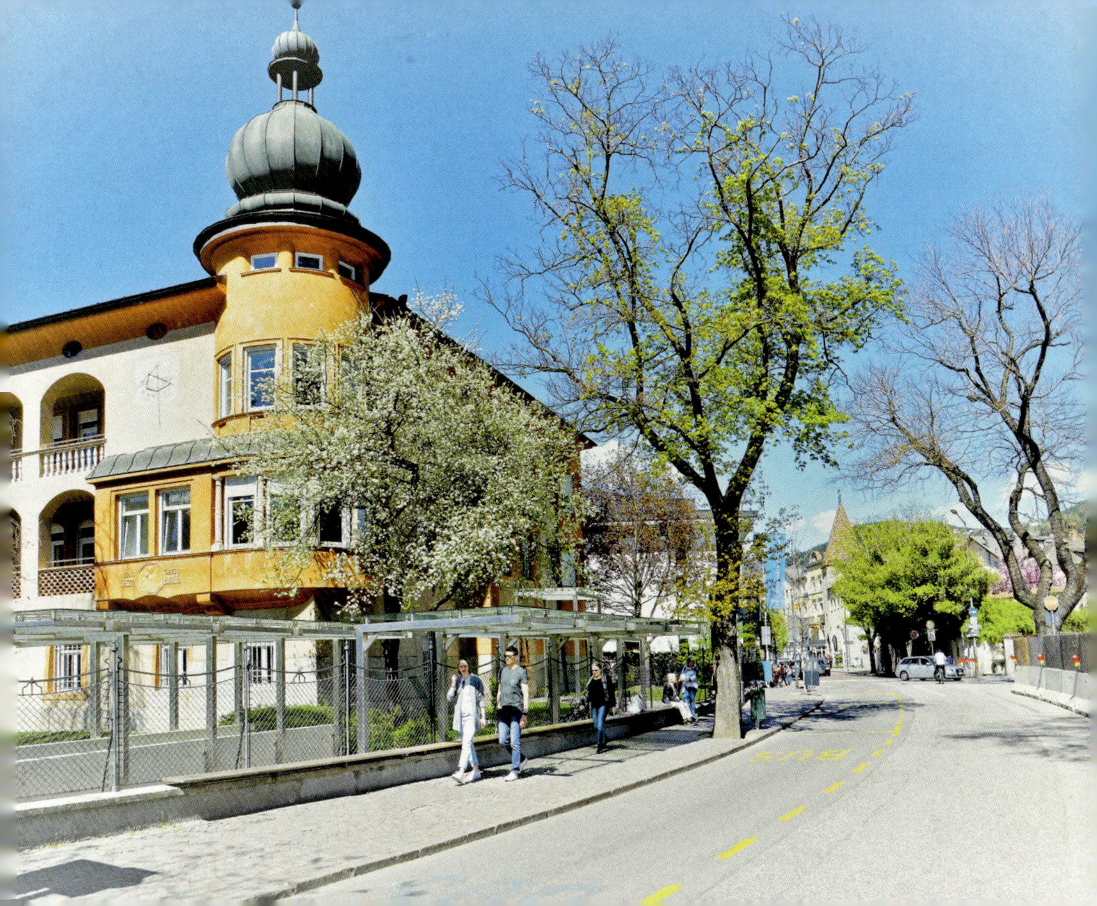

Die Brixen Tourismus Gen.

Gegen Ende des 19. Jahrhunderts begann in Brixen der moderne Fremdenverkehr. Wegbereiter war der 1898 gegründete „Curverein". Der von Hofrat Ferdinand Kaltenegger geleitete Verein gab schon 1900 einen Prospekt heraus und bereitete die große 1000-Jahr-Feier im Jahre 1901 vor. 1903 begann der Verein mit der Planung der Ploseseilbahn und 1910 richtete er ein Büro am Domplatz ein.[193] Italien und besonders der Faschismus brachten für Brixen tiefgreifende Veränderungen. Im Jahre 1922 zerstörten die Faschisten das 1917 errichtete Kriegerdenkmal „Adler im Eisen", das an der Abzweigung der Kassianstraße von der Regensburger-Allee stand. In diesem Pavillon befand sich ein Adler aus Holz des Grödner Künstlers Josef Moroder-Lusenberg, in dem man gegen eine Spende an die Kriegsfürsorge einen eisernen Nagel schlagen konnte. An der Stelle des Kriegerdenkmals errichteten die Faschisten in den 1930er-Jahren die Kurverwaltung „Azienda autonoma di cura e soggiorno". Im Jahre 1967 machte dieser Bau einem neuen eleganten Pavillon des Architekten Othmar Barth Platz, in dem nun der Tourismusverein unterkam. Der Bau wurde aber im Laufe der Zeit viel zu klein, so dass er 2017 einem etwas nach Süden verschobenen Neubau des Architekturbüros ModDus Architects (Matteo Scagnol und Sandy Attià) weichen musste.[194]

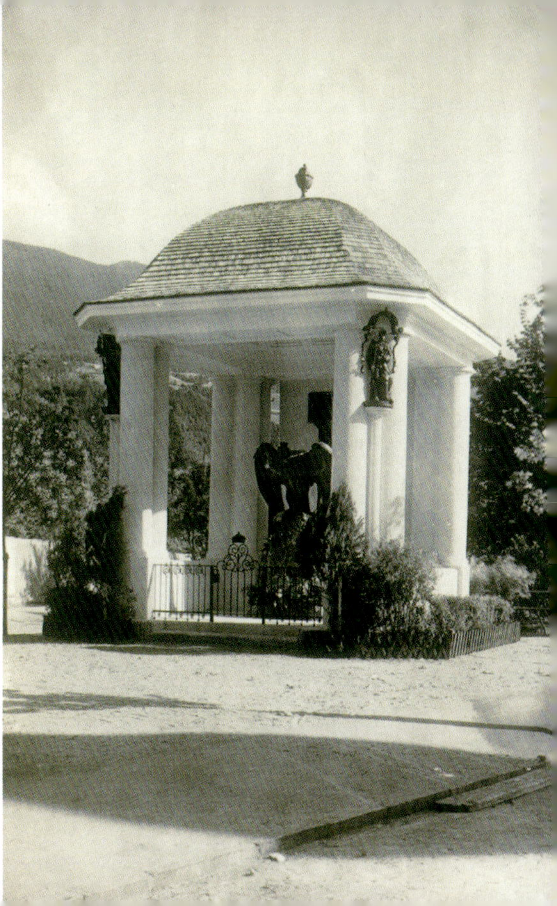

Abb. 147: Das Gefallenendenkmal, 1917.

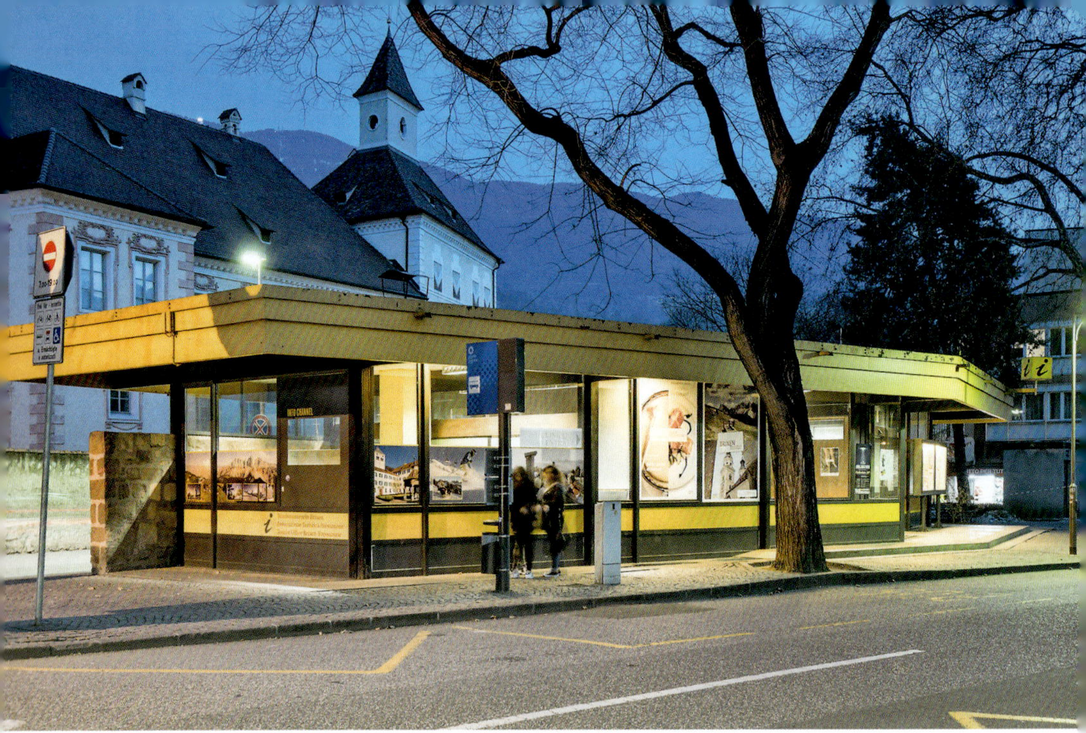

Abb. 148: Das Tourismusbüro des Architekten O. Barth, 1967. Im Jahre 2017 wurde es abgerissen.

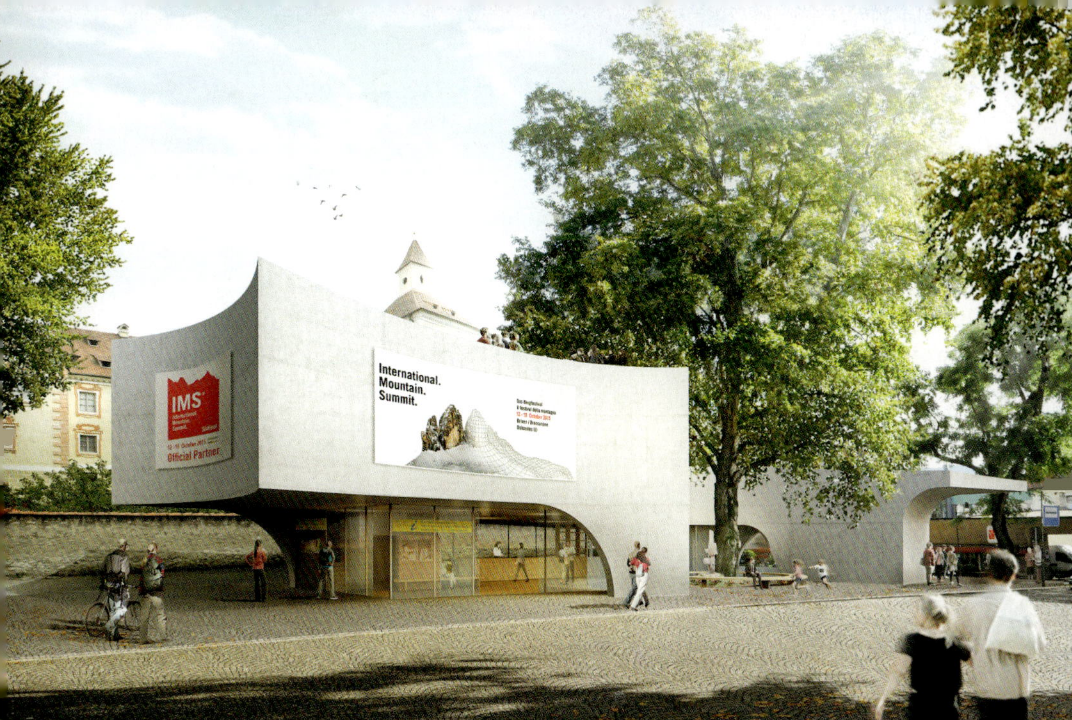

Abb. 149: Modell für das neue Büro der Tourismusgenossenschaft, 2017.

Das St. Josefs-Missionshaus

An der Regensburger Allee liegt das St. Josefs-Missionshaus. Dort hatte sich im Jahre 1903 die Missionsgesellschaft von Mill Hill niedergelassen. Sie errichtete ein Heim für zukünftige Missionare, die im Vinzentinum zur Schule gingen. Anschließend bekamen die angehenden Missionare ihre Ausbildung in Mill Hill. Während des Ersten Weltkriegs diente das Haus zuerst als Kaserne und dann als Lazarett. Im Jahre 1922 wurde das Haus von den Italienern beschlagnahmt und für die italienische Volksschule verwendet. Erst durch die Vermittlung von Kardinal Vincenzo Vannutelli und von Mussolinis Gemahlin, Donna Rachele, bekam die Missionsgesellschaft ihr Haus wieder. Besonders viele Studenten betreute das Haus in den Jahren 1949, 1957 und 1958. Dann begannen die Zahlen zurückzugehen. Schließlich gab es überhaupt keine Interessenten mehr, so dass das Schülerheim 1994 ganz aufgelassen wurde. Auf dem früheren Spielplatz des Heimes entstand später ein Parkplatz und schließlich das Gebäude für die Fakultät der Bildungswissenschaften. Während sich im Nordtrakt des Hauses die Universität einmietete, wird der Rest des Hauses weiterhin von den Missionaren bewohnt. Der Verkauf des Uni-Areals ermöglichtes es der Missionsgesellschaft, in Kranebitt das Herberthaus, ein Altenheim für Missionare, zu bauen.[195] Zwischen Kassianstraße und Regensburger Allee befindet sich in der Fallmerayerstraße das Gesellenhaus von Adolf Kolping.[196]

Abb. 150: Das St. Josefs-Missionshaus.

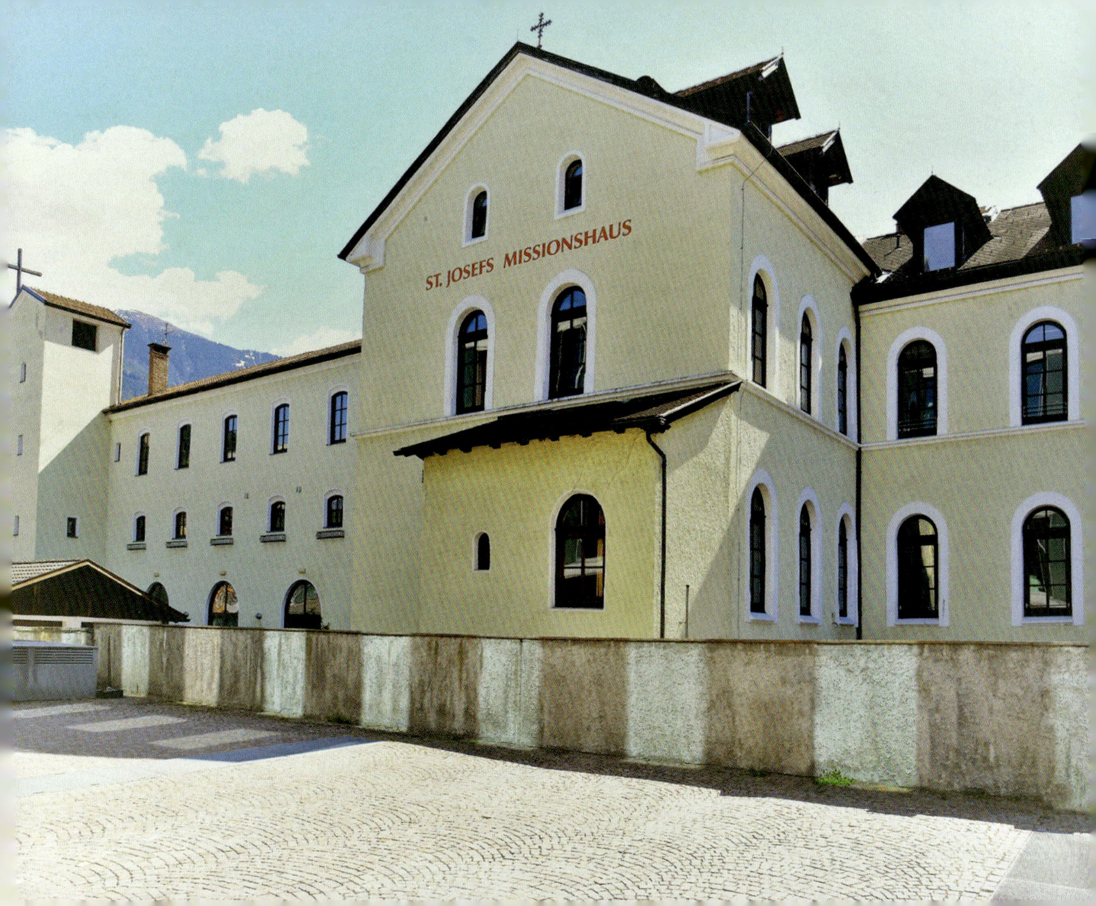
ST. JOSEFS MISSIONSHAUS

Die Freie Universität und der Busbahnhof

Die 1997 gegründete Freie Universität Bozen verteilt sich auf drei Standorte, und zwar auf Bozen, Brixen und Bruneck. In Brixen gibt es die Fakultät für Bildungswissenschaften, die eine kleine, aber feine Bibliothek besitzt und für die Studierenden auch eine Mensa bietet. Die Hochschule entstand im Jahre 2004 auf dem Gelände des ehemaligen Autoparkplatzes zwischen Regensburger Allee und Dantestraße. Das neue Universitätsgebäude wurde nach den Plänen des Stuttgarter Architektenbüros Kohlmeyer-Oberst errichtet und besteht aus einem vierstöckigen gläsernen Gebäudekranz, der in seinem Umriss an die Hofburg erinnert und einen interessanten Kontrapunkt zum historischen Kern der Stadt darstellt.[197] In Brixen erfolgt nicht nur die Ausbildung der Kindergärtner/innen und Grundschullehrer/innen für die deutsche, sondern auch für die italienische Volksgruppe. Mit 112 Studenten hat die Fakultät im Herbst 1998 den Lehrbetrieb aufgenommen.[198] Im Jahre 2017 zählte sie an die 1800 Studierende. Gleich westlich von der Universität befindet sich der 2012 fertiggestellte Busbahnhof. Der alte Bahnhof aus dem Jahr 2000 konnte dem dichten Angebot an öffentlichen Verkehrsmitteln nicht mehr gerecht werden. Mit der Neugestaltung wurde die Ein- und Ausfahrt der Busse möglichst unkompliziert und sicher gestaltet. Der überdachte, schlichte und elegante Bau ist sicherlich einer der schönsten Busbahnhöfe Südtirols.[199]

Abb. 151: Die Freie Universität und der Busbahnhof.

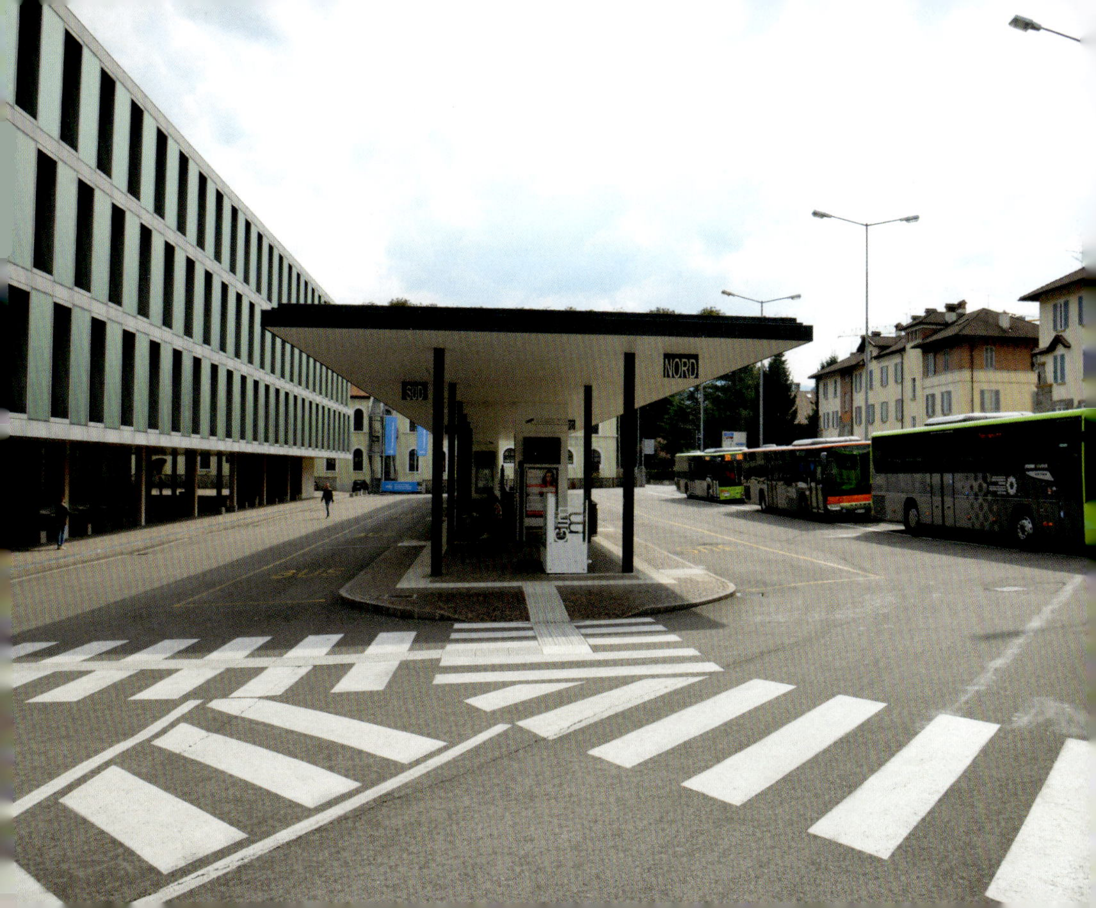
SUD
NORD

Das Gil-Gebäude

Dort, wo die Dantestraße auf die Romstraße trifft, befindet sich das heute als „Ex-Gil" bezeichnete Gebäude. Seinen Namen hat es von der faschistischen Jugendorganisation „Gioventú Italiana del Littorio (GIL)" bekommen. Für diese Jugendorganisation wurde der Komplex errichtet und im Jahre 1936 eröffnet. Er diente für die verschiedenen Aktivitäten der faschistischen Jugend. In Auftrag gegeben wurde er von der „Opera Nazionale Balilla", die auch in Bozen und Meran ähnliche Bauten errichten ließ, die dem Stil des italienischen Rationalismus der zwanziger Jahre entsprechen. Da der Bau als Symbol des Faschismus bei den Brixnern nicht gerade beliebt war, verfiel er immer mehr und macht heute einen verwahrlosten Eindruck. Ein Teil beherbergt das Veranstaltungszentrum „Forum".[200]

Abb. 152: Das Gil-Gebäude.

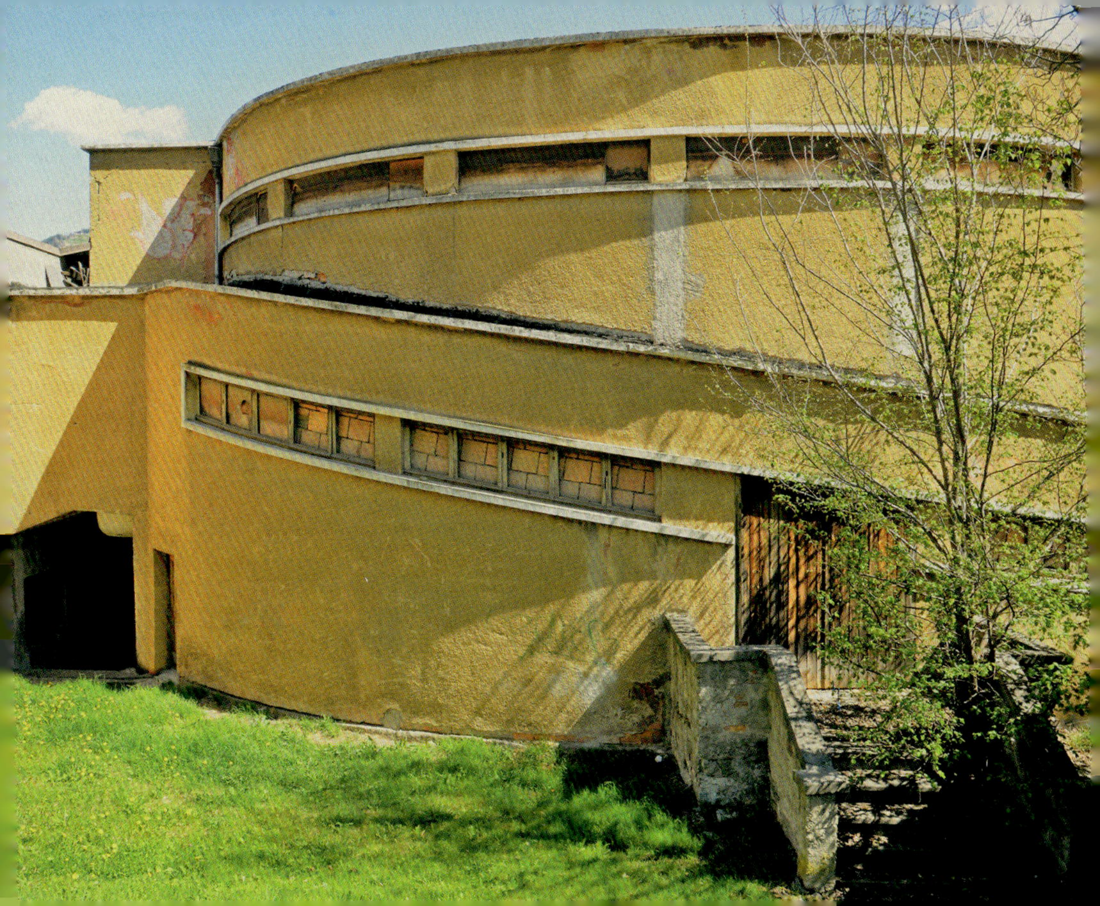

Das Forum

Die gesamte Anlage (Forum und Gil-Gebäude), die auf die Zeit des Faschismus zurückreicht, steht unter Denkmalschutz. Das Forum, das am 13. September des Jubiläumsjahres 2001 feierlich eröffnet wurde, stellt einen Kompromiss zwischen den Bedürfnissen einer modernen Struktur und den Vorgaben des Denkmalschutzes dar. Bei der Restaurierung blieb die Nordfassade mit den kleinen Fenstern und dem pompejanischen Rot erhalten. Der Eingangsbereich präsentiert sich mit dem Gil-Gebäude in unmittelbarer Nähe nicht sehr einladend. Dafür besticht das Innere mit dem Foyer und seinen Sälen und ruft bei Besuchern einen positiven Effekt hervor. In den letzten Jahren hat sich das Forum als Kongresszentrum und Tagungsort mit vielen kulturellen, wirtschaftlichen und gesellschaftlichen Veranstaltungen zu einer bedeutenden Stätte für die Stadt und ihre Umgebung entwickelt. Besonders bewährt hat sich die Reihe „Forum Cultur", eine Zusammenarbeit von Gemeinde und Kulturverein Brixen, mit dem Ziel, der Bevölkerung anspruchsvolle Musik- und Theaterveranstaltungen zu bieten.[201]

Abb. 153: Das Forum.

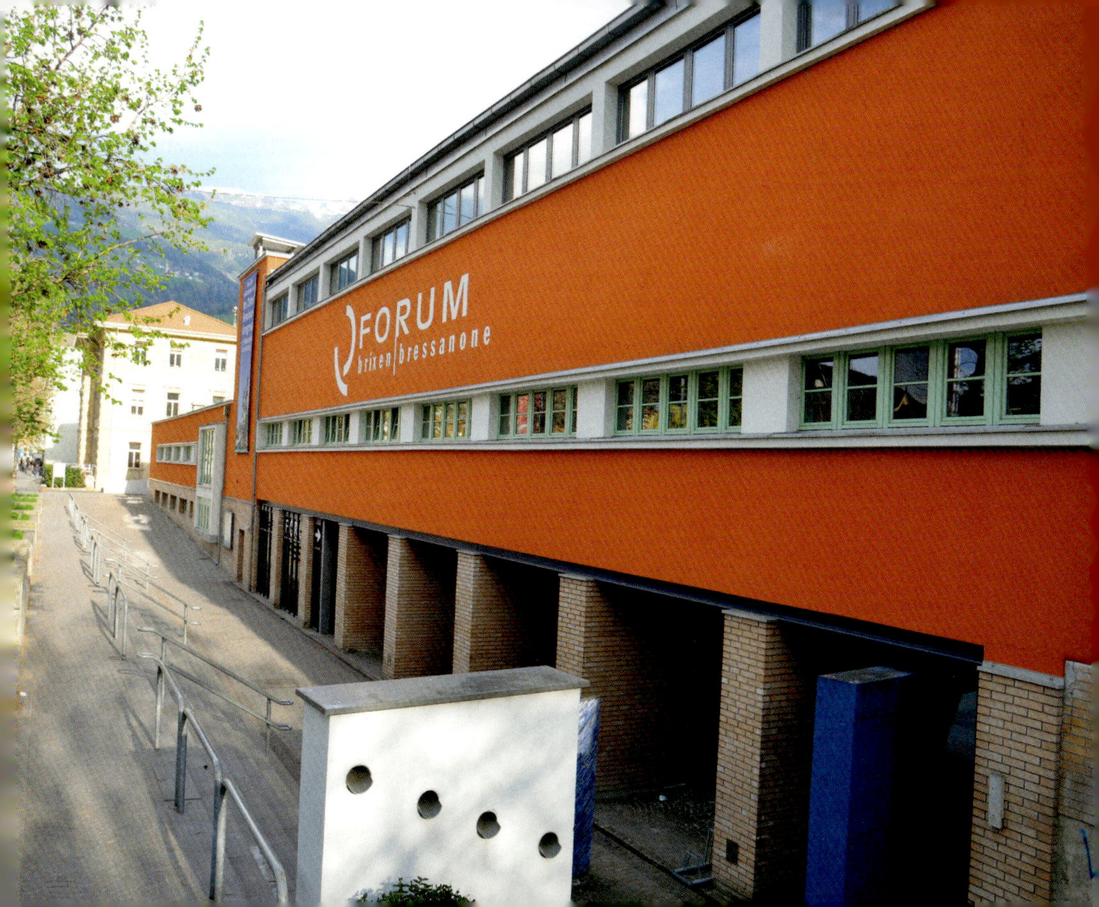
FORUM
brixen|bressanone

Die Weißlahnstraße

Die Weißlahnstraße ist die Weiterführung der Stadelgasse bzw. der Trattengasse nach Nordwesten. Dort, wo diese drei Gassen aufeinandertreffen, befindet sich ein Brunnen, der 1951 in Erinnerung an die 1050 Jahre zuvor erfolgte Schenkung des Hofes Prihsna an Bischof Zacharias errichtet wurde. Hinter dem Hotel Elephant in Richtung Norden befindet sich ein Bildstock, der eine Kreuzigungsgruppe, Mariahilf mit den hll. Florian und Sebastian sowie den Auferstandenen zeigt. Diese gotischen Fresken wurden 1960 restauriert.[202] Gleich hinter dem Bildstock ist der Brixner Sitz der Universität Padua. Seit 1952 unterhält die Universität Padua eine Außenstelle in Brixen. Im Jahre 2014 wurde die lange Kooperation zwischen der Universität Padua und der Stadt mit einem Freundschaftsprotokoll offiziell besiegelt.

Abb. 154: Die Weißlahnstraße mit Bildstock und dem Brixner Sitz der Universität Padua.

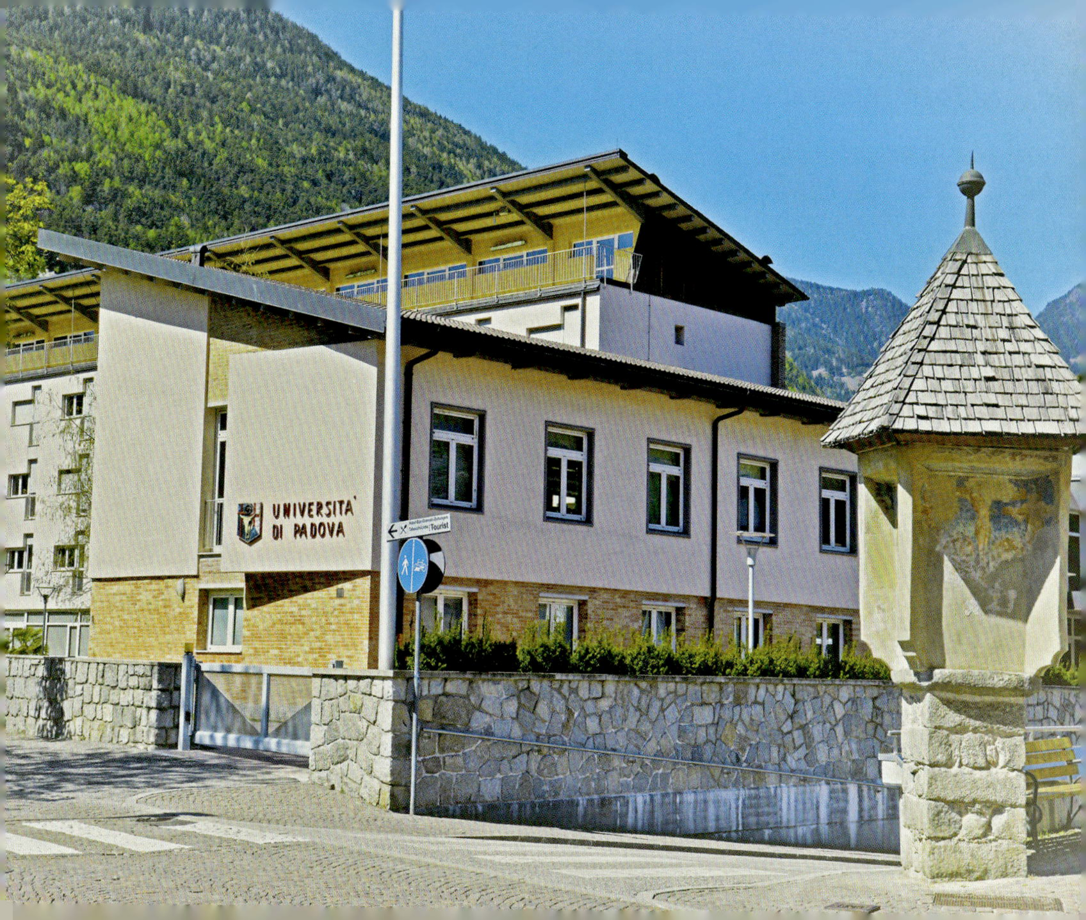
UNIVERSITA'
DI PADOVA
Tourist

Das Hotel Elephant

An der Weißlahnstraße steht das Hotel Elephant, das zu den bekanntesten Gasthöfen des Landes zählt. Persönlichkeiten aus der ganzen Welt waren im Laufe der Jahrhunderte Gäste dieses Hauses, das seit 1773 im Besitz der Familie Heiss ist und für Eleganz und Luxus steht. Das Gourmetrestaurant ist mit seiner Zirbelstube, Apostelstube und altdeutschen Stube weitum für seine ausgezeichnete Küche geschätzt. Im Hause liest man den schönen Spruch: „Dies Haus, es steht in Gottes Hand, ist altbekannt, heißt Elephant". Im Jahre 1551 schenkte der König von Portugal, Johann III., seinem Neffen, Herzog Maximilian, dem späteren Kaiser Maximilian II. (1527-1576), einen indischen Elefanten, der Soliman genannt wurde. Die Reise mit dem Dickhäuter führte von Valladolid, wo Maximilian Maria, die Tochter Karls V., geheiratet hatte, über Barcelona, Genua, Mailand und Trient nach Brixen. Dort weilte das Tier mit seinen Begleitern vom 18. Dezember 1551 bis zum 2. Jänner 1552 in der „Herberge auf dem hohen Felde". Für Brixen war dies eine Sensation. Der Gasthof nannte sich von nun an „Hauss am Hellephandt" und der Wirt Andre Posch ließ nach der Abreise des Elefanten nach Wien ein Fresko anbringen, das das riesige Tier, seine Führer, zwei diesen begleitende Lanzenträger, einen Zwerg und einen Riesen zeigt.[203]

Abb. 155: Das Hotel Elephant.

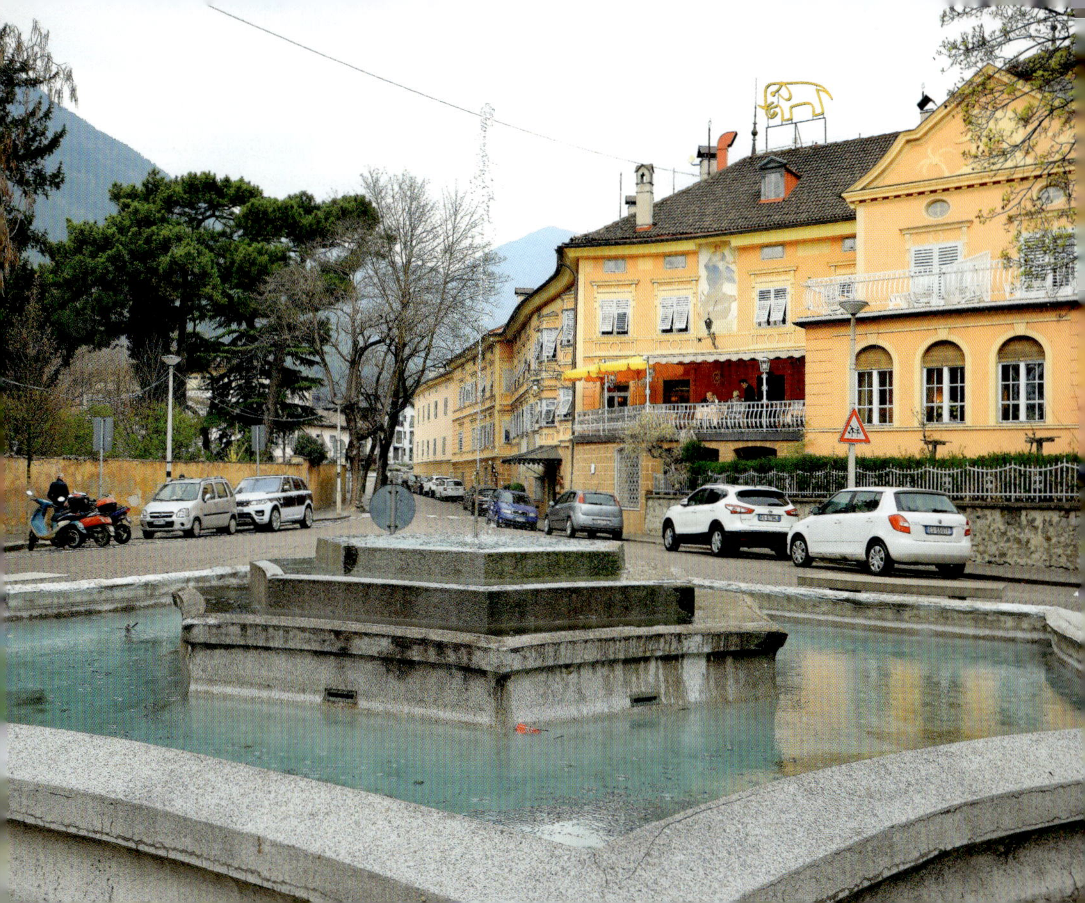

Das Havlícek-Haus

Entlang der Dantestraße, die früher Andreas-Hofer-Straße hieß, kommt man zum Havlícek-Haus. In den Jahren 1852 bis 1855 hielt sich in Brixen der bekannte böhmische Schriftsteller und Journalist Karel Havlícek auf. Er zählte zu den herausragenden Vertretern des tschechischen Nationalismus. Mit seinen aggressiven Beiträgen in der von ihm redigierten Zeitung „Der Slawe" griff er wiederholt die österreichische Regierung an, die ihn schließlich 1851 nach Brixen ins Exil schickte. In der Eisackstadt stand der Journalist, dem bald auch die Familie folgte, unter Polizeiaufsicht. Er konnte sich aber dennoch im Stadtgebiet frei bewegen. In Brixen verfasste er seine „Tiroler Elegien" und die „Taufe des hl. Wladimir". In seiner letzten Arbeit beschäftigte er sich zwar mit einem russischen Thema, nahm dabei aber Österreich gehörig aufs Korn. In Brixen wohnte er in dem sogenannten „Kellerhäusl", das heute noch am nordwestlichen Stadtrand existiert und 1721 vom Wirt des Hotels „Elephant", Johann Gasteiger, als Keller errichtet wurde. Das Havlícek-Haus ist für viele Tschechen, die nach Brixen kommen, heute noch eine Attraktion, die sie gesehen haben müssen.[204]

Abb. 156: Das Havlícek-Haus.

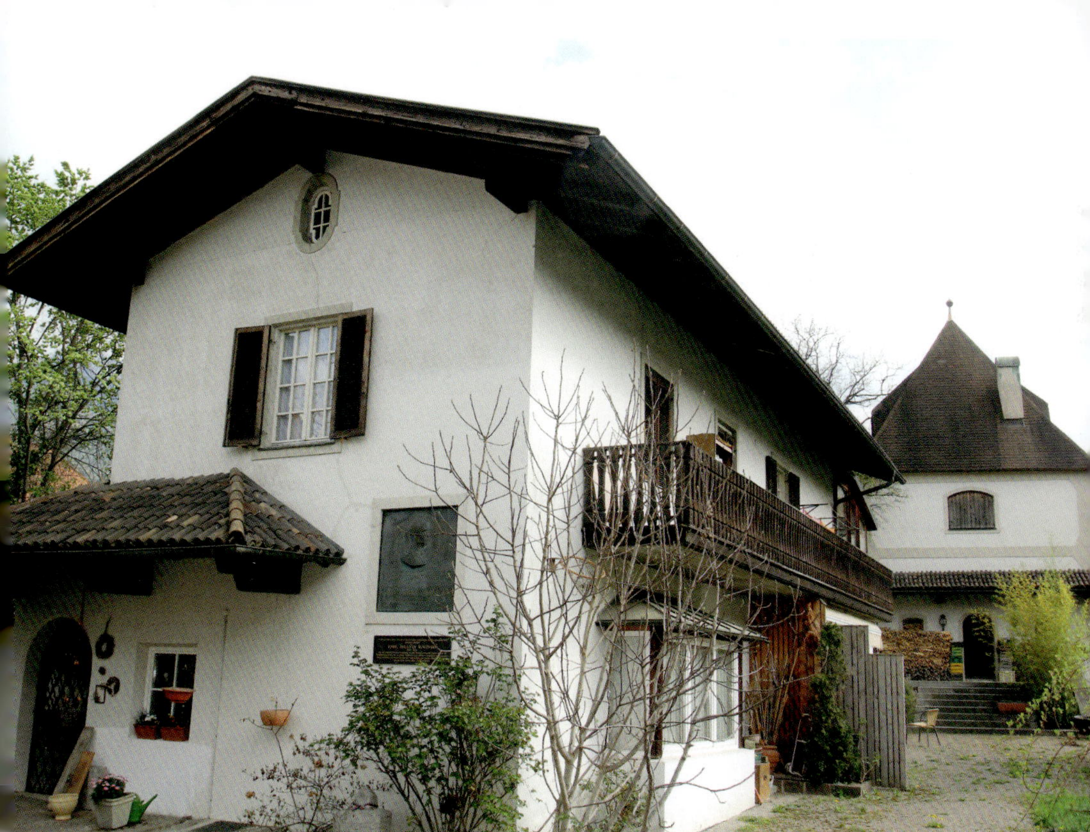

Das Krankenhaus

An der Dantestraße befindet sich die 1912/13 errichtete Artilleriekaserne, die heute als Schule dient. An der gleichen Straße ist auch das Krankenhaus. Da das alte Bürgerspital zum Heiligen Geist nicht mehr der Zeit entsprach, ließ Bürgermeister Otto von Guggenberg in der Kachlerau in eineinhalb Jahren ein neues Krankenhaus erbauen, das den Namen „Kaiser-Franz-Josef-Jubiläumskrankenhaus" erhielt und im Jahre 1914 eröffnet wurde. Es war eines der modernsten und schönsten Krankenhäuser der gesamten Monarchie. Das alte Krankenhaus wurde in „Hartmannsheim" umbenannt und diente von nun an als Altenheim. Im Jahre 1928 beschloss die faschistische Verwaltung der Stadt, das Krankenhaus in ein Lungensanatorium umzuwandeln und ein neues bescheidenes Krankenhaus zu bauen. Da die Tuberkulose-Erkrankungen im Laufe der Zeit stark zurückgegangen sind, dient das Sanatorium heute vor allem für Pflege- und Betreuungsdienste. In den Jahren 1968 bis 1978 wurde ein weiterer Neubau, das Landeskrankenhaus Brixen, errichtet. Am Eingang des neuen Krankenhauses steht eine Skulptur des Künstlers Florian Mayr, welche die Kommunikation symbolisieren soll.[205]

Abb. 157: Das im Jahre 1914 eröffnete Krankenhaus.

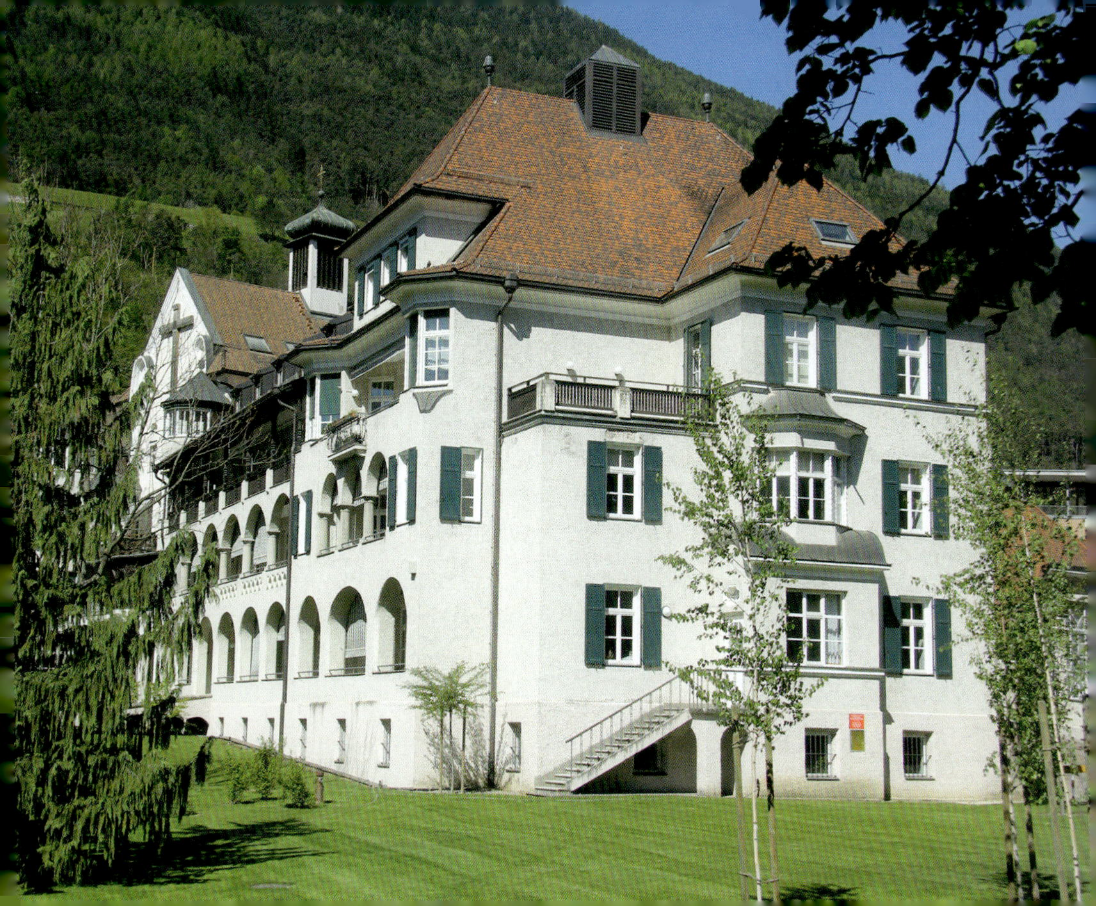

Der Soldatenfriedhof

Gleich hinter dem Krankenhaus Richtung Vahrn befindet sich der so genannte Galgenbühel, wo früher Schwerverbrecher hingerichtet wurden. Die letzte öffentliche Exekution fand im Jahre 1826 statt. Dabei handelte es sich um den aus Kaltern stammenden 23-jährigen Simon Gschnell, der für den grausamen Mord an einer Frau aus Sterzing nach einem langen Prozess zum Tode durch den Strang verurteilt wurde.[206] Etwas weiter im Norden befindet sich der Soldatenfriedhof, der 1915 von Fürstbischof Franz Egger eingeweiht wurde. Bürgermeister Johann Stremitzer erlag während der Feier einem Herzinfarkt. Im Jahre 1916 kam zum Friedhof noch die von Ernst Pfretschner, dem Sohn des Schöpfers der Jahrtausendsäule am Hofburgplatz, entworfene Kapelle hinzu, welche die Form eines Helmes hat. Die Friedhofsordnung besagte, dass auf dem Soldatenfriedhof alle in Brixen gestorbenen Soldaten ohne Rücksicht auf Staats- oder Religionszugehörigkeit begraben werden sollten. So finden sich Christen, Juden und Muslime nebeneinander bestattet. Heute ist dieser Friedhof nicht nur eine Begräbnisstätte, sondern vor allem ein Mahnmal.[207]

Abb. 158: Der Soldatenfriedhof.

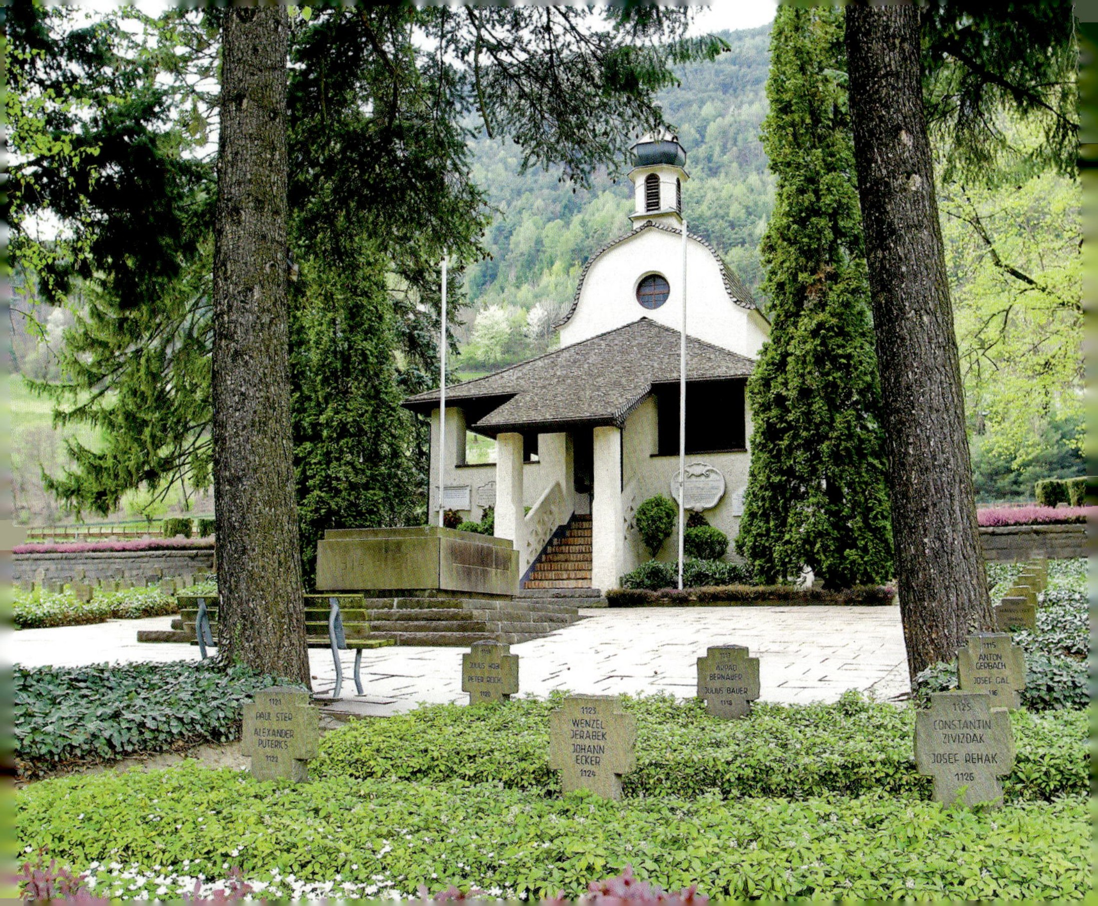
1121
PAUL STER
ALEXANDER
PUTERICS
1122
1123
WENZEL
JERABEK
JOHANN
ECKER
1124
1125
CONSTANTIN
ZIVIZDAK
JOSEF REHAK
1126

Der Europa-Besinnungsweg

Am Westhang von Brixen wurde im Jahre 1993 auf Initiative von Dekan Leo Munter der Europa-Besinnungsweg errichtet. Man geht durch die Kreuzgasse an dem bereits 1493 genannten Kreuzwirt (heute Hotel Goldenes Kreuz) vorbei, nimmt die Unterführung und gelangt zur Burgfriedengasse. Der Weg führt dann am 1956 errichteten Südtiroler Kinderdorf und am denkmalgeschützten und 2016 vollständig sanierten Thalhoferhof vorbei zum ersten Besinnungspunkt des Weges. Jeder Besinnungspunkt ist durch drei Merkmale gekennzeichnet, durch den Leitgedanken in lateinischer Sprache, durch die Darstellung der Heiligen mit der Landesfahne ihrer Herkunftsländer und durch das Bibelwort in der jeweiligen Landessprache. Der Weg endet am Cyrilluskirchlein, das sich auf einer bewaldeten Kuppe befindet und ein romanisches Langhaus mit einer flachen Decke aus dem 17. Jahrhundert aufweist.[208]

Abb. 159: Der Europa-Besinnungsweg.

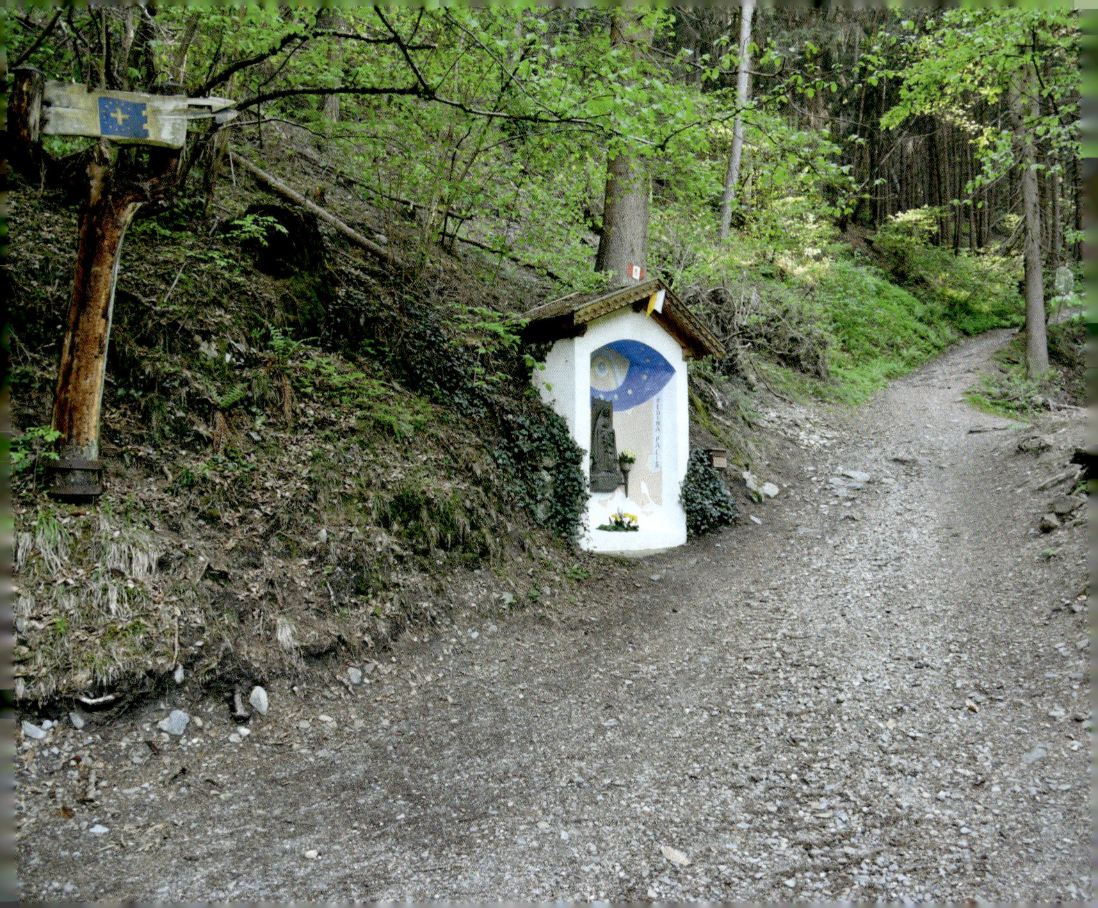

Der Stadtteil Stufels

Das reizvolle Viertel Stufels ist der östliche Ortsteil von Brixen. Da man glaubte, dass sich der Hof Prihsna in Stufels befunden habe, haben sich die Stufler im Bewusstsein dieser stolzen Vergangenheit in humorvoller Weise zum „Fürstentum“ erklärt und dazu auch ein Wappen geschaffen, das heute noch am Ortseingang zu sehen ist.[209] In Stufels fand um 8000 v. Chr. die erste Besiedlung des Brixner Raumes statt.[210] Der Name ist seit 1174 urkundlich belegt und wird verschieden gedeutet. Unter Bischof Albert von Enn (1324-1336) wurde Stufels mit Mauern umgeben und erhielt drei Tore: Eines beim Ansitz Neidheim im Osten, ein zweites im Schlipf und ein drittes bei der ehemaligen Hofmühle. Der Ansitz Neidheim wurde 1591 erbaut und 1901 um ein Stockwerk erhöht und mit Fresken geschmückt. Die ebenso steile wie enge Schlipfgasse verbindet Stufels mit dem Berg Kranebitt. Bevor im Jahre 1645 die Straße von Brixen über Zinggen nach Neustift gebaut wurde, führte der ganze Verkehr ins Pustertal durch diese steile Gasse. Der Name „Schlipf“ bedeutet so viel wie rutschige Stelle.[211]

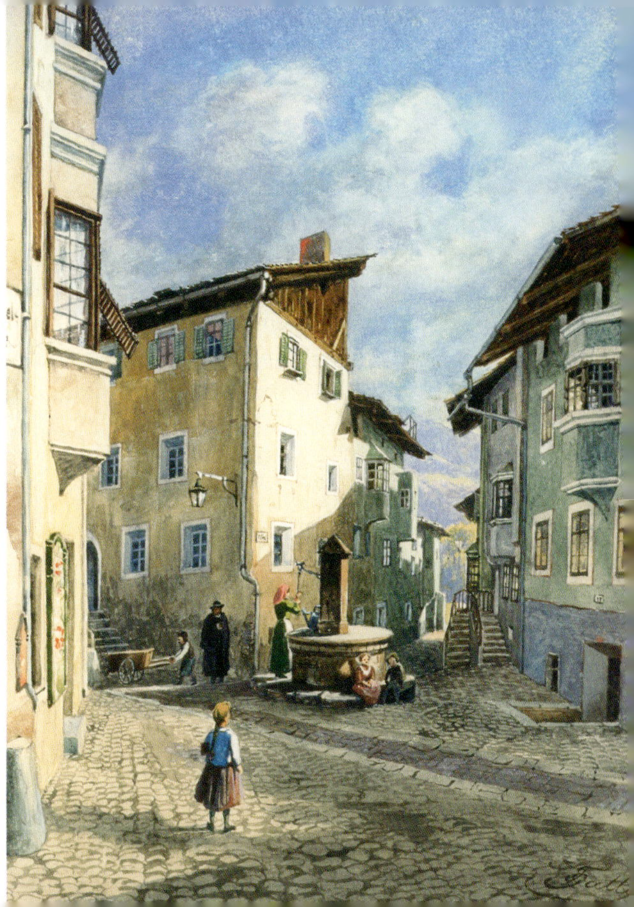

Abb. 160: Stufels.
Aquarell v. F. Gatt. Diözesanmuseum.

Die Rappanlagen

Die heutige Adlerbrücke, die auf das Jahr 1882 zurückgeht, verbindet das Viertel Gries mit Stufels. Früher gab es dort eine Holzbrücke, die bereits 1266 genannt wird.[212] Gleich nach der Brücke rechts gelangt man zu den Rappanlagen, die nach der Flussregulierung 1884 entstanden und nach dem damaligen Landeshauptmann Franz v. Rapp benannt sind. Im Süden wird die Anlage durch die Brücke über die zwei Flüsse Eisack und Rienz abgeschlossen. Die Brücke wurde nach dem damaligen Statthalter von Tirol, Baron Widmann, benannt. Beide, Rapp und Widmann, haben sich um das Zustandekommen der Flussregulierung verdient gemacht.[213] Man nennt Brixen auch das Koblenz Tirols, da die alte Bischofsstadt an zwei Flüssen liegt, Eisack und Rienz, die am südlichen Teil der Rappanlagen zusammenkommen.[214]

Abb. 161: Die Rappanlagen.

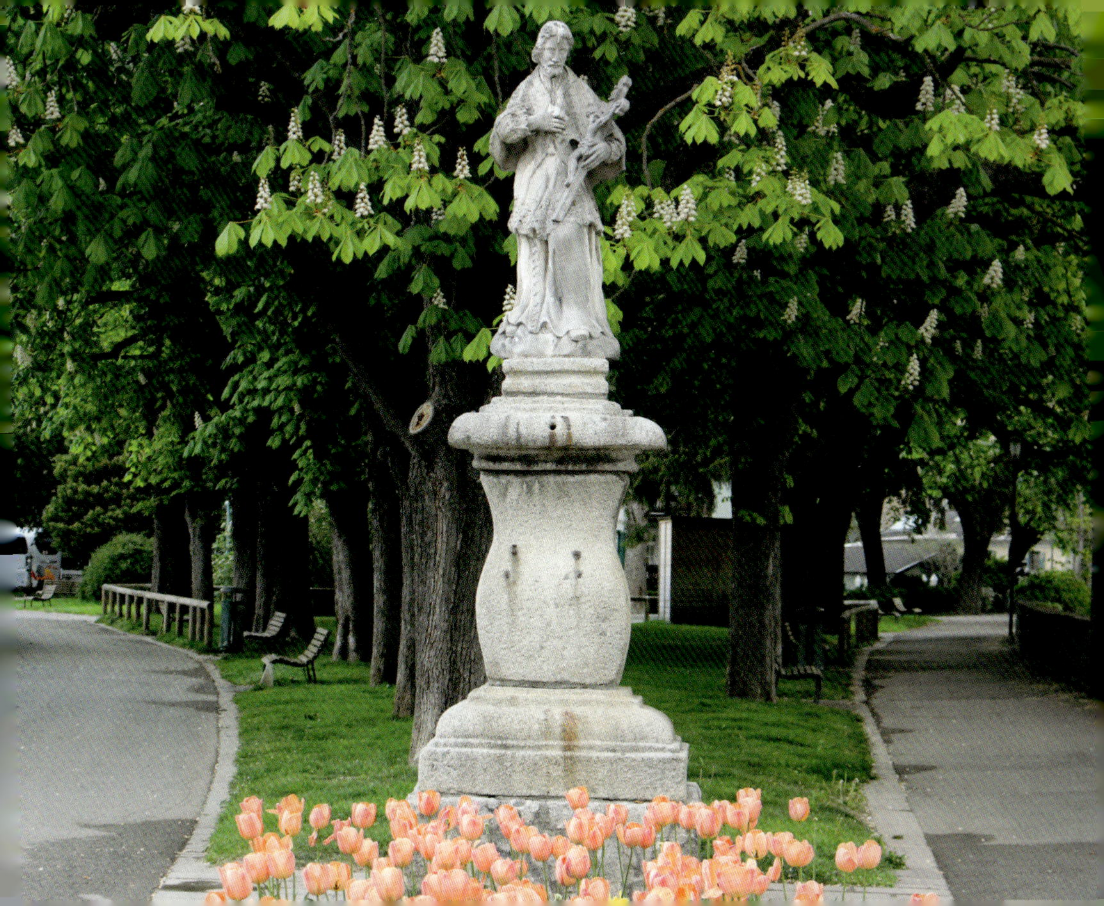

Das Hotel Grüner Baum

Gleich nach der Adlerbrücke trifft man auf das Hotel „Grüner Baum", das ein Haus mit langer Geschichte ist. Es geht auf die aus Benediktbeuren in Oberbayern stammende Familie Heiserer zurück. Thomas Heiserer ließ sich 1558 in Brixen nieder, wo er Ursula Sailerin heiratete und mit ihr eine bekannte Brixner Wirtsfamilie gründete. Hans Heiserer errichtete 1663 eine Baumwirtschaft. Baumwirte mussten das ganze Jahr ihr Haus offenhalten, warme Mahlzeiten anbieten und wenigstens vier Betten für Gäste zur Verfügung stellen. Nach einigen Besitzerwechseln gelangte das Gebäude schließlich in den Besitz der aus Südkärnten stammenden Familie Stremitzer. Johann Stremitzer heiratete 1784 Magdalena Zingerle, welche die ehemalige Baumwirtschaft geerbt hatte. Seitdem ist der „Grüne Baum" im Besitz dieser Familie. Das gute Restaurant verwöhnt seine Gäste mit italienischen Köstlichkeiten und internationalen Spezialitäten. Berühmt ist die Stube mit dem Namen Vatikan, wo sich heute noch immer prominente Vertreter des Brixner Klerus treffen. Der berühmteste Gast des Hauses war aber Joseph Ratzinger, der spätere Papst Benedikt XVI.[215]

Abb. 162: Hotel Grüner Baum und ganz rechts das Lasser-Haus.

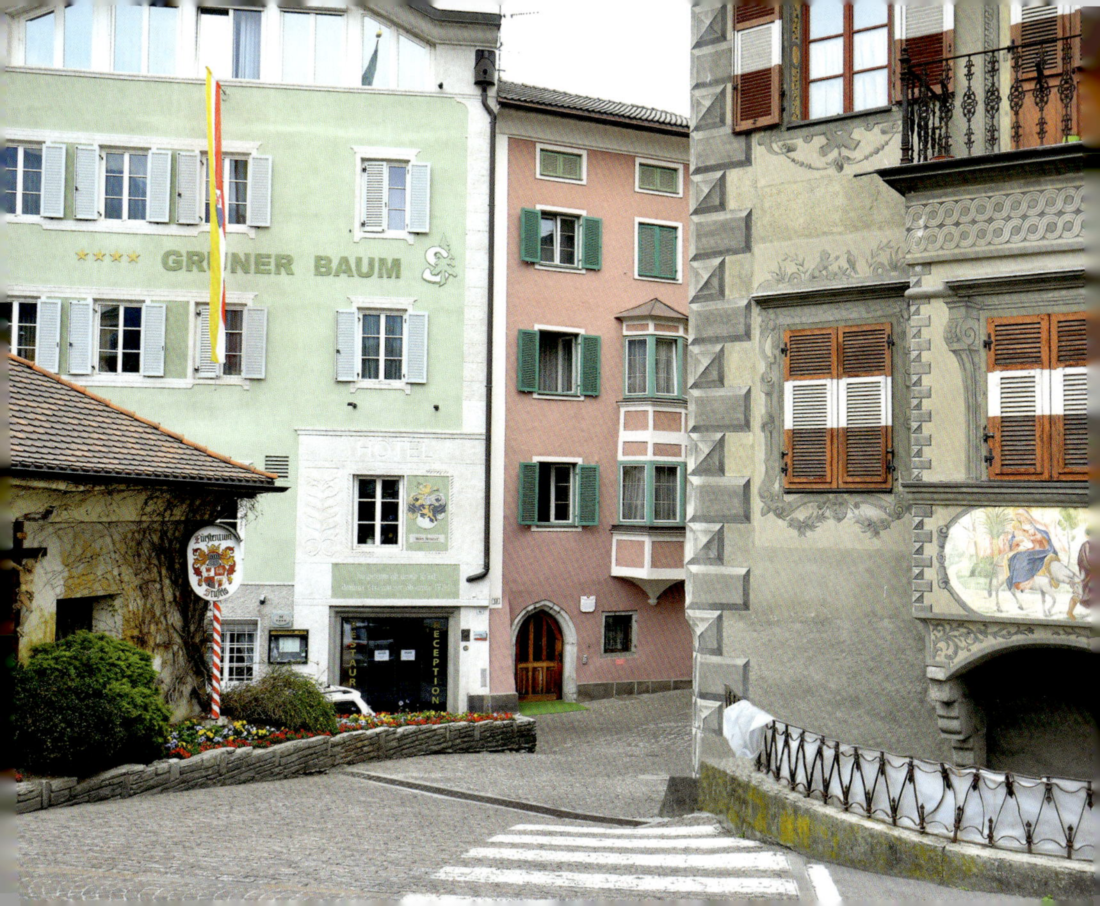

GRUNER BAUM
HOTEL
RECEPTION

Das Wohnhaus von Meister Leonhard von Brixen

Anschließend an das Hotel Grüner Baum befindet sich das Haus, in dem der bekannte, überaus emsige und volksnahe Maler, Altarbauer und Bildhauer Leonhard von Brixen gewohnt hat. Es handelt sich, wie der Historiker Ernst Delmonego feststellen konnte, um das Lamprechtshaus in der Stuflergasse Nr. 13, wo im Jahre 2014 auch eine Informationstafel angebracht wurde. Meister Leonhard stammte aller Wahrscheinlichkeit nach aus dem schwäbischen Raum und kam um 1440 nach Brixen. Da er von seiner Kunst alleine nicht leben konnte, verdiente er für sich und seine große Familie (er hatte acht Kinder) als Bauer ein Zubrot. Kardinal Nikolaus Cusanus hatte ihm 1460 mehrere Äcker in Natz, Elvas und Kranebitt übertragen. Bedeutende Werke Leonhards finden sich im Brixner Diözesanmuseum sowie im Brixner Kreuzgang, wo er mit seiner Werkstatt die Arkaden zwei, fünf, vierzehn und fünfzehn gestaltete. Das bekannteste Bild ist der Elefant über dem Eingang zur Johanneskirche, der einem Pferd mit einer Trompete gleicht. Meister Leonhard verstarb Ende der 1450er- Jahre in Brixen.[216]

Abb. 163: Wohnhaus von Meister Leonhard von Brixen.

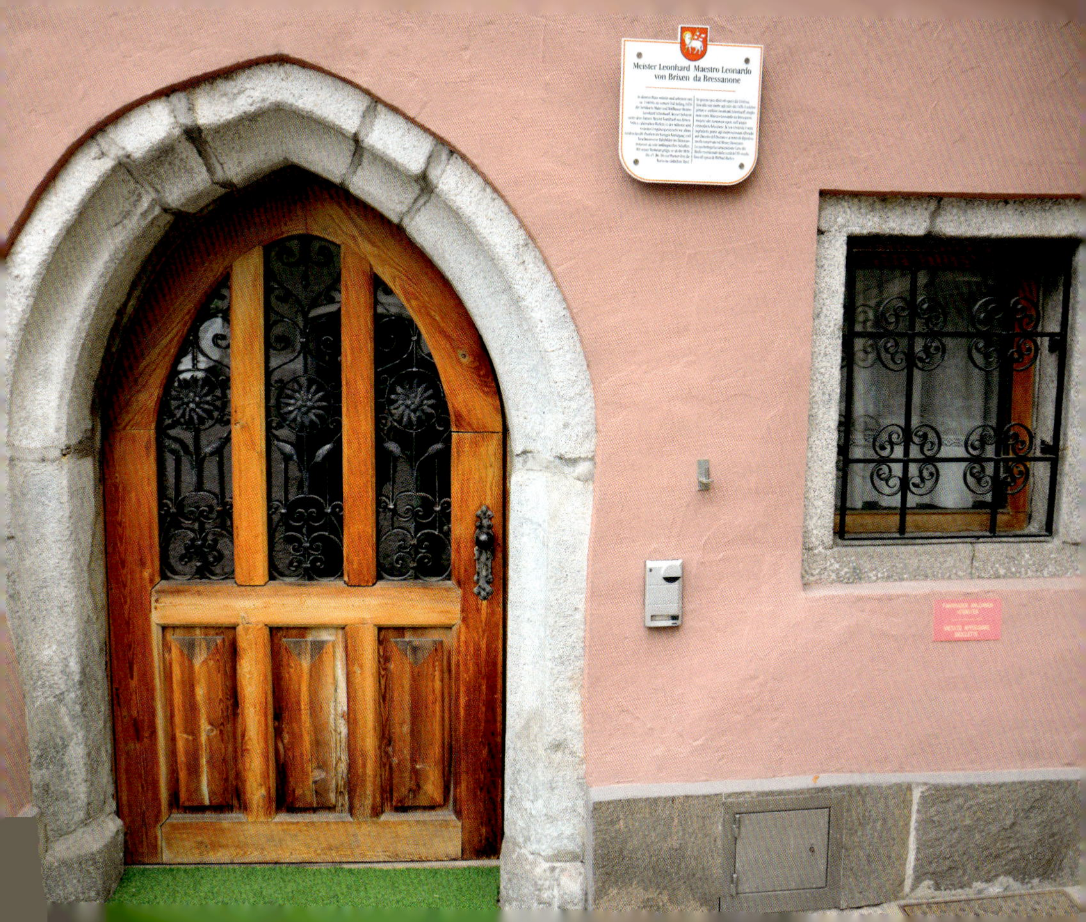
Meister Leonhard
von Brixen
Maestro Leonardo
da Bressanone

Die Schutzengelkirche in Stufels

An der unteren Schutzengelgasse trifft man auf die Schutzengelkirche, die 1712 von Fürstbischof Kaspar Ignaz von Künigl geweiht wurde. Sie steht auf dem Fundament einer mittelalterlichen Kirche, von der man noch die romanische Apsis sehen kann. Dass die Kirche dem Schutzengel geweiht ist, hat wohl damit zu tun, dass Stufels immer wieder von Hochwasser und Bränden heimgesucht wurde. An der Fassade sieht man ein Mosaik, das den Schutzengel mit langem Haar und weißem Umhang zeigt, der schützend seine Hand um ein Mädchen und einen Jungen hält, die eine alte Brixner Tracht tragen. Das schöne Altarbild im Inneren der Kirche stellt auch den hl. Schutzengel (oder Raphael mit dem Knaben Tobias) dar und ist ein Werk von Johann Dominikus Graßmair aus dem 18. Jahrhundert. Im Jahre 2012 wurde die Kirche gründlich restauriert. Am Platz vor der Kirche befindet sich ein Brunnen, der zu den zehn öffentlichen Ziehbrunnen von Brixen zählt, die im Stadtbuch von 1604 angeführt werden.[217]

Abb. 164: Die Schutzengelkirche in Stufels.

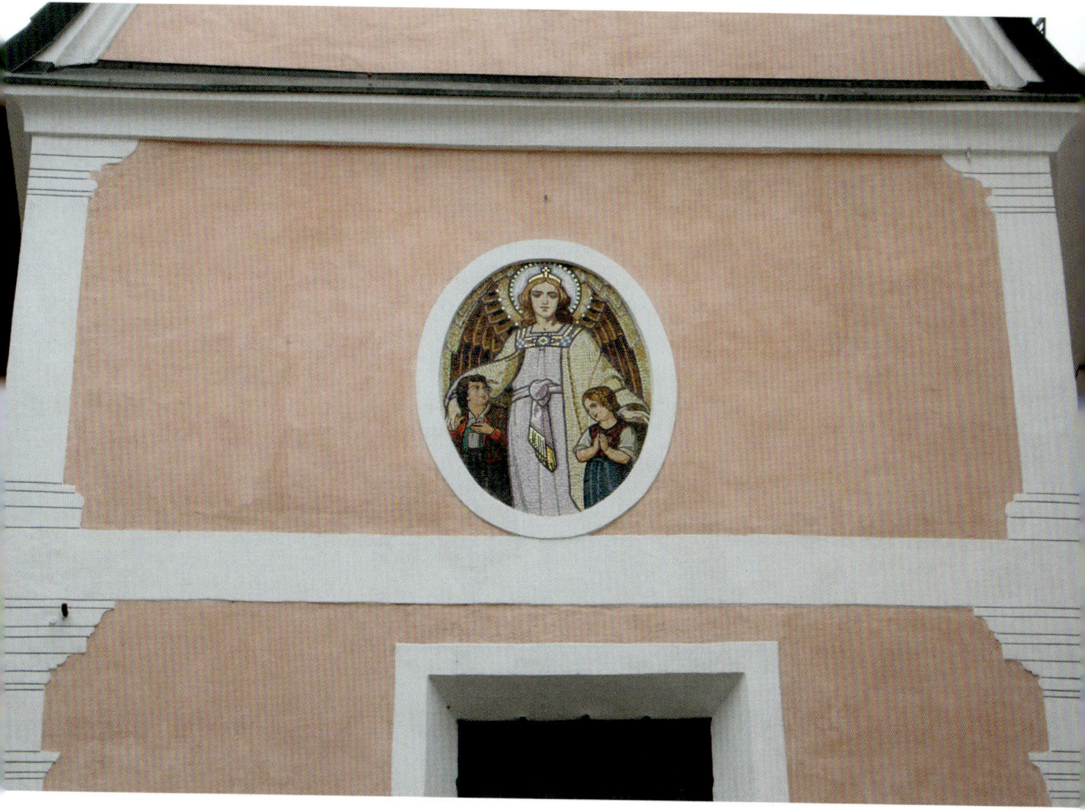

Die Privatklinik Dr. von Guggenberg

In Stufels befindet sich auch eine der bekanntesten Institutionen in Brixen. Es handelt sich um die Privatklinik Dr. von Guggenberg. Die Familie von Guggenberg stammte aus Taisten und ihre Geschichte lässt sich bis ins 13. Jahrhundert zurückverfolgen. Kaiser Franz II. verlieh 1793 Athanasius Guggenberg auf Grund seiner vielen Verdienste den Adelstitel. Der berühmteste Spross aus dieser traditionsreichen Familie war Otto von Guggenberg (1848-1914). Als in Tirol der Tourismusboom begann, nützte er die Gunst der Stunde und gründete 1890 in Brixen die erste Kneipp'sche Wasserheilanstalt der Donaumonarchie. Dabei stand ihm sein großes Vorbild, Pfarrer Sebastian Kneipp, Pate. Bald wurde diese Anstalt zum Mekka für Kurgäste aus der europäischen Aristokratie. Die berühmteste Persönlichkeit, die in der Anstalt Heilung suchte, war der später seliggesprochene Kaiser Karl von Österreich. Der Familie von Guggenberg gelang es, das Unternehmen über die beiden Weltkriege hinweg zu erhalten. Allerdings musste 1944 das Badehaus verkauft werden. Später wurde es abgerissen und machte einem neuen Hotelbau (Dominik) Platz. Die Privatklinik bietet auch heute alles, was zur Genesung, Entspannung und zum Wohlgefühl des Menschen beiträgt.[218]

Abb. 165: Die Privatklinik Dr. v. Guggenberg, um 1908.

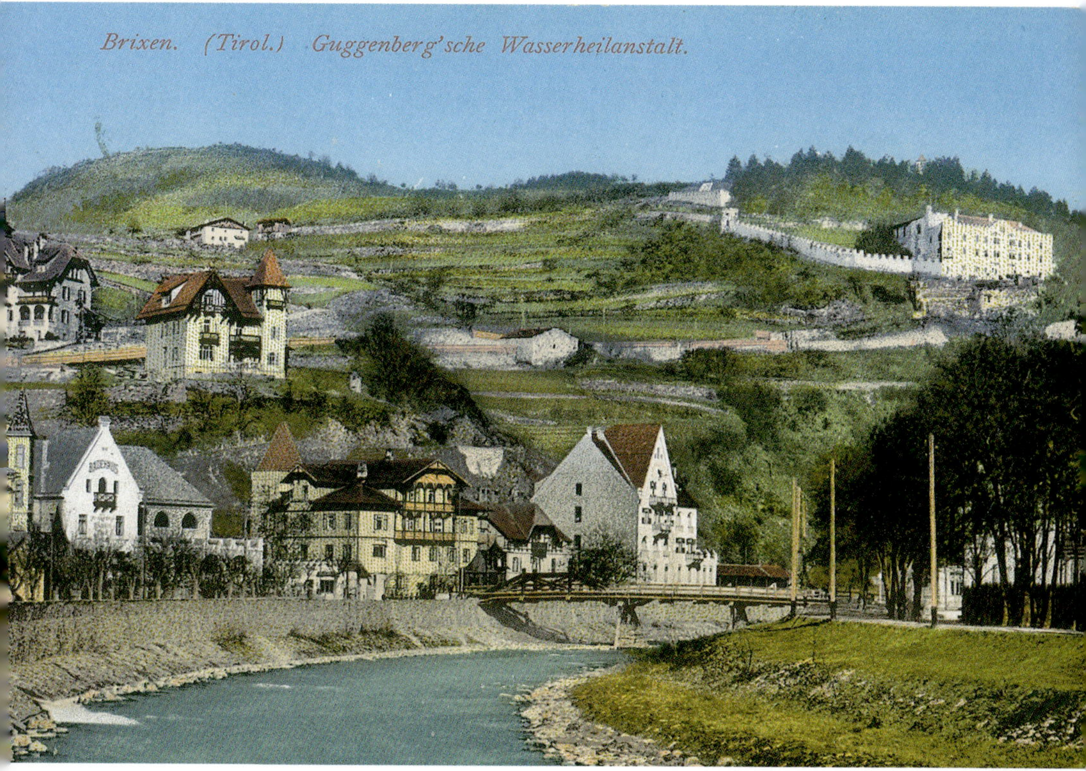
Brixen. (Tirol.) Guggenberg'sche Wasserheilanstalt.

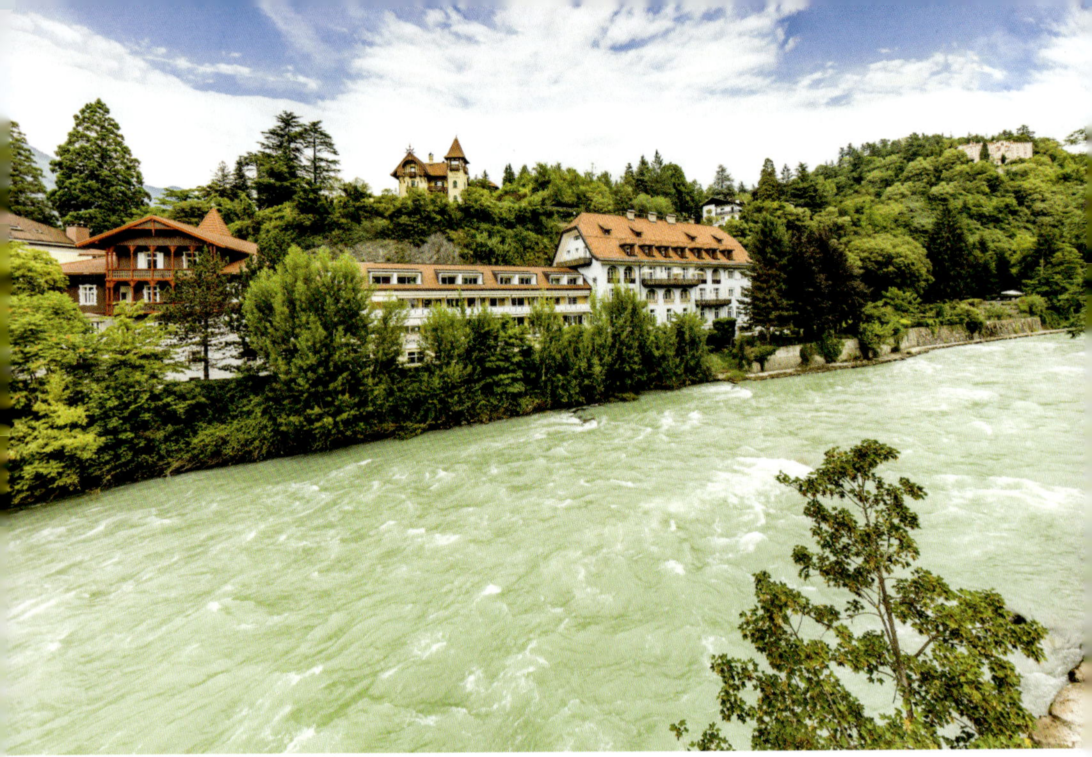

Abb. 166: Die Privatklinik Dr. v. Guggenberg im Jahre 2010. Von links das Lutzenhaus und die Klinik, oben die Villa Frohsinn und ganz rechts Schloss Krakofl.

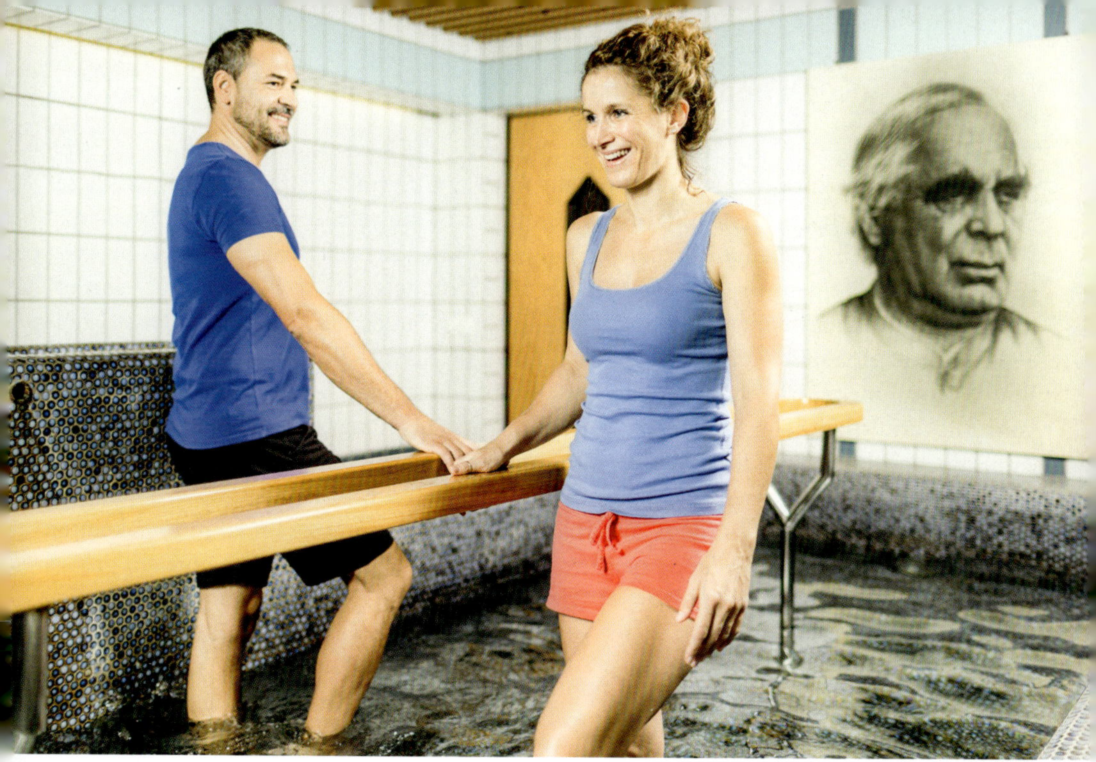

Abb. 167: Die Kneippkur in der Privatklinik Dr. v. Guggenberg.

Der Ansitz Köstlan und die Hachl

Wenn man vor der Privatklinik Dr. von Guggenberg, die Rienz überquerend, nach Osten geht, gelangt man zum Rienzdamm und zur Otto v. Guggenbergstraße. Am Ende dieser Straße befindet sich der breite und behäbige Ansitz Köstlan, den der Burggraf (castellanus) vom Fürstbischof zu Lehen innehatte. Von daher kommt auch der Name. Von 1654 bis 1681 gehörte der Ansitz dem Brixner Weihbischof und Domdekan Jesse Perkhofer. An ihn erinnert noch das Pfauwappen über dem Eingangstor im Süden des Gebäudes. Von 1815 bis 1924 war hier eine blühende Bierbrauerei, wo sich die Brixner Bürger zu manch fröhlicher Runde versammelten.[219] Seit 2016 gibt es in Köstlan wieder eine Brauwerkstatt. Nordöstlich vom Ansitz Köstlan befindet sich auf einem felsigen Hügel der Trunthof, der mit seinem Zinnengiebel weithin sichtbar ist.[220] Der Bereich am Ende der engen Rienzschlucht Richtung Süden trägt den Namen Hachl. Der Name heißt soviel wie Holzrechen, weil man hier das angeschwemmte Holz aus dem Pustertale und aus Lüsen auffing. Im Jahre 1865 kauften die Brüder Bisi aus Badia Polesine bei Rovigo das Gebiet und errichteten dort ein großes Sägewerk, das eines der größten in ganz Tirol war. Infolge der Überschwemmungen in den Jahren 1926 und 1927 wurde das Sägewerk endgültig aufgelassen.[221] In der Rundl nördlich der Rienzschlucht wurde 1903 ein Kraftwerk eröffnet, das für Brixen nach Jahrzehnten allgemeiner Stagnation einen regelrechten Quantensprung darstellte. Nach dem Krieg wurde das Rundl-Kraftwerk stillgelegt und 1940 das vom Konzern Montecatini erbaute neue Großkraftwerk eingeweiht, das sich aus Rienz und Eisack speist.[222]

Abb. 168: Der Ansitz Köstlan.

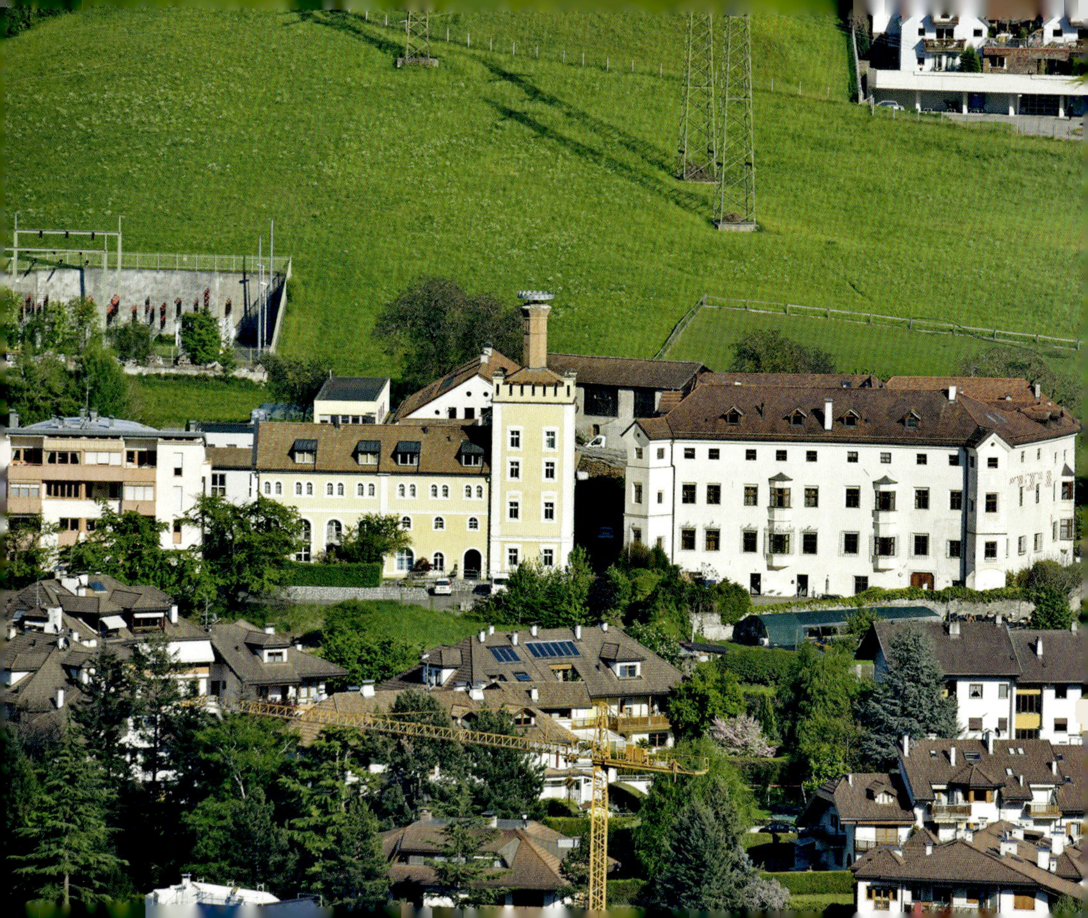

Die Elvaserstraße und Schloss Krakofl

Gleich links nach der Adlerbrücke in Richtung Stufels biegt die 1909 gebaute Elvaserstraße ab und führt nach Elvas. Von der Elvaserstraße führt die Seeburgstraße zum Schloss Krakofl, das von den Franzosen 1809 niedergebrannt und anschließend wiedererrichtet wurde. Der Name geht auf das mittelalterliche Geschlecht der Krakofler zurück, die eine auf einem Felsen (Kofel) sitzende Krähe im Wappen hatten. Von Krakofl gelangt man zur Seeburg, die im Jahre 1809 als erster Ansitz von den Franzosen niedergebrannt wurde. Nach mehreren Besitzerwechseln kaufte Otto von Guggenberg im Jahre 1880 den Ansitz. Er gab der Seeburg, die noch eine interessante Kapelle aus dem 17. Jahrhundert beherbergt, die heutige Gestalt.[223] Seit 1987 werden in der Seeburg Menschen mit Beeinträchtigung betreut.[224]

Abb. 169: Schloss Krakofl.

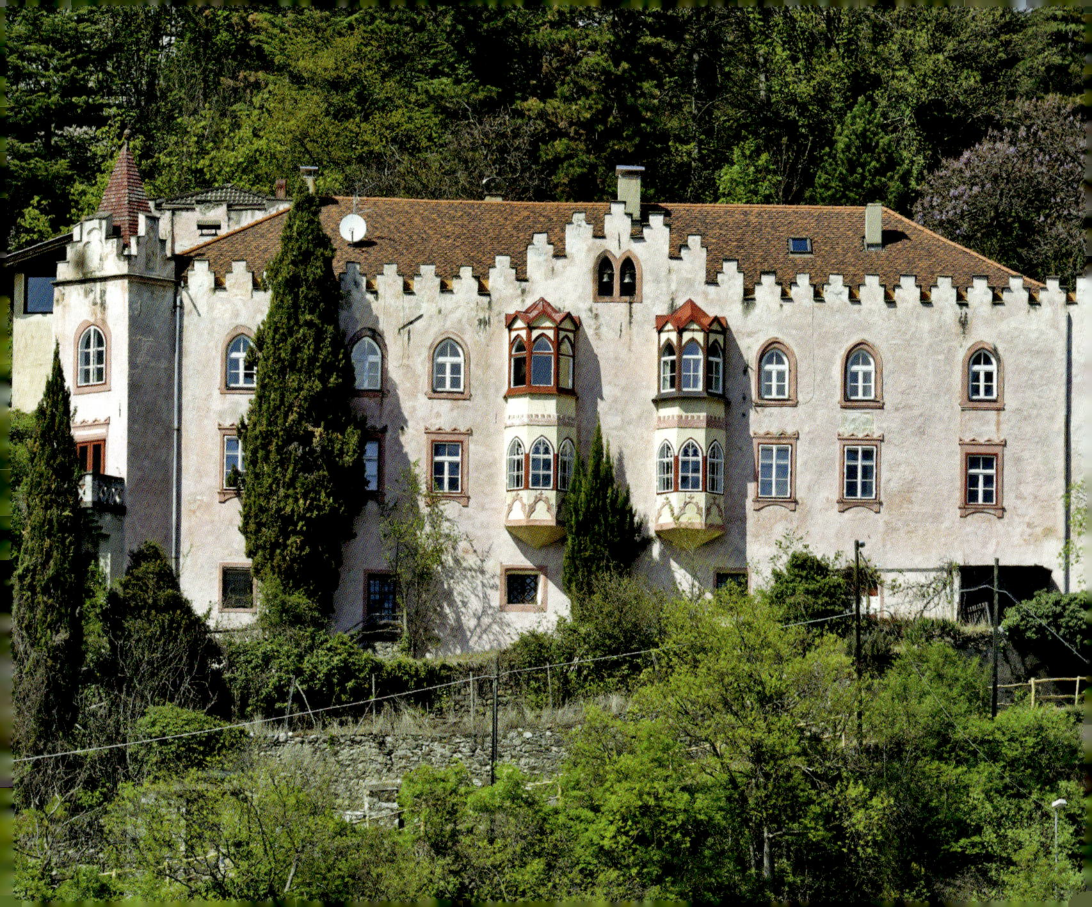

Stadtteil Milland

Bereits in der Urkunde des ostfränkischen Königs Arnulf von Kärnten aus dem Jahre 893 wird Milland erstmals genannt. Im Hochmittelalter ließen sich einflussreiche Bürger und hohe Beamte der Brixner Fürstbischöfe in Milland nieder und erbauten bedeutende Ansitze, von denen die Karlsburg, welche die ganze Umgebung beherrscht, besonders genannt sei. Sie hat den Namen von Karl Hannibal von Winkelhofen, der den Ansitz 1618 erwarb und weiter ausbaute. Bemerkenswert ist besonders die Westfassade mit den Rundbogenfenstern und dem Wappen mit der Inschrift „Gottes Gnad mein Trost. Carl Hanibal von Winkelhofen zu Engles und Carlspurg. 1631".[225] Im Jahre 1809 brannten die Franzosen mit Ausnahme der Kirche beinahe das ganze Dorf nieder. Seit der verheerenden Überschwemmung des Jahres 1882 war Brixen bestrebt, Milland, das eine selbständige Gemeinde war, zu Brixen zu schlagen. Dies gelang im Jahre 1928. In den letzten Jahren hat sich das Ortsbild beträchtlich verändert. Die alten Bauernhöfe sind weitgehend verschwunden und haben neuen Wohnbauten Platz gemacht. Durch den Bau der Kirche zum hl. Josef Freinademetz im Jahre 1985 sowie durch die Gestaltung des Dorfplatzes im Jahre 2002 hat Milland auch ein neues Dorfzentrum bekommen.[226]

Abb. 170: Der Stadtteil Milland.

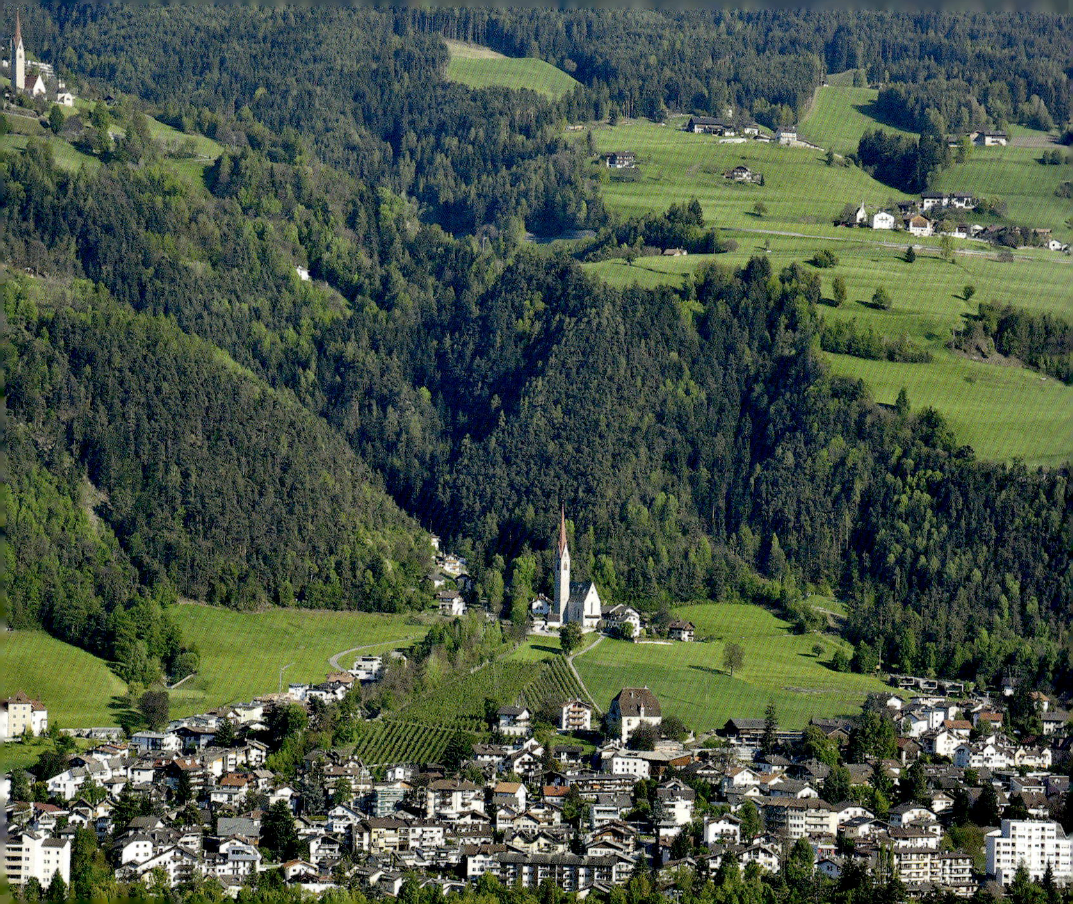

Das Peststöckl

An der Plosestraße fällt die Villa Sabiona mit ihren spätromantischen Fassadenmalereien auf. An dieser Straße befindet sich auch das sogenannte Peststöckl. Es wurde im Jahre 1855 auf Initiative von Kanonikus Franz Hirn, der bereits 1848 ein Denkmal in Erinnerung an die gefallenen Tiroler vom 2. April 1797 in Spinges aufstellen ließ, errichtet. Der Bildstock an der Plosestraße gemahnt an die Opfer der Typhus-Epidemie der Jahre 1796/1797 in Brixen. Als die österreichischen Truppen im Frühjahr 1796 gegen das napoleonische Heer nach Italien zogen, schleppten sie den Typhus in Brixen ein. Die Epidemie breitete sich aufgrund der katastrophalen sanitären Lage schnell aus und forderte viele Opfer. Die an Typhus verstorbenen Soldaten fanden auf dem Militär-Leichenfeld in der Millander Au ihre letzte Ruhestätte.[227]

Abb. 171: Das Peststöckl in Milland.

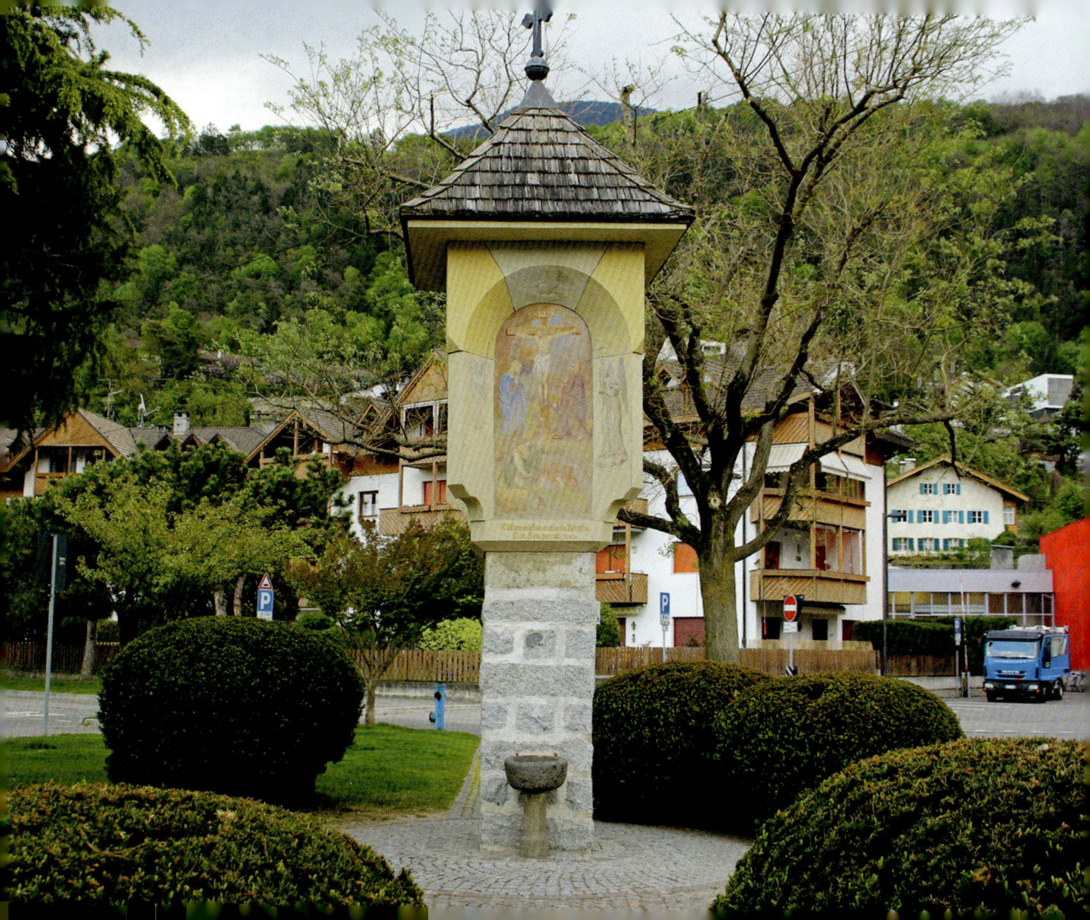

Die Josef-Freinademetz-Kirche

Da die Bevölkerung in Milland in letzter Zeit sprunghaft angestiegen ist, wurde der Bau von wichtigen Infrastrukturen notwendig. So kam es auch zum Bau der neuen Kirche zum hl. Josef Freinademetz, die 1985 von Bischof Joseph Gargitter geweiht wurde. Das nach den Plänen des Architekten Othmar Treffer in starker Hanglage erbaute Gotteshaus ist ein Zentralbau mit dreieckigen Elementen, die so angelegt sind, dass sie einer Treppe ähneln, die zum Himmel emporsteigt. Im Untergeschoss befinden sich eine Werktagskapelle und Ausstellungsräume. Der Kirchenraum im Obergeschoss stellt den Altar als Blickfang dar. Darüber fallen alle Linien wie in einem Fluchtpunkt zusammen. Beachtenswert ist das Freinademetzbild von Gotthard Bonell. Die Schrift „Fu Schen Fu" bedeutet: „Josef, Vater des Glücks".[228]

Abb. 172: Die Josef-Freinademetz-Kirche in Milland.

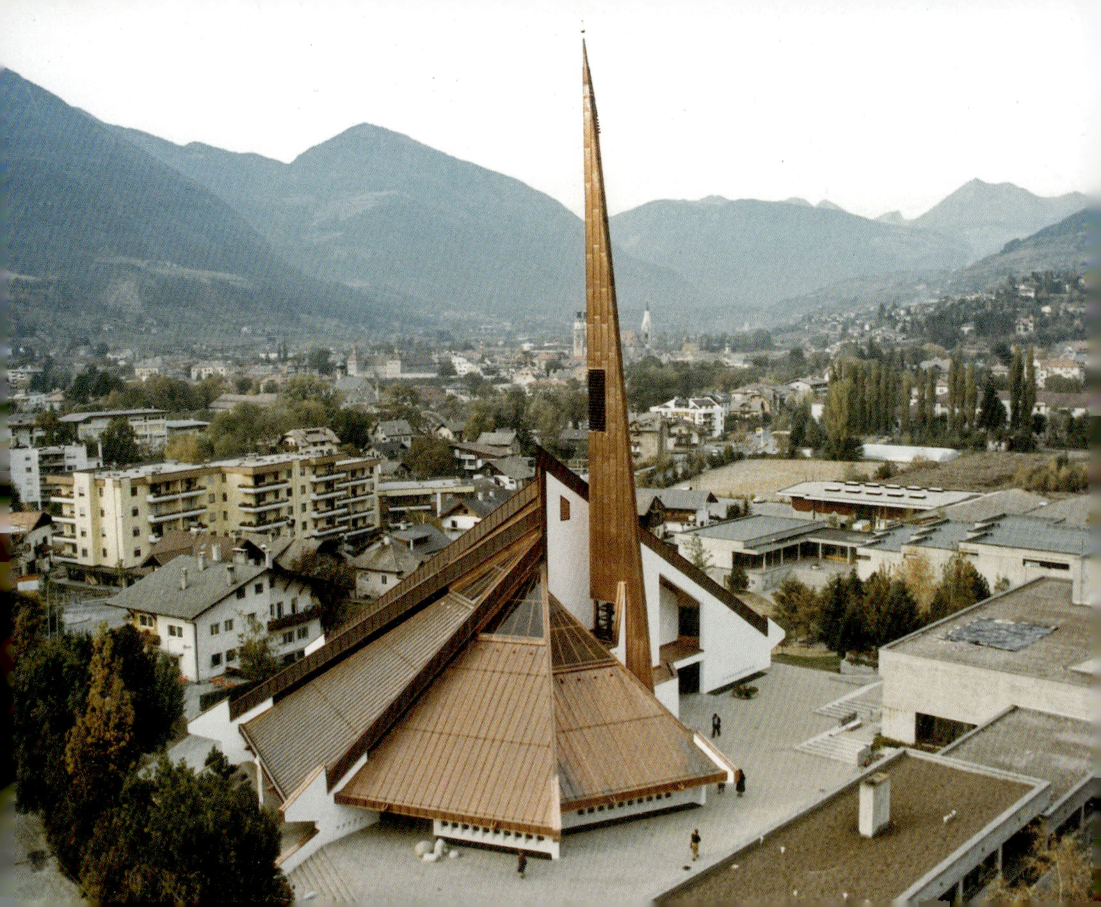

Die Kirche Unsere Liebe Frau am Sand in Milland

Wahrscheinlich wurde schon um 1300 in Milland eine erste Kapelle erbaut, die sich zu einem beliebten Wallfahrtsort entwickelte. Ein alter Spruch besagte: „Maria am Sand ist die stärkste im ganzen Land". Im Jahre 1464 wich die Kapelle einem neuen spätgotischen Bau. Damals gab es eine regelrechte Blütezeit des Kirchenbaus. Fast gleichzeitig wurden die Gotteshäuser in St. Andrä, St. Leonhard, Mellaun und Klerant errichtet. Aus der Zeit des Kirchenbaus stammt die Statue der Madonna am Hochaltar, die auch Ziel der Wallfahrten ist. Maria reicht dem Kind, das in der Hand die Taube des Heiligen Geistes hält, eine Birne. Die zweite Madonnenstatue, die jetzt im Kirchenschiff steht, erinnert an die Kunst des Hans Klocker von Brixen. Beeindruckend sind die Altäre in Schwarz-Gold-Fassung aus frühbarocker Zeit. Um 1766 wurde die Kirche innen barockisiert; Franz Anton Zeiller malte die Deckenfresken. Der Turm der Kirche ist weitgehend dem Weißen Turm von Brixen nachgebildet.[229]

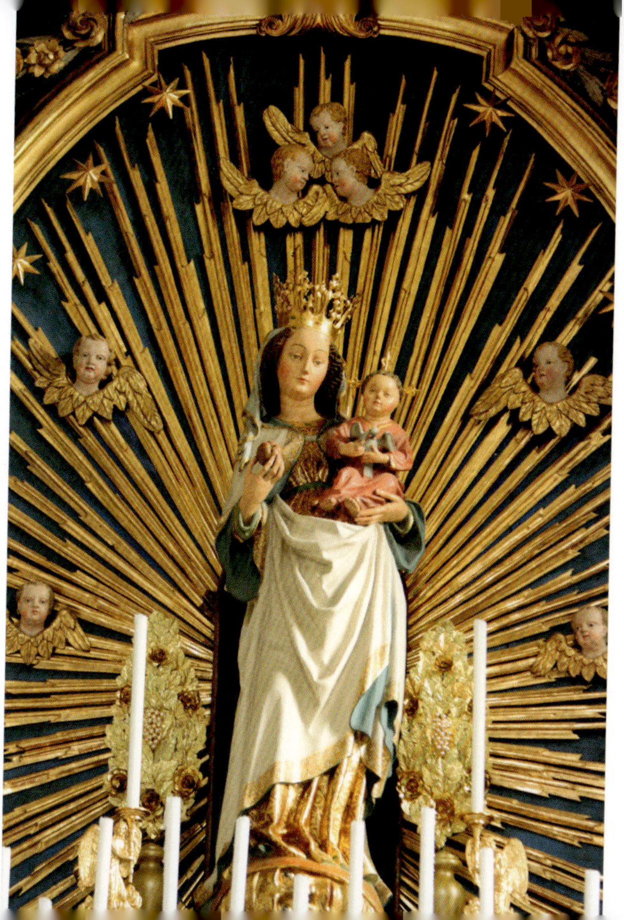

Abb. 173: Das Gnadenbild von Milland.

Die Karlspromenade

Brixen ist reich an Spazierwegen. Einer von ihnen ist die Karlspromenade am Osthang der Stadt, die bei den Brixnern sehr beliebt ist. Der Name erinnert an den österreichischen Kaiser Karl I. (1887-1922), der als Jugendlicher öfters in der Kuranstalt Guggenberg zu Gast war und in dieser Gegend viele Wanderungen unternahm. Die Promenade begann bei der Wasserheilanstalt Guggenberg, überquerte auf einer Hängebrücke die Rienz und führte am Trunthof vorbei zur Millander Kirche. Als in den 1930er-Jahren das Kraftwerk in der Hachl gebaut wurde, wurde der Zugang zur Karlspromenade unterbrochen. Erst im Jahre 2002 wurde ein neuer Zugang geschaffen und heute führt der Weg weiter bis zum Gasthof Waldheim. Der Weg verläuft teils eben teils auf und ab und wird flankiert von Nadel- und Mischwald. Lichtungen gewähren prächtige Ausblicke auf das Brixner Becken. Bänke laden zum Rasten und Bildstöcke zur Besinnung ein.[230]

Abb. 174: Die Karlspromenade.

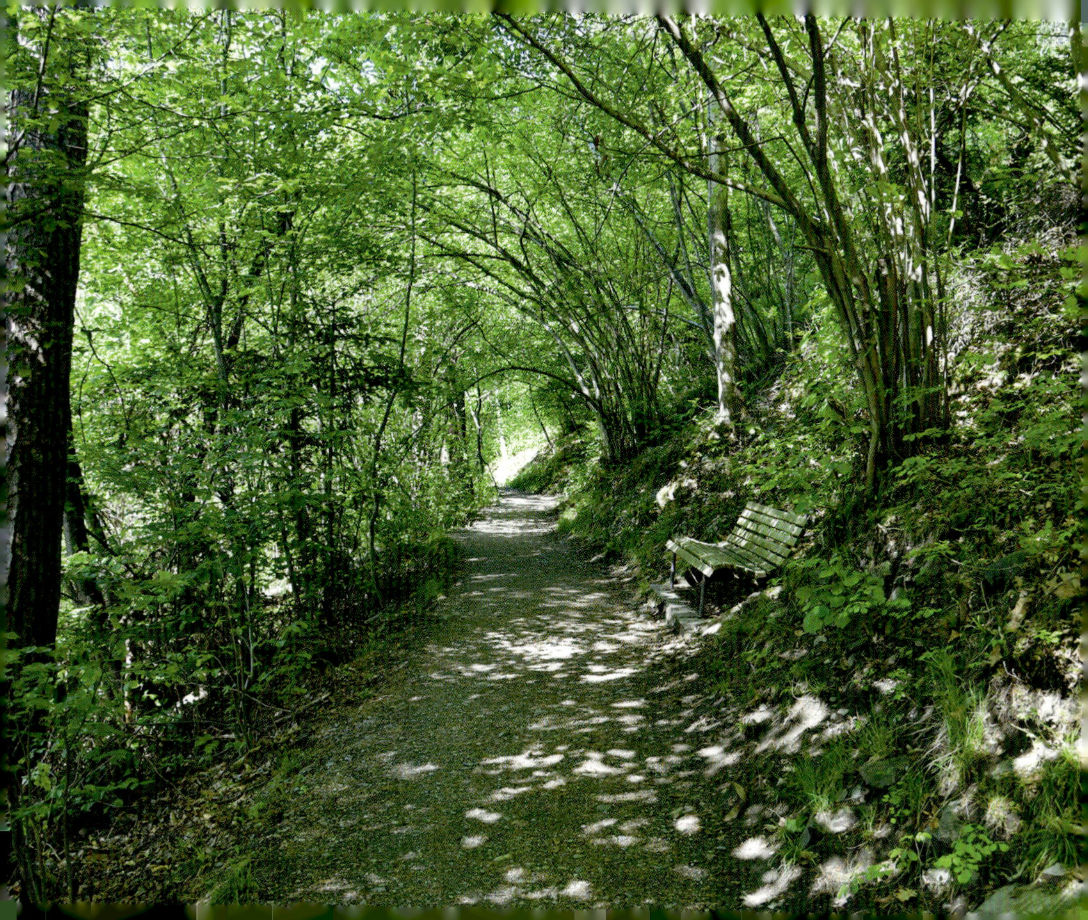

Die Comboni-Missionare in Milland

Seit 1895 haben die Comboni-Missionare den Christelehof in Milland bewohnt. Im Xaverianum (Seminar), in den Werkstätten und in der Landwirtschaft haben sich im Laufe der Zeit viele Patres und Brüder auf ihre Einsätze in der Mission vorbereitet. Nach dem Zweiten Weltkrieg gab es noch einmal einen großen Aufschwung, bis sich in den siebziger Jahren ein Abwärtstrend bemerkbar machte. Die Schülerzahlen im Seminar wurden immer kleiner. Im Jahre 1989 wurde es ganz geschlossen. Für mehrere Jahre wurden in den leerstehenden Gebäuden verschiedene Schulen untergebracht und im Jahre 2002 entstand das „Haus der Solidarität". Ab 2016 wurden die nicht mehr sanierbaren Gebäude abgebrochen. Durch den Verkauf von Kubaturen konnte das eigentliche Missionshaus im Ansitz Platsch saniert werden. Das Haus der Solidarität ist ins Jakob-Steiner-Haus umgezogen, das nach dem Milländer Freiheitskämpfer Jakob Steiner benannt ist.[231]

Abb. 175: Das Haus der Comboni Missionare im Ansitz Platsch in Milland.

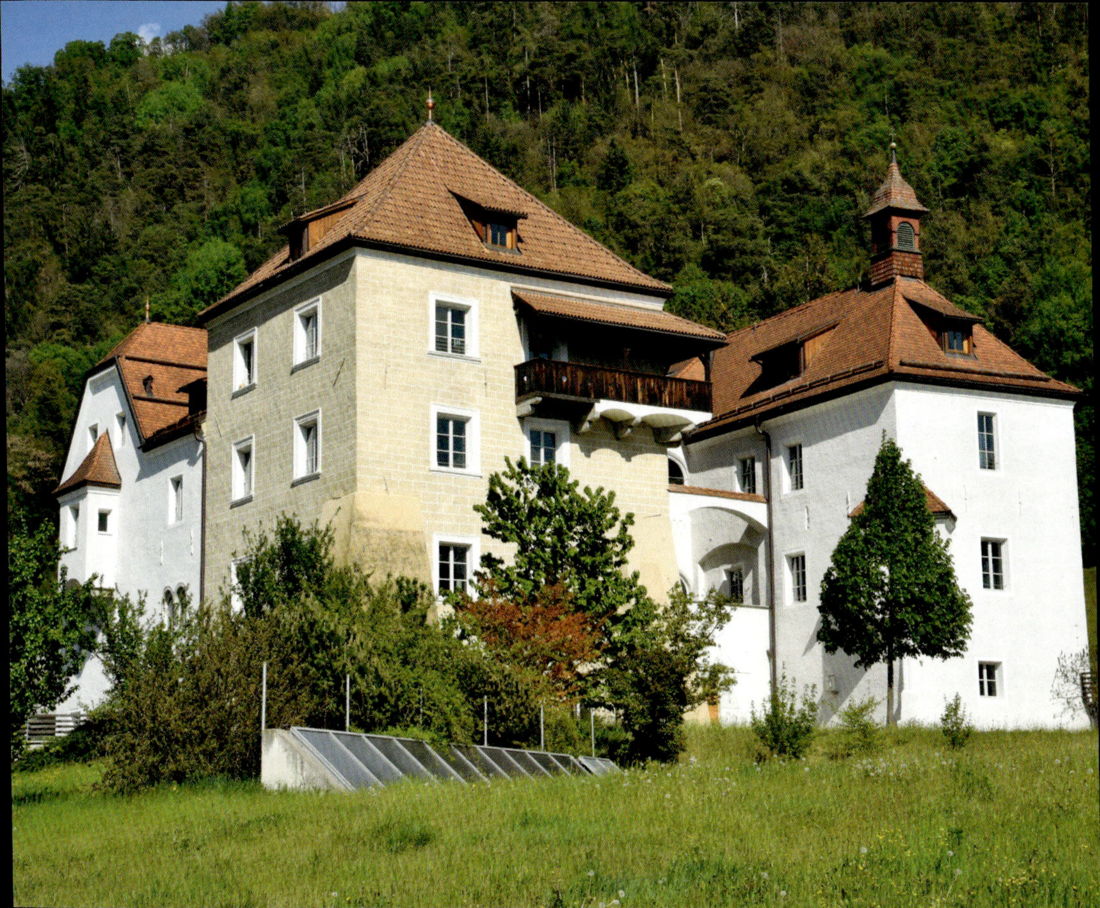

Das Urlaubsparadies Plose

Die Plose ist nicht nur der mächtige Hausberg Brixens, sondern auch ein Urlaubsparadies für Stadt und Land. Bereits 1913 wurde eine Straße von Brixen nach St. Andrä gebaut, 1915 wurde sie bis nach Palmschoß verlängert und 1950 bis auf den Gipfel der Plose fortgeführt. Um die Plose aber bequem zu erreichen, brauchte es eine Seilbahn. Bereits im Jahre 1911 bezeichnete der Theologieprofessor Ämilian Schöpfer die Ploseseilbahn als das wichtigste Projekt für die künftige Entwicklung Brixens.[232] Erst 1964 gelang es, eine Seilbahn zu errichten, die auf die Plose führte. Im Jahre 1986 wurde die alte Ploseseilbahn, die in zwei Teilstrecken von Milland über St. Andrä nach Kreuztal führte, durch eine neue Kabinen-Umlaufbahn abgelöst, die oberhalb von St. Andrä startet. Am 21. September 2014 lehnte eine deutliche Mehrheit der Brixner den Bau einer neuen umweltfreundlichen Seilbahn mit Start vom Bahnhof ab.[233] Eine neue Kabinenbahn führt seit 2016 auf die Pfannspitze (2477 m) und bietet von der Bergstation aus einen herrlichen Rundblick auf die Dolomiten. Die Plose bietet Sommer wie Winter enorme Möglichkeiten für Einheimische und Gäste.

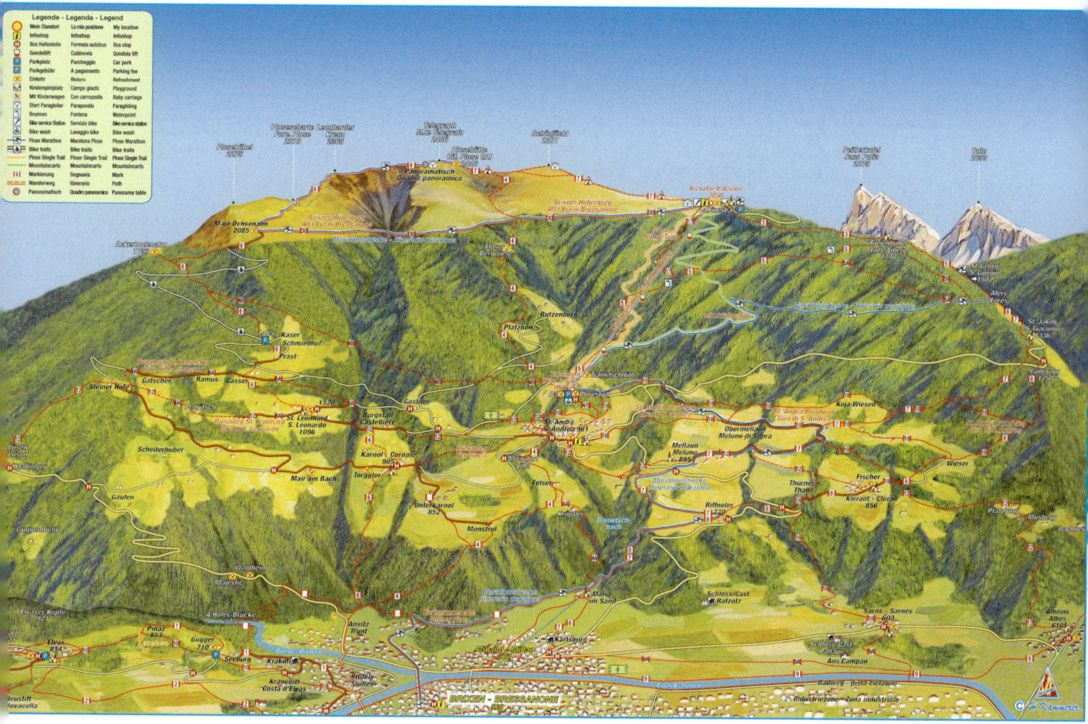

Abb. 176: Der Urlaubsberg Plose, 2017.

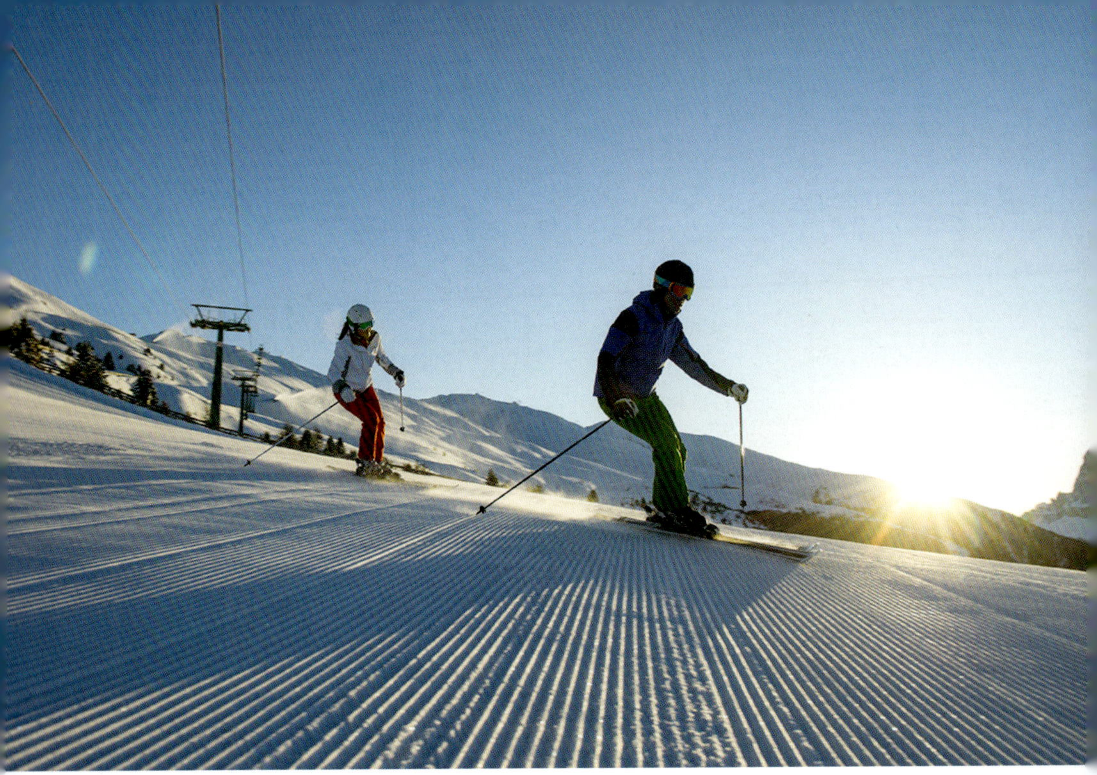

Abb. 177: Skivergnügen auf der Plose.

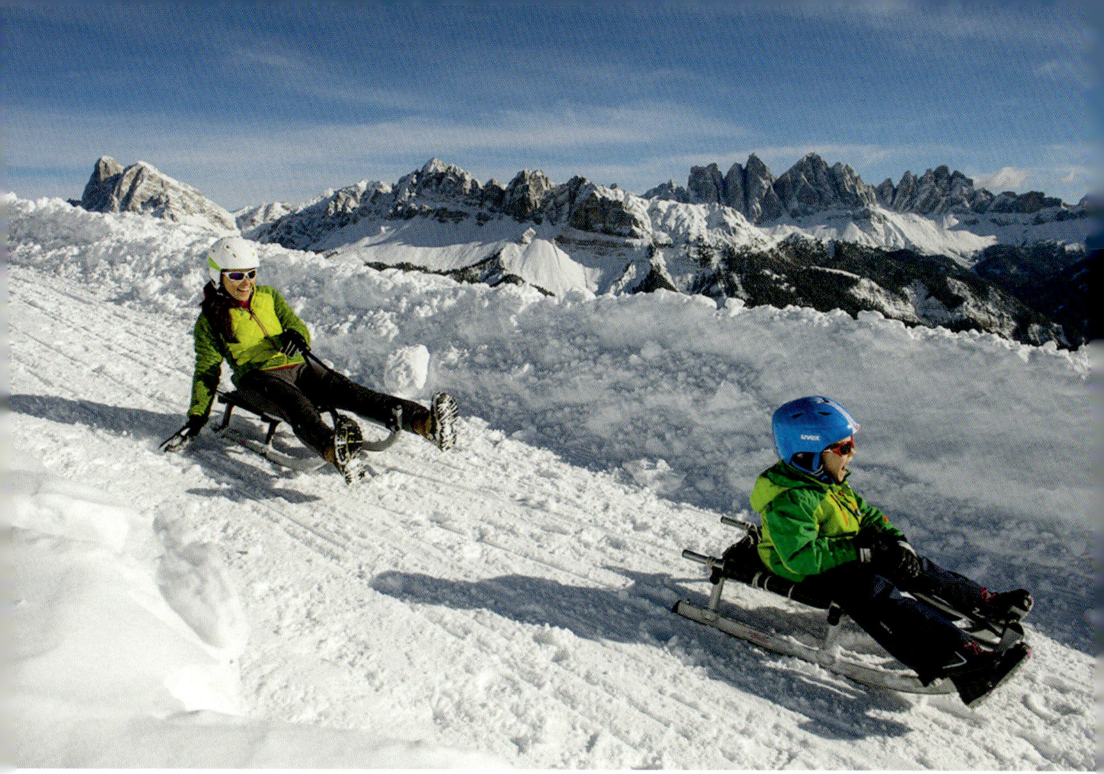

Abb. 178: Rodelspaß auf der Plose.

Die Partnerschaft mit Regensburg

Vor allem nach dem Zweiten Weltkrieg wurden Städtepartnerschaften gegründet, um so eine Völkerverständigung von „unten“ zu ermöglichen und einen Beitrag für den Frieden zu leisten. Brixen hat drei Partnerstädte, nämlich Regensburg, Bled/Veldes (Slowenien) und Havlickuv Brod/Deutschbrod (Tschechische Republik). Die bereits 1969 geschlossene Partnerschaft mit Regensburg beruht auf historischen Grundlagen, die weit in die Geschichte zurückreichen. Eine Verbindung stellt der hl. Kassian (um † 305) dar, der in beiden Städten verehrt wird. Verschiedene Herrscher, die in Regensburg residierten, machten den Bischöfen von Säben reiche Geschenke. So bekam Bischof Zacharias von Säben am 13. September 901 von König Ludwig dem Kinde den Meierhof Prihsna, aus dem sich später Brixen entwickelte. König Heinrich II. schenkte Bischof Albuin von Brixen 1002 einen genau umschriebenen Hof in Regensburg. Diese Schenkung war für Brixen von eminenter Bedeutung, da dort der so genannte „Brixner Hof“ errichtet wurde, der den Brixner Bischöfen 800 Jahre lang als Absteigequartier diente. Nach der Besiegelung der Partnerschaft wurde 2009 die Bahnhofstraße in Brixen bis zum Rondell Regensburger Allee genannt.[234]

Abb. 179: Die Partnerstadt Regensburg.

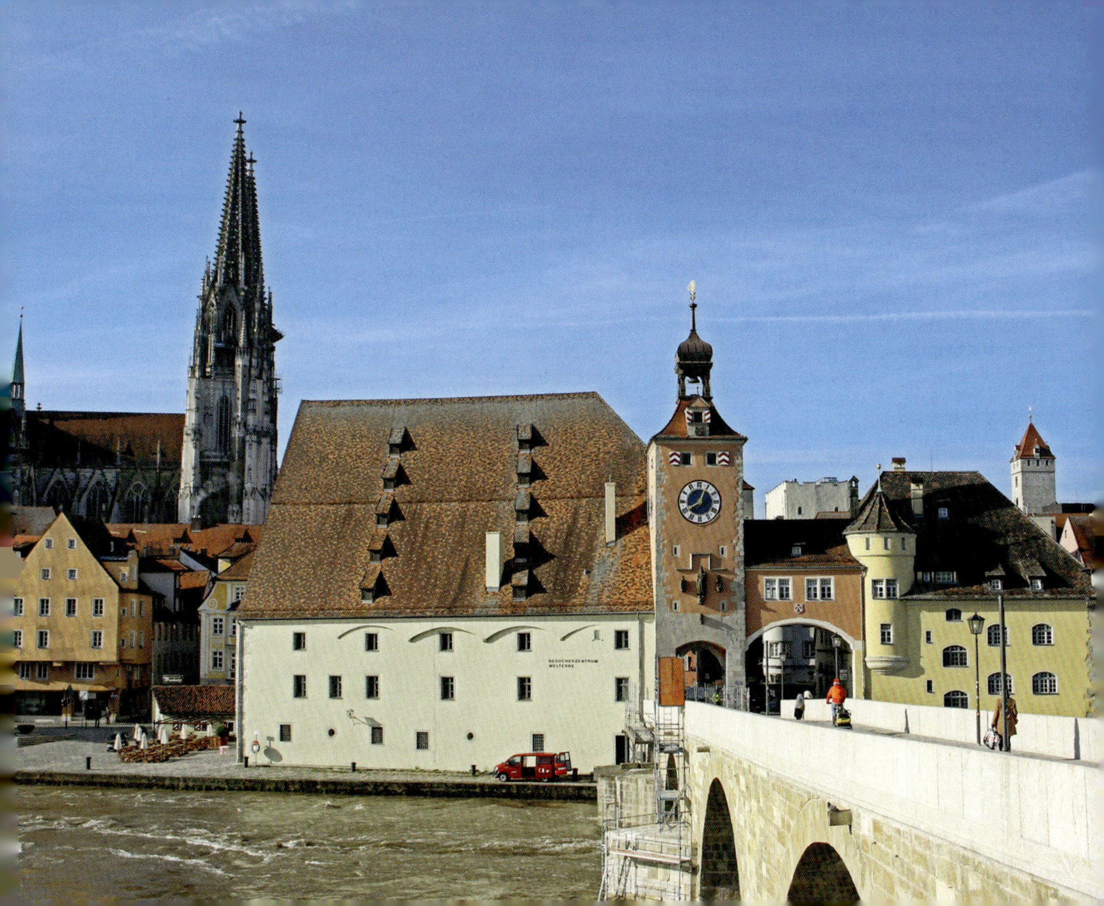
BESUCHERZENTRUM
WELTERBE

Die Partnerschaft mit Bled

Bled, das früher Veldes hieß, gehörte viele Jahrhunderte hindurch zu Brixen. Es war König Heinrich II., der im Jahre 1002 das Gut Veldes in der Grafschaft Krain dem Bischof Albuin von Brixen schenkte, das dann bis 1858 zu Brixen gehörte. Am 27. Juni 2004 wurde in Bled die Urkunde über die Partnerschaft zwischen Veldes und Brixen unterzeichnet. Den idealen Rahmen bot die 1000-Jahr-Feier zu der Bled auch seine anderen Partnerstädte eingeladen hatte. „Ich freue mich, dass nach 1000 Jahren eine zweite Urkunde unterzeichnet wird, die die Beziehungen zwischen Veldes und Brixen festigt", sagte der Bürgermeister von Bled, Joze Antonic. Der Brixner Bürgermeister Klaus Seebacher fügte hinzu: „Gut Ding braucht gut Weil, in Tirol ebenso wie in Slowenien. Wir haben 1000 Jahre gebraucht, um unsere Freundschaft zu besiegeln, nun möge sie ebenso lange halten". Seebacher äußerte den Wunsch, dass die Partnerschaft nicht nur auf offizieller Ebene, sondern vor allem von der Bevölkerung gelebt werde.[235]

Abb. 180: Die Partnerstadt Bled.

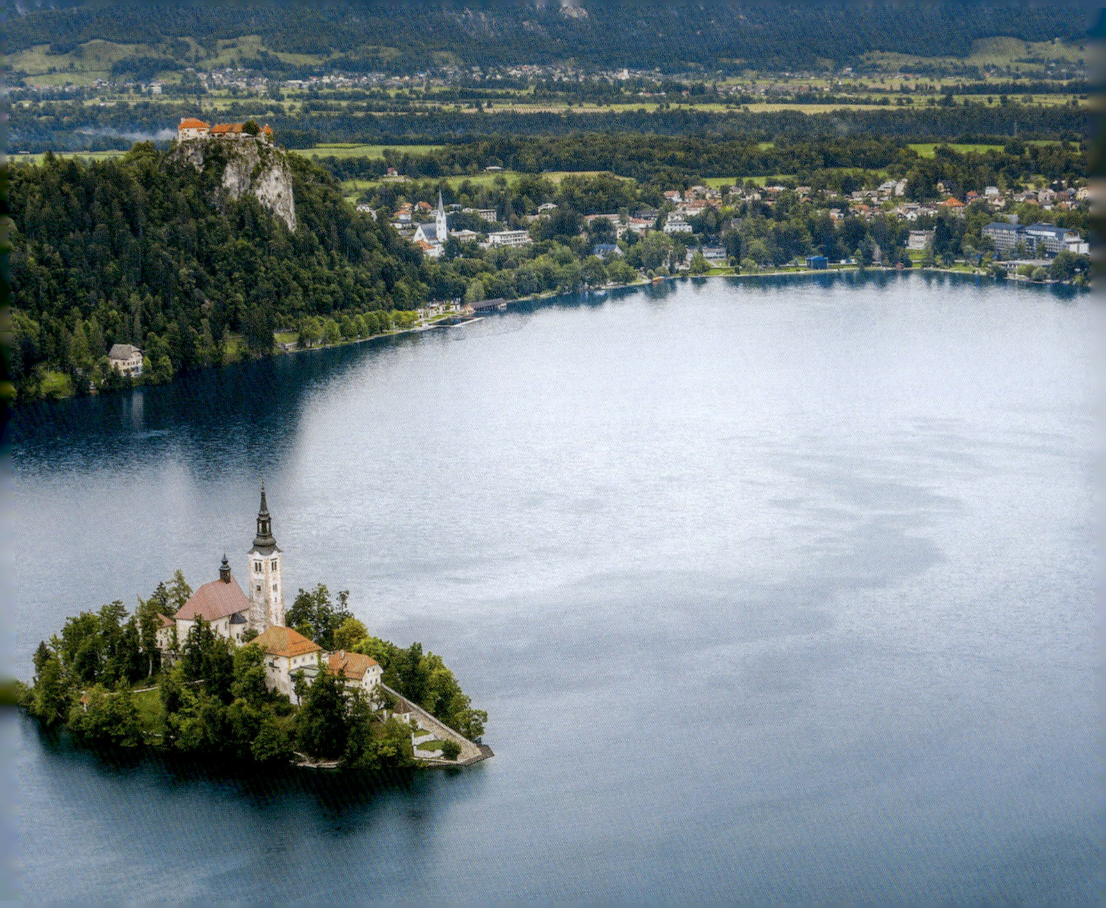

Die Partnerschaft mit Havlickuv Brod

Havlickuv Brod, das seit 2007 Partnerstadt von Brixen ist, war der langjährige Wohnort des Journalisten Karel Havlícek, der wegen seines Widerstandes gegen die österreichische Regierung von 1851 bis 1855 nach Brixen ins Exil geschickt wurde. Havlícek wird in Tschechien auch heute noch als Nationalheld verehrt. Viele Landsleute von Havlícek begeben sich alljährlich auf die Spuren ihres Nationalhelden und suchen auch die Stätte seines Wirkens in Brixen auf. Bei der im Brixner Rathaus erfolgten Unterzeichnung des Partnerschaftsvertrages zwischen den beiden Städten betonte der Brixner Bürgermeister Albert Pürgstaller, dass dieser Vertrag ein Beitrag für Frieden und Einheit in Europa sein soll. Zu diesem Anlass organisierte der Brixner Geschichtsverein in der Rathausgalerie die Ausstellung „Auf den Spuren Havlíceks in Brixen".[236]

Abb. 181: Die Partnerstadt Havlickuv Brod.

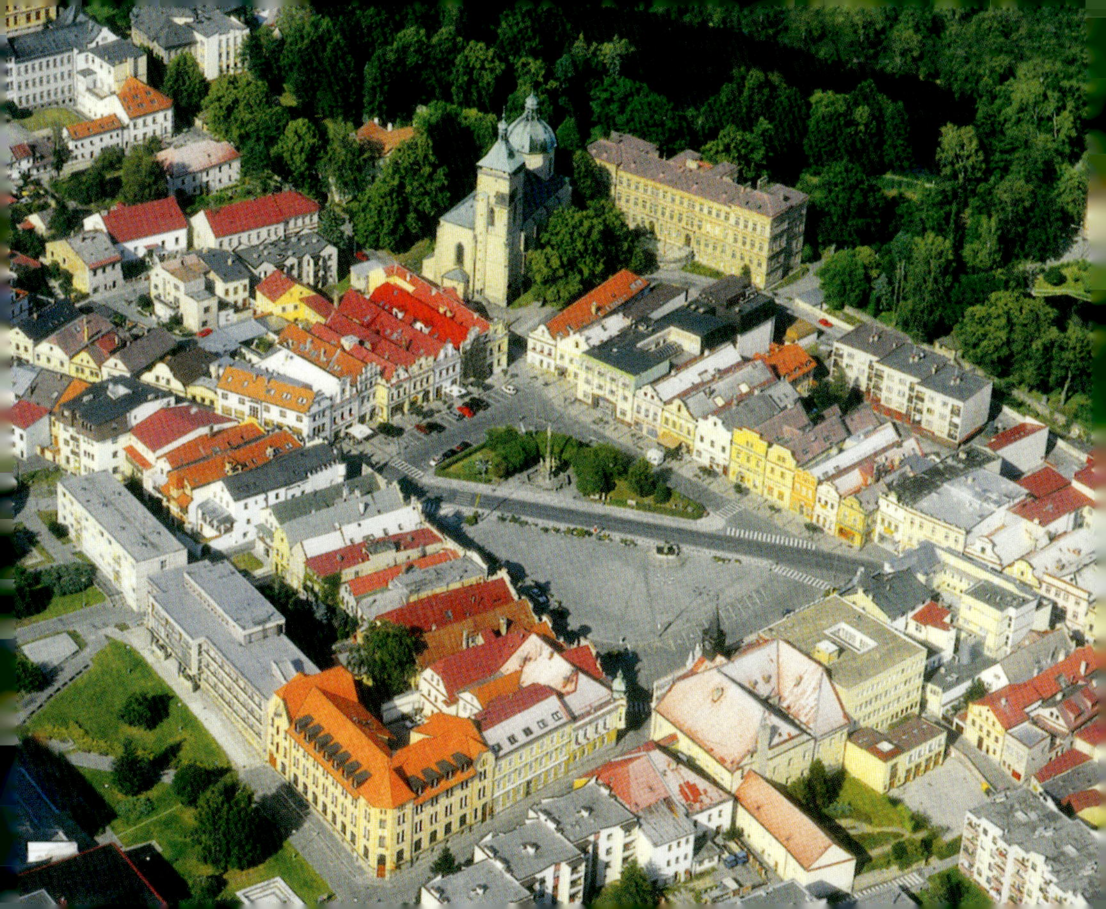

Freundschaftsabkommen mit Bernkastel-Kues

Zu mehreren Städten und Einrichtungen unterhält Brixen freundschaftliche Beziehungen, und zwar zu Marquartstein (Chiemgau, Deutschland), Hall in Tirol, Mantua und Terracina in Italien, zu Bernkastel-Kues (Deutschland) sowie zur Universität Padua.[237] Im Jahre 2014 kam es anlässlich des 550. Todestages von Kardinal Nikolaus Cusanus zu einem Freundschaftsabkommen zwischen Bernkastel-Kues und Brixen. Die Unterzeichnung dieses Abkommens durch die Bürgermeister der beiden Städte, Wolfgang Port (Bernkastel-Kues) und Albert Pürgstaller (Brixen), erfolgte im Weinmuseum des St. Nikolaus-Hospitals in Bernkastel-Kues. Da Kardinal Cusanus in Brixen lange Zeit als Eindringling gesehen wurde, waren auch die Beziehungen zwischen den beiden Städten eher frostig. In letzter Zeit wurden aber diese Beziehungen zurechtgerückt. Wer sich über dieses längst fällige Freundschaftsabkommen wohl am meisten gefreut hat, war sicherlich Cusanus selbst, der in seinem Werk „De pace fidei“ von einem ewigen Frieden unter den Menschen träumte.[238]

Abb. 182: Bernkastel-Kues im Jahre 2016.

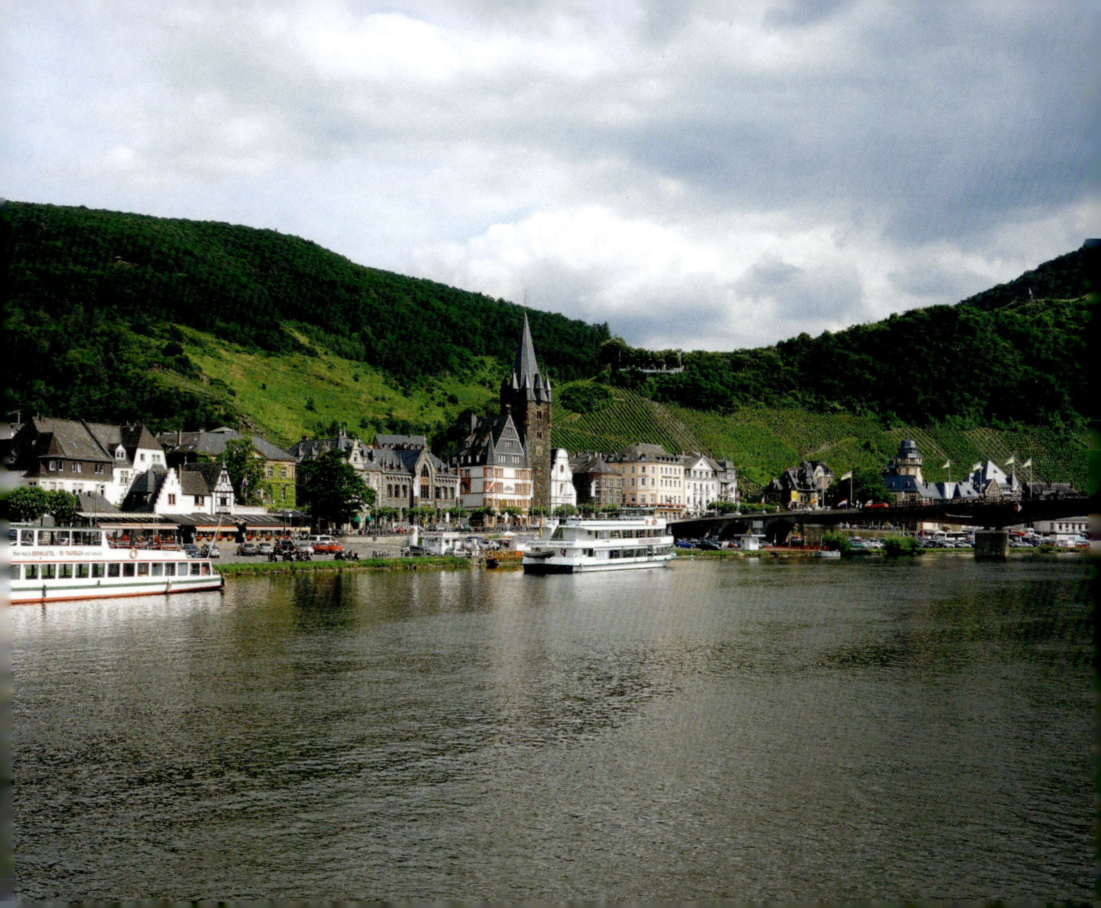

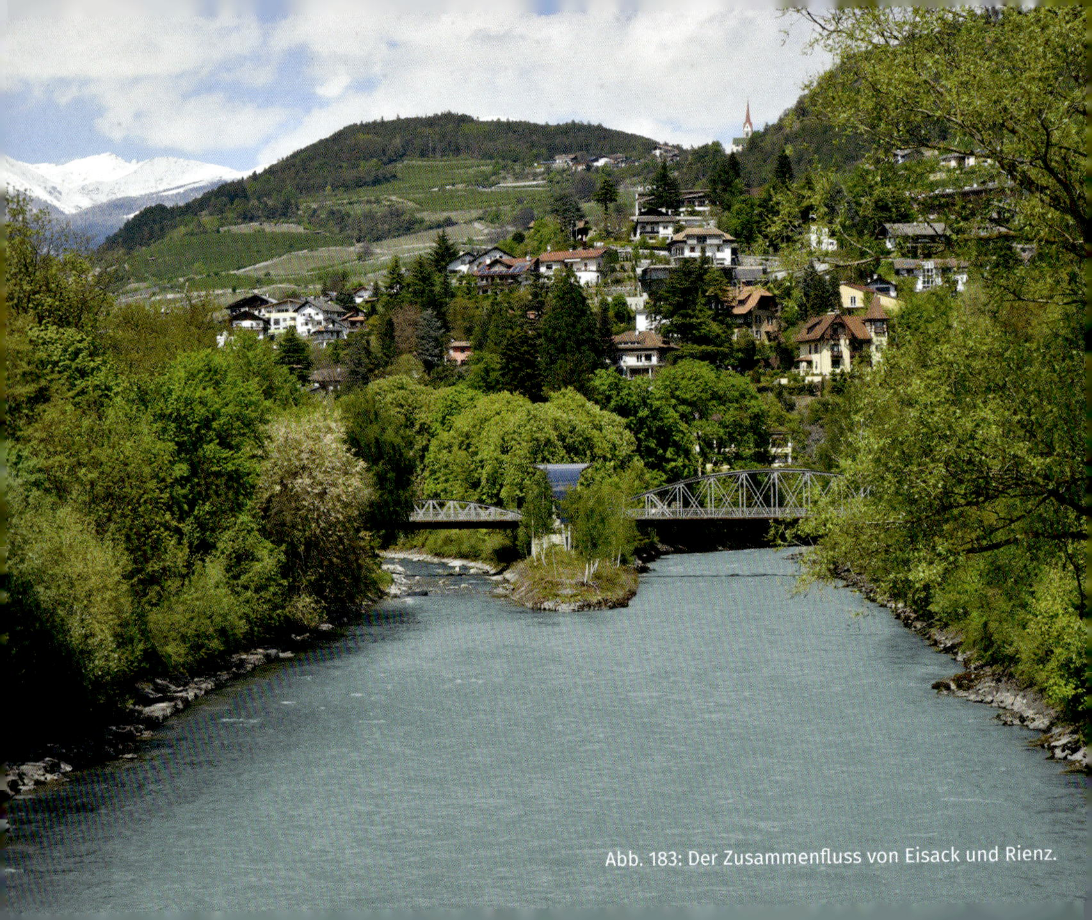

Abb. 183: Der Zusammenfluss von Eisack und Rienz.

Anhang

J. Gelmi, „Pietas et Scientia“. 400 Jahre Priesterseminar Brixen, Brixen 2007.
J. Gelmi, Bischof Albuin. Ein Heiliger um die Jahrtausendwende (975-1006), Brixen 2006.
J. Gelmi, Bischof Ingenuin von Säben. Ein Heiliger zwischen Rom und Konstantinopel, Brixen 2005.
J. Gelmi, Pater Josef Freinademetz (1852-1908). Ein Vorbild für die Welt, Brixen 2003.
J. Gelmi, Geschichte der Kirche in Tirol. Nord-, Ost- und Südtirol, Innsbruck-Wien-Bozen, 2001.
J. Gelmi, Geschichte der Stadt Brixen, Brixen 2000.
J. Gelmi, Karl Wolfsgruber. Eine der profiliertesten Persönlichkeiten des Tiroler Kulturlebens, Brixen 1997.
J. Gelmi, Maria Hueber 1653-1705. Eine der bedeutendsten Frauen Tirols, Bozen 1993.
J. Gelmi, Die Brixner Bischöfe in der Geschichte Tirols, Bozen 1984.
M. Glauert, Da liegt es, das Kindlein, Frankfurter Allgemeine Zeitung v. 10. 10. 2009.
B. Grießmair, Beiträge zu Pfarrgeschichte von Milland, in: H. Grießmair (Hg.), Milland. Beiträge zu Natur und Geschichte, Brixen 1993, 161-201.
H. Grießmair, Dem Volk in die Seele und den Leuten aufs Maul geschaut, D v. 24. 10. 2012.
H. Grießmair (Hg.), Milland. Beiträge zu Natur und Geschichte, Brixen 1993.
K. Gruber, „Gute Kunst ist immer religiös“, D v. 24. 6. 1998.
K. Gruber, Das Priesterseminar in Brixen, Bozen 1990.
Grüner Baum Hotels, D v. 14. 5.2014.
P. von Guggenberg, Die Guggenberg von Riedhofen (seit 1299). 700 Jahre Hof- und Familiengeschichte, Bozen 2003.
A. Fischnaller, „Reue habe ich noch nie eine gehabt“. Simon Gschnell (1803-1826). Vom Leben und Sterben eines Tiroler „Taugenichts“, Brixen 2011.
S. Fraternali, P. A. Silbernagl, Schulstadt Brixen 1945-2005, in: H. Heiss, C. Milesi, Ch. Roilo (Hgg.), Brixen II., Kunst, Kultur, Gesellschaft, Bozen 2006, 179-219.
H. Heiss, Der Weg in die Moderne. Brixen 1945-2004, in: B. Fuchs, H. Heiss, C. Milesi, G. Pfeifer (Hgg.), Brixen I., Die Geschichte, Bozen 2004, 275-325.
H. Heiss, Das „lange“ 19. Jahrhundert. Brixen 1803-1918, in: B. Fuchs, H. Heiss, C. Milesi, G. Pfeifer (Hgg.), Brixen I. Die Geschichte, Bozen 2004, 201-236.
H. Heiss, Das neuzeitliche Brixen 1500-1803, in: B. Fuchs, H. Heiss, C. Milesi, G. Pfeifer (Hgg.), Brixen I., Die Geschichte, Bozen 2004, 163-200.
H. Heiss, Der Weg des „Elephanten“. Geschichte eines großen Gasthofs seit 1551, Bozen-Wien 2002.
H. Heiss, Brixen 901-2000 auf einen Blick, in: B 1, 2000, 4-13.
H. Heiss, Keller- oder Havlicek-Haus, in: B 7, 1993, 23.
H. Heiss, Großer Graben von Osten um 1899, in: B 4, 1993, 21.

W. Hellrigl, M. Stanek, Brixen in alten Ansichten, Bozen 2002.
H. Herrmann-Schneider, Wolfgang Amadé Mozarts Spaur-Messe KV 257, in: DS 11, 2007, 4-21.
H. Herrmann-Schneider, Zur Musikaliensammlung im Domkapitelarchiv, in: Musik und Kirche. Vierzehntes Symposion. 1100 Jahre Brixen. 600 Jahre Cusanus. 2001, Brixen 2002, 49-101.
E. Hilpold, Verrückt, gefährlich, außergewöhnlich, in: B 9, 2016, 51.
E. Hilpold, Sportstadt Brixen, in: B 6, 2016, 42-47.
E. Hilpold, Ein Gefühl der Freiheit, in: B 5, 2012, 40-44.
F. Hirn, Geschichte Tirols von 1808 bis 1814. Mit einem Ausblick auf die Organisation des Landes und den großen Verfassungskampf, Innsbruck 1913.
S. Hollweck, Der Chinese aus Tirol. Pater Josef Freinademetz 1852-1908, Bozen 2003.
100 Jahre Brixner Gesellenverein, KS v. 8.9. 1957.
120 Jahre Männergesangverein Brixen, D v. 1. 6. 1983.
F. H. Hye von, Tirol und die Adlerwappen seiner Länder. Tirol - Südtirol - Brixen - Trient, Bozen 2009.
F. H. Hye von, Die alte Bischofsstadt Brixen. Geschichte und Stadtbild, in: Österreich in Geschichte und Literatur 6, 1986, 361-378.
F. H. Hye von, Grundelemente der Brixner Heraldik, in: DS 5, 1982, 260-266.
Imposante Wehranlage entdeckt, D v. 27. 11. 2014.
In Brixen leben mehr Frauen als Männer, D v. 28. 1. 2017.
In Bronze verewigt, KS v. 29. 8. 2010.
In neuem Glanz. Textilfunde, Münzen und Einblicke in die Baugeschichte der Pfarrkirche St. Michael Brixen, DS 10, 2016.
M. Kammerer, Studieren als großes Erlebnis, D v. 21. 5. 1997.
M. Kampp, „Wie eine Pension“, in: B 8, 2016, 29.
G. Kaufmann - St. Demetz, Aus Brixens Vor- und Frühgeschichte – Vom Zeltdach zur Stadt, in: B. Fuchs, H. Heiss, C. Milesi, G. Pfeifer (Hgg.), Brixen I., Die Geschichte, Bozen 2004, 29-161.
G. Kaufmann, Brixen vor 901. Streiflichter in die Ur- und Frühgeschichte, in: Südtirol in Wort und Bild 3, 2001, 2-6.
V. Kerschbaumer, Vom Adler zum Tourismusbüro, in: B 4, 2017, 4-9.
V. Kerschbaumer, Kitschillios, in: B 12, 2016, 30f.
V. Kerschbaumer, Brixen, das Bike-Paradies, in: B 9, 2015, 42-45.
W. Kofler Engl, Der Garten der Bischöfe, NST v. 29. 10. 2010.
W. Kofler Engl, Sakrale Kunst in Brixen, in: H. Heiss, C. Milesi, Ch. Roilo (Hgg.), Brixen II., Kunst, Kultur, Gesellschaft, Bozen 2006, 19-110.
C. Kollmann, Alte und neue Überlegungen zum Namen Brixen, in: B. Fuchs, H. Heiss, C. Milesi, G. Pfeifer (Hgg.), Brixen, I., Die Geschichte, Bozen 2004, 13-25.
M. Kranebitter, Der Finsterwirt, in: B 9, 2011, 22f.
M. Kranebitter, Der alte Schlachthof, in: B 4, 1998, 25.

C. Kraus, Die Kunst der Anekdote, in: Bürgerträume. Defregger, Koester, Wasmann … Aus der Sammlung S. Unterberger, Katalog, Kurverwaltung Meran (Hg.), Meran 2001, 89-109.

J. Kronbichler, Diözesanmuseum. Hofburg Brixen, Regensburg 2016.

J. Kronbichler, Die barocken Zeichnungen der Hofburg, Brixen 2015.

J. Kronbichler, Krippen in der Hofburg Brixen, Brixen 2014.

J. Kronbichler, Die Jahreskrippe von Martin Rainer, Brixen 2013.

J. Kronbichler, Paul Troger 1698-1762, Berlin-München, 2012.

J. Kronbichler, Das Hofburg-Porträt Papst Benedikts XVI. Versuch einer Interpretation, in: J. Gelmi (Hg.), Benedictus PP XVI - Hofburg Brixen-Bressanone, Brixen 2011, 84-92.

J. Kronbichler, Hofburg Brixen. Von der Residenz zum Museum, Regensburg 2010.

E. Kustatscher, Die Städte des Hochstifts Brixen im Spätmittelalter. Verfassungs- und Sozialgeschichte von Brixen, Bruneck und Klausen im Spiegel der Personengeschichte (1200-1550), Innsbruck 2007.

E. Kustatscher, Die Ansitze von Milland, in: H. Grießmair, Milland. Beiträge zu Natur und Geschichte, Brixen 1993, 115-140.

E. Kustatscher, Der Ansitz Lachmüller. Vom standesgemäßen Ambiente einer geadelten Brixner Familie der Frühen Neuzeit zum Sitz einer öffentlichen Körperschaft, Brixen 1992.

B. Ladurner, Der Brixner Hofrat 1702-1747, Dissertation, Innsbruck 1978.

P. Lang, Der Brixner Raum. Merkmale einer Wirtschaftslandschaft innerhalb Südtirols, in: Österreich in Geschichte und Literatur 30, 1986, 372-3378.

O. Lechner, U. Perkmann, Aufstieg zum modernen Wirtschaftsraum. Die wirtschaftliche Entwicklung von Brixen in den letzten 40 Jahren, in: H. Heiss, C. Milesi, Ch. Roilo (Hgg.), Brixen II., Kunst, Kultur, Gesellschaft, Bozen 2006, 277-294.

R. Loose, Das Kollegiatsstift Unsere Liebe Frau im Kreuzgang zu Brixen, in: H. Obermair u. a. (Hgg.), Dom- und Kollegiatsstifte in der Region Tirol – Südtirol – Trentino in Mittelalter und Neuzeit, SS 329, Innsbruck 2006, 171-191.

I. Mader, Brixner Häusergeschichte, ergänzt von A. Sparber, Innsbruck 1963.

Mehr Sicherheit bei Ein- und Ausstieg, D v. 15. 12. 2001.

J. Messner, Grabungen an der Erhardskirche, KS v. 12. 10. 2003.

J. Messner, „Dafür bete du, geliebter Bruder“, KS v. 21. 10. 2001.

A. M. Mitterhofer, Die Christkindl-Werkstatt, in: B 12, 2010, 14f.

A. M. Mitterhofer, Auf los geht´s los! in: B 3, 1998, 4-6.

H. Mock, Übergänge. Brixen 1918-1945, in: B. Fuchs, H. Heiss, C. Milesi, G. Pfeifer (Hgg.), Brixen I,. Die

Geschichte, Bozen 2004, 237-273.
L. Munter, Der Europa-Besinnungsweg, Lana 1998.
Nach wem ist die Karlspromenade benannt? In: B 5, 2016, 57.
M. Natale-S. Romano (Hgg.), Arte lombarda dai Visconti agli Sforza, Milano al centro dell'Europa, Mailand 2015, 287.
Neue Wappenschilder von drei Päpsten, NST v. 4. 12. 2009.
J. Neumair, Brixner Dichter, in: St.- Kassian-Kalender 1955, 59-74.
A. Oberhofer, Das Archiv der Stadtapotheke Peer in Brixen, bearbeitet von H. Heiss u. a., Veröffentlichungen des Südtiroler Landesarchivs 13, Innsbruck u. a. 2005, in: Tiroler Heimat 71, 2007, 237f.
P. Ortner, Das Brixner Becken, Übergang von Nord nach Süd, D v. 10. 12. 2005.
J. Passler, Der Brixner Hofrat von 1537 bis 1702, 2 Bde., Dissertation, Innsbruck 1969.
G. Pfeifer, Von <Prihsna> zu <Brichsen> - Beiträge zur Geschichte der Stadt Brixen im Mittelalter, in: B. Fuchs, H. Heiss, C. Milesi, G. Pfeifer (Hgg.), Brixen I., Die Geschichte, Bozen 2004, 89-161.
L. Prandini, Luci a Bressanone. Licht für Brixen, Brixen 2015.
R. Prenner, Dieser Turm hat es in sich, KS v. 23. 6. 2013.
R. Prenner, 300 Jahre Schutzengelkirche, KS v. 5. 9. 2010.
R. Prenner, Kontrastprogramm zum Christkindlmarkt, KS v. 28. 12. 2003.
R. Prenner, Kostbarkeiten aus zehn Jahrhunderten, KS v. 4. 5. 2003.
A. Raffeiner, „Der Goldene Adler in Brixen - ein Gasthof schreibt Geschichte", Brixen 2014.
P. Rainer, Religiöse und kulturelle Stätten im Vinzentinum, Brixen 2007.
R. Rampold, Hans Andre. Bildhauer und Maler 1902-1991, Innsbruck-Wien 2001.
O. Roseneck, Brixen die Bischofsstadt im Gebirge, Coburger Tageblatt v. 16. 6. 1960.
L. Santifaller, Über das Staatsarchiv in Bozen und das Südtiroler Landesarchiv, in: DS 48, 1974, 115-136.
L. Santifaller, Die Urkunden der Brixner Hochstiftsarchive 845-1295, SS 15, Innsbruck 1929.
E. Scheiber, Zur Kirche des Kapuzinerklosters in Brixen, in: DS 2, 2004, 98-104.
E. Scheiber, Der Bachheilige am Eisackfluss, KS v. 1. 2. 1976.
P. Schwienbacher, Der Weg der Hoffnung, KS v. 13. 12. 2015.
P. Schwienbacher, Der Papst im Porträt, KS v. 26. 9. 2010.
M. Seeber (Hg.), Eduard Thöny (1866-1950). Konturen, Figuren, Naturen. Zum 150. Geburtstag des Südtiroler Karikaturen-Meisters im „Simplicissimus". Hofburg Brixen, Bozen 2016.
H. Siller, Die Fraktionen der Gemeinde Brixen, in: H. Heiss, C. Milesi, Ch. Roilo (Hgg.), Brixen II., Kunst, Kultur, Gesellschaft, Bozen 2006, 345-384.

Solimans Traum soll Brixner Institution werden, D v. 23. 12. 2016.
A. Sparber, Die Bischofsstadt Brixen in ihrer geschichtlichen Entwicklung, An der Etsch und im Gebirge, 12, 3., erweiterte Auflage, Brixen 1979.
A. Sparber, Die Brixner Fürstbischöfe im Mittelalter, Bozen 1968.
A. Sparber, Brixens Entwicklung seit 1803, in: DS 31, 1957, 121-134.
Spät, aber doch, in: B 4, 2002, 21.
L. Sperber, Vorhang auf! Ein Streifzug durch Brixens Theatergeschichte, in: H. Heiss, C. Milesi, Ch. Roilo (Hgg.), Brixen II., Kunst, Kultur, Gesellschaft, Bozen 2006, 157-178.
H. Stampfer - O. Emmenegger, Die Ywain - Fresken von Schloss Rodenegg, Bozen 2016.
H. Staffler; Brixen und das Wasser, Brixen 217.
H. Staffler, Der alte Kornplatz, D v. 21. 8. 2006.
H. Staffler, 100 Jahre „Finsterwirt", D v. 23. 4. 2005.
H. Staffler, Zeichen des Glaubens, D v. 29. 3. 2005.
H. Staffler, Schmuckstück für die Stadt, D v. 16. 1. 2003.
H. Staffler, „Goldene Krone" wird abgerissen, D v. 8. 1. 2003.
H. Staffler, Brixen Bressanone vor hundert Jahren. Cento Anni fa, Bozen 2002.
H. Staffler, Widmannbrücke für den Verkehr offen, D v. 19. 9. 2001.
H. Staffler, Bau der Brixner Universität beginnt, D v. 25. 8. 2000.
H. Staffler, Brixen feiert einen großen Sohn, D v. 15. 3. 1999.
H. Staffler, 100 Jahre Tourismus in Brixen, D v. 17. 4. 1998.
H. Staffler, Geschichte des Heilens und Helfens, D v. 8. 4. 1998.
H. Staffler, 50 Jahre im Dienste der Kultur, D v. 15. 12. 1997
H. Staffler, Auch Brixen feiert sein Mozart-Jahr, in: Mozart in Brixen. Zur Erinnerung an den Aufenthalt Mozarts in Brixen. Festschrift anlässlich der Mozart-Veranstaltungen in Brixen vom 28. Mai bis 15. November 1991, Brixen 1991, o. S.
H. Staffler, Erster historischer Garten Südtirols, Dolomiten v. 10. 10. 1991
H. Staffler, Bayerisches Landgericht Brixen, D v. 30. 8. 1991.
H. Staffler, Brixen. Bilder aus der Vergangenheit, Brixen 1989.
H. Staffler, Brixner Heiliggeiststiftung mit neuer Führung, D v. 10. 1. 1986.
Statue von Pius VII. im Herrengarten, D v. 21. 4. 1993.
„Stolz, solche Freunde zu haben", D v. 14. 9. 2009.
B. Strauß u. a., 100 Jahre/anni Soldatenfriedhof Brixen-Vahrn/Cimitero di guerra Bressanone-Varna, Brixen 2015.
L. Tavernier, Der Dombezirk von Brixen im Mittelalter. Bauhistorische Studien zur Gestalt, Funktion und Bedeutung, SS 294, Innsbruck 1996.
H. J. Thaler, Kulturpolitik-Kulturförderung, in: 10. Alt-

stadtfest Brixen 23., 24. und 25. August 1996. Jubiläumsschrift, Brixen 1996.

H. P. Ties, Mythologie und Geschichte, D v. 5. 5. 2007.

A. Torggler, „Druckfrisch" - Tiroler Mediengeschichte, D v. 13. 10. 2014.

S. Volgger, Das Klarissen- und Franziskanerkloster in Brixen, Bozen 1991.

Volksbank eröffnet Filiale, D v. 21. 7. 2008.

Volkskalender und „Bötl" als Kanzel, D v. 26. 10. 1998.

W. Vontavon, 50 Jahre, vier Bürgermeister, in: B 9, 2015, 3.

W. Vontavon, Feuer am Dach, in: B 9, 2014, 4-7.

W. Vontavon, Das unfertige Paradies, in: B 11, 2002, 22f.

W. Vontavon, Hundert mal mehr Information, in: B 8, 1998, 4-9.

Wann wurde im Glockengießerhaus die letzte Glocke gegossen? In: B 5, 2009, 59.

Warum wurde ein Platz im Zentrum von Brixen nach Maria Hueber benannt? In: B 3, 2007, 18.

Was bedeutet der Fries in der Weißenturmgasse? In: B 10, 2008, 57.

Weihnachtlicher Domplatz, in: B 12, 1991, 41.

J. Weingartner, Über die Brücke, Innsbruck-Wien-München 1929.

J. Weingartner, Die Kunstdenkmäler Südtirols, II. Bd., Das mittlere und untere Eisacktal, Wien 1923.

Welche Bedeutung hat der Brunnen in der Albuingasse? In: B 8, 2007, 55.

W. Werth, Der Papst in Brixen, KS v. 17. 8. 2008.

Wie kam der Domplatz eigentlich zu seinem Namen? In: B 12, 2016, 61.

K. Wolfsgruber, Dom und Kreuzgang von Brixen, 5. Auflage, neu bearbeitet von J. Mayr, Brixen 2003.

K. Wolfsgruber, Die Kirche in Milland von den Anfängen bis zur Errichtung der Lokalkaplanei, in: H. Grießmair (Hg.), Milland. Beiträge zu Natur und Geschichte, Brixen 1993, 149-160.

K. Wolfsgruber, Dom und Kreuzgang von Brixen, Bozen 1988.

K. Wolfsgruber, Die Brixner Hofburg, Bozen 1987.

K. Wolfsgruber, Der Brixner Dombezirk, Bozen 1986.

K. Wolfsgruber, Der Bibliotheksaal des Brixner Priesterseminars, in: DS 40, 1966, 357-360.

K. Wolfsgruber, 200 Jahre Diözesan-Schematismus der Diözese Brixen, in: Schematismus der Diözese Brixen 1949, Brixen 1949, 11-39.

Woran erinnert der Bildstock an der Milländer Plosestraße? In: B 9, 2009, 59.

Wozu diente die „Ex-Gil"? In: B 3, 2010, 61.

J. Ziese, Wibert von Ravenna. Der Gegenpapst Clemens III. (1084-1100), Päpste und Papsttum, Bd. 20, Stuttgart 1982.

O. Zingerle, Leuchtturm-Idee, in: B 7, 2015, 44-46.

O. Zingerle, Forum feiert, in: B 8, 2011, 4-7.

Sachregister

Abkürzungsverzeichnis

D	Dolomiten
B	Brixner
DS	Der Schlern
KS	Katholisches Sonntagsblatt
NST	Die Neue Südtiroler Tageszeitung
SS	Schlern-Schriften

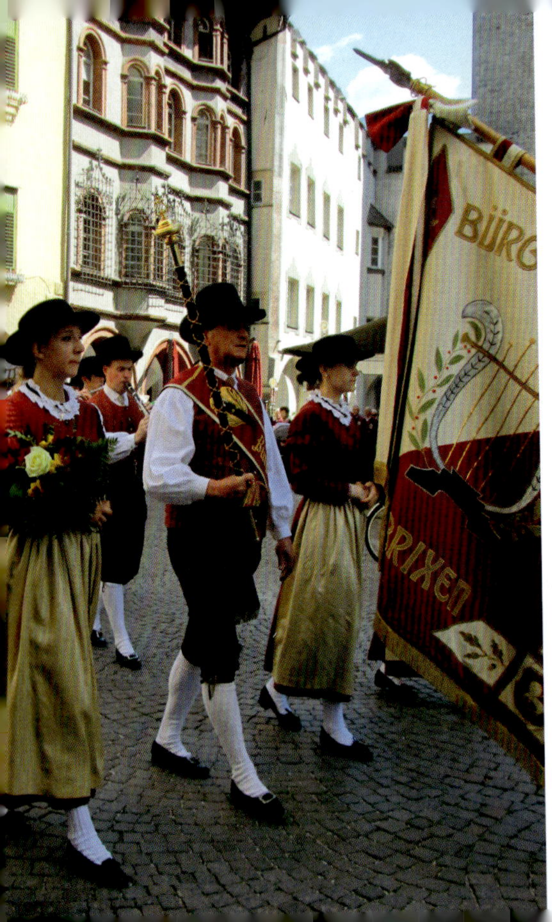

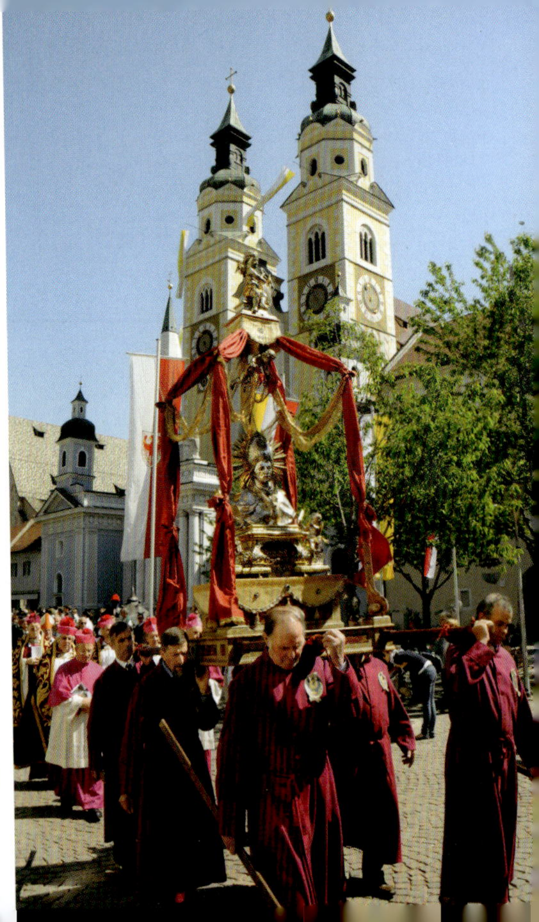

Abb. 1: Titelblatt: Der Brixner Domplatz im Jahre 2017.

Abb. 2: Klappentext vorne, Domplatz um 1830. Brixen ist die Stadt der Kunst und Kultur. Es ist die Stadt des mächtigen Domes, des freskengeschmückten Kreuzganges, der bezaubernden Hofburg und der malerischen Gassen. Ein Aufbruch zu bekannten und weniger bekannten Kostbarkeiten.

Abb. 3: Vorsatz vorne: Plan der Altstadt.

Abb. 4: Vorsatz hinten: Plan von Brixen und Umgebung.

Abb. 5: Klappentext hinten: Bild des Autors

Abb. 6: Rückseite: Der Reichsadler (1530) am Gewölbe im Eingang des Cafe am Gries. Der Text lautet: „Der Adler, als Symbol der römischen Herrschaft, verlegt mit Hilfe Karls des Großen seinen Sitz in die Länder der Germanen. Karl der Große erobert die Völker Europas und erfüllt somit die Wünsche des Adlers. Jetzt aber zerfleischen ihn jene, die nur ihren Vorteil suchen. Daher mögen die deutschen Fürsten achtgeben, dass der Adler seinen Sitz nicht wieder verlegt".

Weißenturmgasse 5
I-39042 Brixen
info@weger.net
www.weger.net

Druck: Druckerei A. Weger – Brixen, 2017
Printed in Italy

ISBN 978-88-6563-192-8

AUTONOME PROVINZ BOZEN SÜDTIROL
PROVINCIA AUTONOMA DI BOLZANO ALTO ADIGE
Deutsche Kultur

designed + produced
IN SÜDTIROL

Bildnachweis

Barbieri Gianni: 1, 6, 17, 18, 19, 24, 25, 34a, 34b, 39, 44, 45, 46, 54, 55, 58, 90, 91b, 92, 94, 95, 96b, 97, 98, 99, 100, 101, 102, 104, 108, 109, 110, 115, 117, 119, 120, 121, 123a, 131, 132, 133, 135, 143, 144, 146, 150, 151, 152, 153, 154, 155, 159, 162, 163, 168, 169, 170, 174, 175.

Bildarchiv Diözesanmuseum: 64, 69a, 69b, 70a, 70b, 72, 73, 75, 79, 83, 87.

Bildarchiv Gelmi Josef: 2, 9, 16, 47a, 47b, 48, 49, 51a, 52a, 52b, 53, 56, 78, 88, 93, 106, 107b, 116, 122, 123b, 129b, 134, 136, 160, 161, 164, 165, 171, 179, 182.

Bildarchiv Kurhaus Dr. v. Guggenberg: 166, 167.

Bildarchiv Stadtapotheke Peer: 118.

Bildarchiv Weger: 3, 4, 105.

Brixen Tourismus Gen.: 7, 10, 15, 21b, 35, 40, 142, 148, 149, 172, 176, 177, 178, 184a, 184b.

Giacomuzzi Zeno: 14b.

Gruber Karl: 128.

Nestl Andreas: 5.

Nössing Reinhold: 181.

Scans Typoplus: 82.

Scheiber Eduard: 20.

Staffler Hartmuth: 91a, 96a, 103, 107a, 147.

Steger Albert: 8, 11, 12, 13a, 13b, 14a, 21a, 22a, 22b, 23, 26a, 26b, 27, 28a, 28b, 29, 30, 31, 32, 33, 36, 37, 38, 41, 42, 43, 50, 59, 60, 61, 62, 63, 65, 66, 67, 68, 71, 74, 76, 77, 80a, 80b, 81a, 81b, 84, 85, 86a, 86b, 124, 125, 126, 127, 129a, 130, 137, 138, 139, 140, 141, 145, 156, 157, 158, 173.

Terza Andre: 57.

Turizem Bled: 180.

Wierer Hans: 89, 111, 112, 113, 114a, 114b.

Abb. 184: a) Bürgerkapelle Brixen.
b) Die traditionelle Kassiansprozession in Brixen mit den Reliquien der Heiligen.